アクティブラーニング対応

エピソードから読み解く
障害児保育

尾野明美・小湊真衣　著

はじめに

　文部科学省が2012（平成24）年に実施した「通常の学級に在籍する発達障害の可能性のある特別な教育的支援を必要とする児童生徒に関する調査結果について」[1] によると、知的発達に遅れはないものの発達障害の可能性があり、特別な教育的支援を必要とする児童生徒が、全国の小・中学校に6.5％いるとされました。これは診断を受けてはないものの、発達障害の可能性のある症状を示す子どもが15人に1人の割合でいるということになります。そして、保育所や幼稚園では、じっとしていられず話を聞けない子ども、1人で遊ぶことが多くほかの子どもたちと遊ばない子ども、順番や場所にこだわる行動を取る子どもなど、いわゆる気になる子の対応に配慮しながら保育をしています。

　一方、地域の保健センターでは、子どもたちの発育、栄養状態、先天的な病気を含めた健康状態を見逃さないために、1歳6か月児健診や3歳児健診が実施されています。健診は健康状態や発育・発達を確認しつつ、子育て中の保護者を支援する役割も果たしています。筆者は健診後の子育て相談の相談員もしており、近年相談者数が増え、以前は保健師から勧められて相談に来られる保護者が多かったものの、現在は保護者からの依頼の相談が増えているように感じます。社会で発達障害が認知されていくなか、発達障害についての情報はネットなどで簡単に調べることができます。自分の子どもに発達障害の症状が見られるから発達障害ではないでしょうか、とたずねる保護者が増えているように思います。また、以前に比べ発達障害についての情報が増えており、むしろそのために保護者は余計に心配や不安になることがあるでしょう。発達障害のある子どもは早期から発達段階に応じた支援を行っていくことが重要であり、早期の気づきを支援につなげるために、市区町村では相談体制や支援体制の充実を進めているところです。しかし、早期に支援体制を整えることは重要であるといっても、それを受け入れる保護者の気持ちをなおざりにしては本当の支援とはいえません。子どもとかかわる専門職には、保護者の不安に寄り添いつつ子どもの障害特性の理解を支え、その子にあった適切な子育ての方法を提案することが支援につなげることと並行して求められると思っています。

　本書の基礎理論編では、年齢ごとに子どもたちの運動・認知・社会性・基本的生活習慣などの発達の道筋を確認して、次に発達に遅れや偏りのある子どもの特徴について学習を進めていきます。ケーススタディ編では子どもの保育にまつわる事例を、ほかのテキストには見当たらないほどふんだんに盛り込んでいます。通常の保育では対応しにくい子どもとどのようにかかわっていったらよいか、またその保護者をどのように支援したらよいか、事例を通して考えてもらいたいと思います。本書が、保育士資格養成の指定科目である障害児保育の演習授業のテキストとして、また保育者のみなさんの研修会用のテキストとしても活用していただけることを願っています。

尾野明美

本書のケーススタディ編では、0歳から6歳までの子どもたちとその保護者、保育者のかかわりの様子が描かれています。登場人物を取り巻く状況や心情を理解・想像・共感していただくために、各エピソードの記述はできる限り詳細にし、また文章量も多めに設定しました。授業で本書をお使いいただく場合、時間の関係で授業時間内では扱いきれないエピソードがあるかもしれませんが、ぜひ授業時間外にエピソードを最後まで読み、それぞれの子どもの成長の様子を知っていただけたらと思います。

　子どもによって、またその子を取り巻く環境によって、障害の現れ方はさまざまです。「優しい人」「賢い人」と一口に言っても、その人の特徴や個性はさまざまであるのと同じように、たとえ同じ診断名がついている場合でも、その特徴の現れ方は一人ひとり違います。障害名ありきでその子どもや保護者と接するのではなく、その子自身の人となりに注目したうえで、その発達の特徴に気づいて欲しいという思いから、各事例においては明確に障害名が語られていないこともあります。障害の種類がわかることでできる手だても確かにたくさんありますが、実際の保育現場においてははっきりした診断がまだついていない、「要観察」「グレーゾーン」の子どもが多く存在することも事実です。障害名はついていないけれどどこか気になる特徴を示す子どもやその保護者に対して、何ができるか、何をすべきなのかを、事例を通して考えていただければと思います。

　本書のアクティブラーニング課題には、原則として正解はありません。その子にかかわった保育者がどのような対応をしたか、ということは参考として記述してありますが、そうしなければ間違いという訳ではありませんし、それが必ずしも正解であったかどうかはわかりません。「唯一の正解」を求めるのではなく、「よりよい」かかわりとは何かをぜひ考えてみてください。その考えるプロセスこそが、アクティブラーニングやケーススタディをするうえでもっとも大切なことです。アクティブラーニングの課題は、唯一の明確な正解が示されないという点で、時には物足りなさを感じたり、自分の力がどの程度伸びているのかを自覚しづらかったりすることがあるかもしれません。しかし、毎回のワークで振り返りを行い、メンバー同士のフィードバックをていねいに行いつつワークを重ねていっていただければ、考える力は確実についていくでしょう。ただ、その効果を最大限にするためには、借り物の考えや一般論で語るのではなく、自分の頭で考え、自分の言葉で語るということが重要です。そして他人ごとのように事例に接するのではなく、切実感をもって真剣に考えることが大切です。本書のワークを通じてぜひいろいろなことを考え、悩み、そしてそのプロセスによって培われた柔軟な思考と臨機応変さ、観察眼をもって、子どもたちの保育や保護者支援にお役立ていただければ幸いです。

　最後になりましたが、子どもの発達に関する貴重な学びの場を与えて下さった田中教育研究所のみなさま、事例の提供にご協力下さったご家族のみなさまと、保育士の会「いろは組」の先生方に心より感謝申し上げます。

小湊真衣

本書を活用するにあたって

　本書は、保育士養成課程の学生を始め、自宅で学習しながら保育士の資格取得を目指す学習者に向けた障害児保育の演習科目のテキストです。障害についてこれまで学んできた知識を生かした保育にしていくためには、理論を実践に応用させる力を養うことが求められます。

　本書の特徴は、基礎理論編とケーススタディ編の2部で構成されていることです。基礎理論編では年齢別の定型発達の子どもの発育・発達を確認したうえで、障害のある子どもの発育・発達を理解します。気になる行動が年齢によるものか、発達障害が原因で現れているのか判断する知識を得ることを期待します。ケーススタディ編では保育者の日々の子どもとのやりとりと、その積み重ねのうえで見られる子どもの成長が描かれています。これらの事例を通して障害児保育について学びます。保育者はその子どもにどうかかわっていったらよいのか、保護者にどう接していったらよいのか、また保育者間ではどういったことに注意しながら保育を進め、どういったことを留意しながら保育の計画をするのかを、想像力を働かせながらしっかりと考えて欲しいと思います。

　本書は、学習を進めるにあたってアクティブラーニングの手法を用いています。現在、大学を始めとして小・中・高校では、従来のような知識の伝達・注入を中心とした授業から、学習者が課題解決に向けた主体的、協同的で能動的な学び（アクティブラーニング）の授業へと質的転換に取り組んでいます[1]。

　本書は、学習者に向けて「考えてみましょう」という一方的な課題の投げかけではなく、基礎理論編の内容を参照して、また「考える際の手がかり」を確認しながら、テキストで扱われたケースを保育者としてどのように対応するか考えるテキストです。学習者が講義形式の受け身で学ぶより、自ら考える力を身につけることは、実際の保育現場でのさまざまな状況に対応する力を養うことにつながります。

　アクティブラーニングは、(1) グループワーク、(2) ディベート、(3) フィールドワーク、(4) プレゼンテーション、(5) 振り返り、の要素のうちいずれかが受講回数のうち半数以上あるものをアクティブラーニングが実施されていると見なすという見方があります[2]。本書は、学習者が問題解決に向けて、主体的、共同的な学びのアクティブラーニングになるように、ケースの内容によってさまざまなグループワークのスタイルを採用しています。

　学習者がアクティブラーニングの取り組みが進むにつれて、より積極的な学習態度になることを期待しています。

もくじ

第1章　0歳児

基礎理論編 —————————————————————— 2

1 0歳児の発達 ————————————————————— 2

（1）運動の発達 ————————————————————— 2
　　①粗大運動 2／②原始反射 2／③微細運動 2

（2）認知・社会性の発達 ————————————————— 4
　　①認知 4／②社会性 4／③ことば 5

（3）基本的生活習慣の発達 ——————————————— 5
　　①食事 5／②遊び 5

2 0歳児の発達に見られる遅れ・偏り ————————— 6

（1）身体の発達 ———————————————————— 6
　　①粗大運動 6／②微細運動 6

（2）認知・社会性の発達 ————————————————— 6
　　①認知 6／②社会性 6／③ことば 7

（3）基本的生活習慣の発達 ——————————————— 7
　　①食事 7／②睡眠 7／③排泄 8／④遊び 8

発展学習 乳幼児定期健康診査 ——————————————— 8

ケーススタディ編 —————————————————— 10

プロフィール① （シュウ） ———————————————— 10

　　確認してみよう　10

1 シュウの園生活 —————————————————— 11

シーン1：登園からお昼まで 11／シーン2：授乳 11

アクティブラーニング1 （難易度★☆☆） ——————— 12

2 シュウの保護者とのかかわり ———————————— 13

アクティブラーニング2 （難易度★★☆） ——————— 14

v

3 シュウの担当保育士の取り組み ———————————— 16

　アクティブラーニング3　（難易度★☆☆）———————————— 17

4 シュウのその後 ———————————————————————— 19

プロフィール② （アキハ　）———————————————— 19

　確認してみよう　19

1 アキハの園生活 ———————————————————————— 20

シーン：大泣き 20

　アクティブラーニング1　（難易度★☆☆）———————————— 21

2 アキハの保護者とのかかわり ———————————————— 22

　アクティブラーニング2　（難易度★★☆）———————————— 23

3 アキハの担当保育士の取り組み ———————————————— 25

4 アキハのその後 ———————————————————————— 26

　アクティブラーニング3　（難易度★☆☆）———————————— 26

5 シュウ／アキハのケースにおけるキーワード ———————— 29

第2章　1歳児

基礎理論編 ———————————————————————————— 32

1 1歳児の発達 ———————————————————————— 32

（1）運動の発達 ———————————————————————— 32
　　①粗大運動 32／②微細運動 33

（2）認知・社会性の発達 ——————————————————— 33
　　①認知 33／②社会性 33／③ことば 34

（3）基本的生活習慣の発達 —————————————————— 34
　　①食事 34／②睡眠 35／③排泄 35／④遊び 35

2 1歳児の発達に見られる遅れ・偏り ———————————— 35

（1）運動の発達 ————————————————————— 35

　　①粗大運動 35／②微細運動 35／③感覚 35

（2）認知・社会性の発達 ——————————————————— 36

　　①社会性 36／②ことば 36

（3）基本的生活習慣の発達 —————————————————— 37

　　①食事 37／②睡眠 37／③遊び 37

（4）保護者支援について ——————————————————— 38

発展学習 噛みつきトラブル ————————————————— 39

　　（1）噛みつきとは ————————————————————— 39

　　（2）子どもと保護者への対応 ————————————————— 39

　　（3）保育者連携 —————————————————————— 40

ケーススタディ編 ————————————————————— 41

プロフィール（ミドリ）————————————————— 41

　　　確認してみよう① 41／ 確認してみよう② 42

① ミドリの園生活 ——————————————————— 43

　　シーン1：朝の様子① 43／シーン2：朝の様子② 43／シーン3：朝の様子③ 44

　　　アクティブラーニング1 （難易度★☆☆）———————————— 45

　　シーン4：何かが欲しいとき 47

　　　アクティブラーニング2 （難易度★☆☆）———————————— 48

　　シーン5：給食 51／ 確認してみよう③ 52

　　シーン6：午睡と排泄 53／ 確認してみよう④ 54

　　シーン7：午後の活動 55

　　　アクティブラーニング3 （難易度★☆☆）———————————— 55

　　シーン8：降園時の母子再会 58／ 確認してみよう⑤ 58

② ミドリの保護者とのかかわり ——————————— 59

（1）保護者面談の意図と方法 ————————————————— 59

（2）保護者面談の際の注意 —————————————————— 60

（3）面談時のやりとり ———————————————————— 60

　　　アクティブラーニング4 （難易度★★★）———————————— 60

（4）専門機関へのつなげ方 —————————————————— 69

③ ミドリの担当保育士の1日 ———————————— 69

vii

シーン1：登園時 70／シーン2：給食 71／
シーン3：トイレットトレーニング（オムツはずし）72／シーン4：自由遊び 72

④ ミドリのその後 ———————————————————————— 73

> 確認してみよう⑥ ▶ 74

⑤ ミドリのケースにおけるキーワード ———————————— 76

第3章　2歳児

基礎理論編 —————————————————————————————— 78

1 2歳児の発達 ——————————————————————————— 78

（1）運動の発達 ————————————————————————————— 78
　　①粗大運動 78／②微細運動 79

（2）認知・社会性の発達 ——————————————————————— 79
　　①認知 79／②社会性 79／③ことば 79

（3）基本的生活習慣の発達 ————————————————————— 80
　　①食事 80／②睡眠 80／④更衣・排泄・衛生 80／③遊び 80

2 2歳児の発達に見られる遅れ・偏り ————————————— 81

（1）運動の発達 ————————————————————————————— 81
　　①粗大運動 81／②微細運動 82

（2）認知・社会性の発達 ——————————————————————— 82
　　①認知 82／②社会性 82／③ことば 82

（3）基本的生活習慣の発達 ————————————————————— 83
　　①食事 83／②睡眠 83／③更衣 83／④遊び 83

（4）保護者支援について ——————————————————————— 84

発展学習 子ども同士のかかわり —————————————————— 85

ケーススタディ編 —————————————————————————— 86

プロフィール（ココロ） ————————————————————— 86

> 確認してみよう① ▶ 86／　確認してみよう② ▶ 87

①　ココロの園生活 ——————————————————— 88

シーン1：保護者からの伝達事項 88

アクティブラーニング1　（難易度★☆☆） ——————————— 89

シーン2：自由遊び 92

アクティブラーニング2　（難易度★☆☆） ——————————— 92

シーン3：給食とお弁当 95

アクティブラーニング3　（難易度★★☆） ——————————— 95

シーン4：午睡と衣服の着脱 99／**確認してみよう③**　99

シーン5：排泄 100／**確認してみよう④**　101

シーン6：工作 102

アクティブラーニング4　（難易度★★★） ——————————— 102

②　ココロの保護者とのかかわり ——————————————— 106

（1）園でのココロの保護者とのやりとり —————————————— 106

アクティブラーニング5　（難易度★★★） ——————————— 106

（2）専門機関との連携 —————————————————————— 111

確認してみよう⑤　111

③　ココロの担当保育士の取り組み ——————————————— 112

④　ココロのその後 ——————————————————————— 113

アクティブラーニング6　（難易度★★☆） ——————————— 114

⑤　ココロのケースにおけるキーワード ———————————— 117

第4章　3歳児

基礎理論編 ———————————————————————————— 120

①　3歳児の発達 —————————————————————————— 120

（1）運動の発達 ————————————————————————————— 120

①粗大運動 120／②微細運動 120

（2）認知・社会性の発達 ———————————————————————— 120

①認知 120／②社会性 121／③ことば 122

（3）基本的生活習慣の発達 —————————————————————— 122

①食事 122／②更衣・排泄 122／③遊び 122

2 ３歳児の発達に見られる遅れ・偏り ── 123

（1）運動の発達 ───────────────── 123
　　①粗大運動 123／②微細運動 123

（2）認知・社会性の発達 ─────────────── 123
　　①認知 123／②社会性 123／③ことば 124

（3）基本的生活習慣の発達 ──────────────── 124
　　①食事 124／②更衣・排泄 125／③遊び 125

発展学習 虐待と発達障害 ──────────────── 126

ケーススタディ編 ───────────────── 127

プロフィール（コウ）───────────── 127

確認してみよう 127

アクティブラーニング１（難易度★★☆）─────── 128

1 コウの園生活 ────────────────── 132

シーン１：登園から午前中まで 132
アクティブラーニング２（難易度★★☆）─────── 133

シーン２：髪への興味 136
アクティブラーニング３（難易度★★☆）─────── 137

2 コウの担当保育士の取り組み ──────────── 139

シーン：夏の水遊び 139
アクティブラーニング４（難易度★★☆）─────── 140

3 コウの保護者とのかかわり ───────────── 142

アクティブラーニング５（難易度★☆☆）─────── 143

4 コウのその後 ────────────────── 144

5 コウのケースにおけるキーワード ─────────── 145

第5章　4歳児

基礎理論編 ————————————————————— 148

1 4歳児の発達 ————————————————————— 148

（1）運動の発達 ————————————————————————— 148

①粗大運動 148／②微細運動 148

（2）認知・社会性の発達 ————————————————————— 149

①認知 149／②社会性 149／③ことば 149

（3）基本的生活習慣の発達 ——————————————————— 150

①食事 150／②更衣・排泄 150／③遊び 150

2 4歳児の発達に見られる遅れ・偏り ————————————— 150

（1）運動の発達 ————————————————————————— 150

①粗大運動 150／②微細運動 150

（2）認知・社会性の発達 ————————————————————— 151

（3）基本的生活習慣の発達 ——————————————————— 151

①食事 151／②更衣・排泄 151／③遊び 152

発展学習 気になる子への対応 ——————————————————— 152

（1）注意欠如・多動性障害のある子どもへの対応——————————— 152

（2）自閉症スペクトラム障害のある子どもへの対応—————————— 153

①こだわりへの対応 153／②パニックへの対応 153／③自傷行為への対応 154

ケーススタディ編 ————————————————————— 155

プロフィール（リク　） ——————————————————— 155

確認してみよう 156

1 リクの園生活 ————————————————————————— 157

シーン1：新年度の登園の様子 157

アクティブラーニング1 （難易度★★☆） ————————————— 157

シーン2：お話の時間 160

アクティブラーニング2 （難易度★☆☆） ————————————— 160

シーン3：昼休みの出来事 164

アクティブラーニング3 （難易度★★☆） ————————————— 164

xi

② リクの担当保育士の取り組み ——————— 167

　　シーン：運動会に向けての練習　167

　　アクティブラーニング４　（難易度★★★）———————— 168

③ リクの保護者とのかかわり ——————— 171

　　シーン：運動会本番まで　172

　　アクティブラーニング５　（難易度★☆☆）———————— 172

④ リクのその後 ——————————— 174

⑤ リクのケースにおけるキーワード ——————— 176

第6章　5歳児

基礎理論編 ——————————————— 178

1 5歳児の発達 ——————————————— 178

（1）運動の発達 ——————————————— 178

　　①粗大運動　178／②微細運動　179

（2）認知・社会性の発達 ——————————— 179

　　①認知　179／②社会性　179／③ことば　179

（3）基本的生活習慣の発達 ——————————— 180

　　①食事・更衣・排泄　180／②遊び　180

2 5歳児の発達に見られる遅れ・偏り —————— 180

（1）運動の発達 ——————————————— 180

　　①粗大運動　180／②微細運動　180

（2）認知・社会性の発達 ——————————— 181

　　①認知　181／②社会性　181／③ことば　181

（3）基本的生活習慣の発達 ——————————— 182

　　①遊び　182

　　発展学習　障害受容と子育てレジリエンス ——————— 182

ケーススタディ編 ——————————————— 184

プロフィール（ソウタ）——————————————184

確認してみよう① ▶184／ 確認してみよう② ▶185

（1）ソウタの園生活—————————————————186

シーン1：保護者からの伝達事項（入園前面接時）186

アクティブラーニング1 （難易度★★☆）——————————187

シーン2：登園から朝礼まで 190

アクティブラーニング2 （難易度★★★）——————————191

シーン3：給食 194

アクティブラーニング3 （難易度★★☆）——————————194

シーン4：午後・園庭にて 197

アクティブラーニング4 （難易度★★☆）——————————198

アクティブラーニング5 （難易度★★★）——————————200

（2）ソウタの担当保育士の取り組み—————————————204

（3）ソウタの保護者とのかかわり——————————————205

アクティブラーニング6 （難易度★★★）——————————206

（4）ソウタのその後————————————————————208

（5）ソウタのケースにおけるキーワード————————————210

第7章　6歳児

基礎理論編 ——————————————————————212

（1）6歳児の発達————————————————————212

（1）運動の発達——————————————————————212

①粗大運動 212／②微細運動 212

（2）認知・社会性の発達——————————————————212

①認知 212／②社会性 213／③ことば 213

（3）基本的生活習慣の発達—————————————————213

①食事・更衣・排泄 213／②遊び 213

発展学習 保育者の役割————————————————————214

xiii

ケーススタディ編 ——————————— 215

プロフィール（スイ 😊）——————————— 215

> アクティブラーニング1 （難易度★★★）——————— 216

① スイの園生活 ——————————— 223

シーン1：友だちとの自由遊び 223

> アクティブラーニング2 （難易度★☆☆）——————— 224

シーン2：給食とおやつ 226

> アクティブラーニング3 （難易度★★☆）——————— 227

シーン3：クリスマス会の練習 229

> アクティブラーニング4 （難易度★★★）——————— 230

② スイの担当保育士の取り組みと保護者との連携 ——————— 232

③ スイのその後 ——————————— 233

④ スイのケースにおけるキーワード ——————— 234

文献 ——————————————— 235
著者紹介 ————————————— 241

障害に関する表記について

　事例では仮名を用いています。個人が特定されてしまうような出来事については、状況にまつわる表現を変えています。また、「障害」を漢字で表記しています。近年は、害の漢字を使用することは不適切であるとの考えから、「障がい」とひらがなで表記する動向にあります。しかし、保育士資格養成課程のシラバスなどは「障害」の表記が使用されており、また法律・制度においても「障害」の表記が使用されています。障害児の表記は、「障害児」「障がいのある子」「障碍児」などがあり、議論の余地があるところですが、本書は「障害児」「障害のある子」の表記を用いています。表記については課題があることを認識したうえで、ご了承をお願いいたします。

　発達障害の名称については、アメリカ精神医学会（American Psychiatric Association：APA）が刊行している『DSM-5 精神疾患の診断・統計マニュアル』[1]に準じて表記しています。

発達障害の概説[1]

知的障害

同年齢の人よりも、物事を理解し判断すること（知的能力）や、日常生活をスムーズに送ること（適応能力）などの知能に遅れがあり、18歳までの発達期に知能の発達が止まることや目安となる基準よりも低い状態にある。

〈特徴〉

・ことばの発達に遅れがある

・自分で判断することが苦手

・物事を理解するのに時間がかかる

・記憶する量が少ない　など

注意欠如・多動性障害

注意欠如・多動性障害は、不注意、多動性・衝動性などの症状が見られる障害。不注意の側面が強く出るタイプと多動性・衝動性の側面が強く出るタイプの大きく分けて2つのタイプが存在する。

〈「不注意」の特徴〉

・集中が続かない

・注意深く作業ができない

・忘れっぽく、段取りよく作業ができない

・人の話を聞いていないように見える　など

〈「多動性・衝動性」の特徴〉

・じっとしていられない

・不適切な状況で走り回ったり、よじ登ったりする

・好きなようにしゃべってしまう

・順番待ちが苦手　など

限局性学習障害

知能には特に問題がないものの、文字を読む・書く・計算などの技能の習得が困難になる障害。

〈特徴〉

・文字を理解するのが苦手

・ことばを理解するのが苦手

・文字を書くのが苦手

・数が苦手　など

自閉症スペクトラム障害

　人とのやりとりやコミュニケーションがうまくできないこと、行動・興味または活動の限定された反復的な様式が見られる。これらの症状は幼児期早期から認められ、日々の活動を制限するか障害する。スペクトラムとは連続体を意味し、障害の特性を軽度から重度まで連続性で捉えて自閉症スペクトラム障害という。

〈「社会的コミュニケーションおよび相互関係における持続的障害」の特徴〉

・会話で気持ちのやりとりをすることが難しい

・表情や身振り手振りや声のトーンなどのことば以外のものを用いたコミュニケーションが苦手　など

〈「限定された反復する様式の行動・興味または活動」の特徴〉

・同じ行動を繰り返す

・決まりにこだわる

・興味のあるものに没頭する

・感覚に偏りがある　など

発達性協調運動障害

　協調的運動がぎこちない、あるいは全身運動（粗大運動）や手指の操作（微細運動）が不器用な障害。

〈特徴〉

・ボールが片手で投げられない

・縄跳びができない

・自転車に乗れない

・ハサミなどの道具をうまく使えない

・ボタンを掛けることができない

・靴の左右を度々間違える

・箸をうまく使えない　など

第1章

0歳児

··

子どもは、生まれたときからその子なりの性格や気質をもっています。子どものなかには、刺激に対して少し反応がゆっくりの子がいたり、少しの刺激に対して過敏に反応する子がいたりとさまざまです。保育者は、その子どもの様相が個性の範疇であるのか、目に見えない障害や病気があるのではないか、という視点でかかわることがあるかもしれません。しかし、0歳児には、目に見えない障害である発達障害の診断名がつくことはほとんどありません。ゆえにここでは、障害児保育という枠組みではなく、0歳児保育で気になる子どもの発達と保育について学びましょう。

基礎理論編

1 ⟩ 0歳児の発達

（1）運動の発達

①粗大運動

　子どもは、個人差がありますが、身長は約50cm、体重は約3,000gで生まれてきます。子どもの運動機能の発達は、早い遅いの個人差があります。「どのくらいの子どもができるようになるか」という割合を「通過率」と呼び、この通過率が90%を超える時期が「できる」の目安の1つとなります。この運動機能の通過率を目安にしながら、子どもの発達を見てみましょう。

　子どもの身体の発達は、基本的に頭部から尾部へ、中心部から周辺部へ、運動機能は粗大運動から微細運動へ発達するという規則性があります。首のすわりは、生後4〜5か月の乳児の90%以上で確認することができます。1人座りは、生後5か月ごろに支えられてできるようになり、生後9か月の乳児の90%以上が両手を前に付くことなく、1人で安定して座ることがでます。寝返りは、生後6か月あたりから7か月までに、うつ伏せで寝ている状態から腕を使って上体を起こすことができます。腹這いの姿勢から、後ろにさがるズリ這いが見られ、腹を持ちあげハイハイ（よつ這い）が見られるようになります。乳児の90%において、生後9〜10か月までにハイハイが見られます。高這いの過程を経て、11か月ごろにつかまり立ちをします。

②原始反射

　生まれたときは大脳の運動中枢や感覚中枢が未成熟であるため、自分の意思で身体を動かす随意運動はあまり見られず、外の刺激に対して本人の意思には関係なく反射的に身体を動かす、原始反射が見られます。原始反射には、新生児吸啜反射や把握反射、モロー反射などがあります。ほとんどの原始反射は、大脳皮質が成熟していき随意運動が中心になると、生後4か月ごろから1年位で消失します。非対称性緊張性頸反射は遅くとも5か月までには消失します[1]。

③微細運動

　生後2か月ごろから興味のある物に対して追視し、手と腕を「打ち付ける」動きが見られます。その際に偶然に物に触れてもつかむまでにはいたりません[2]。

　生後4か月ごろには、手の把握反射が消失し始め、手が開いてくることが多くなりま

| 0歳児 | 1歳児 | 2歳児 | 3歳児 | 4歳児 | 5歳児 | 6歳児 |

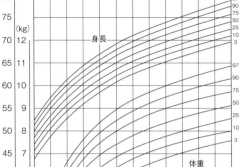
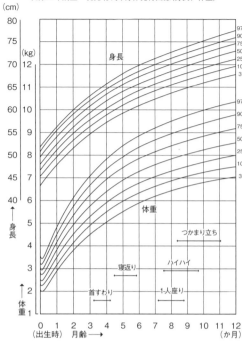

図1-1　0歳児の身体発育曲線

東京都福祉保健局　東京都子ども医療ガイド http://www.guide.metro.tokyo.jp/trouble/se/index.html

表1-1　乳幼児の運動機能通過率　　　　　　　　　　　　　　　　　　　　　　　　　（％）

年　月　齢	首のすわり	寝返り	1人座り	ハイハイ	つかまり立ち	1人歩き
2月〜3月未満	11.7	1.1				
3〜4	63.0	14.4				
4〜5	93.8	52.7	0.5	0.9		
5〜6	98.7	86.6	7.7	5.5	0.5	
6〜7	99.5	95.8	33.6	22.6	9.0	
7〜8		99.2	68.1	51.1	33.6	
8〜9		98.0	86.3	75.4	57.4	1.0
9〜10			96.1	90.3	80.5	4.9
10〜11			97.5	93.5	89.6	11.2
11〜12			98.1	95.8	91.6	35.8
1年0〜1月未満			99.6	96.9	97.3	49.3
1〜2				97.2	96.7	71.4
2〜3				98.9	99.5	81.1
3〜4					99.4	92.6
4〜5					99.5	100.0

厚生労働省雇用均等・児童家庭局母子保健課（2011）．平成22年乳幼児身体発育調査 乳幼児の運動機能通過率

す[3]。ガラガラなどのおもちゃを持たせれば少しの間は持っていられるようになり、口に運んでなめる姿が見られるようになります。それと同時に、小さい物に焦点を合わせ見つめ、手を伸ばしてそれを取ろうとする活動も増えてきます[4]。

　4か月ごろの子どもには、手を目の前に出して見つめる行為のハンドリガードが見られます。何度も自分の手を口に入れたり出したりするうちに、自分の身体の一部だと認識できるようになります。また手を伸ばして物をつかもうとしたり、握ろうとしたりします。6か月ごろには、熊手状に手を広げて物をかき集める姿が見られ、おもちゃをしばらく握って遊びます[5]。全身の運動発達に伴って、次第に指の操作が上手になり、左右の手指を操作して物を持つことが確実になり、8か月ごろから指の腹を使って物をつまむようになり、生後11か月になると90％の子が親指を使って物をつかむことができるようになります。

　顔と手を支配する領域は脳の広い面積を占め、しかも互いに隣接しています。食べ物を噛む、口唇を使う、指を使う遊びは、脳の広い範囲を刺激しているので脳の発達が促されます[6]。

（2）認知・社会性の発達

①認知

　9〜10か月ごろになると、「バンザイ」「バイバイ」などの身振り手振りの模倣や、頭にブラシをくっ付けようとしたり、太鼓を叩こうとするなどの物を使っての模倣が見られます。名前を呼ばれたときに、それが自分の名前であることがわかり始め、ほかの子どもたちの真似をして手をあげて「ハーイ」と返事をするといった音声の模倣もできるようになります。また、鏡に映っている自分とほかの人とを見分け、鏡に映った自分を認めることができるようになります[7]。

②社会性

　子どもは誕生直後から人と物を区別して反応し、顔のようなパターンを好んで注視します。特に母親の顔に注視し、また母親の匂いを好みます。目を覚ましているときは、大人の声のする方に向き、耳を傾けたり、人の動きを目で追いかけてじっと視線を向けたりします。周囲の環境からさまざまな刺激を受け取っています[8]。

　1か月を過ぎるころになると、視線も合い始めるようになります。特定の大人が微笑みかけると、笑顔で返してくれるようになります。生後3か月ごろまでに、人についての典型的な情報が記憶に蓄えられて、人に対する認識の基礎が形成されます。4か月ごろには、身近な人の顔がわかり、あやされると声を出して笑うおはしゃぎ反応が見られるようになります。

　6か月には、生理的な欲求のほかに、寂しさなどの心理的な欲求も増えて、いつもか

| 0歳児 | 1歳児 | 2歳児 | 3歳児 | 4歳児 | 5歳児 | 6歳児 |

かわってくれる大人が自分のそばにいないことを感じると不安になって泣いたり、大人とのかかわりを求めるようになります。いつもかかわってくれる人と繰り返しのかかわりを通して、愛着関係を形成していきます。見知らぬ人に対して不安や恐れなどから泣いたりするのは、なじみの人と見知らぬ人の違いがわかり、なじみのある大人についての記憶が形成されてきたといえます[9]。

10か月ごろになると、大人が「ちょうだい」と手を出すと、持っている物を渡し、自分から物を大人に見せたり、渡したりします。手ざしの段階を経て、欲しい物などを指さす「要求の指さし」が見られます[10]。

③ことば

子どもの発声は生後1年を通じて劇的に変化します。生まれてから数週間の新生児が発する音は、泣いたり、ぐずったり、咳をしたりする際に出る音で、空腹、痛みや何らかの不快なことによって引き起こされる反射的なものです。生後2か月ごろには喉を鳴らすような音を発声するようになり、周囲が話しかけると微笑みます。6か月ごろになると、「ダダダ」「ママ」などの喃語を発声し、乳児期後半には「マンマンマン」「ナンナンナン」などの反復喃語が盛んになります[11]。1歳になるまでには、「ンマンマ」「ママ」「パパ」などの単語が出現するようになります。

(3) 基本的生活習慣の発達

①食事

離乳食の開始の目安は、生後5か月あるいは体重が7kgを超えたころが適当な時期とされています。9か月の子どもの90%が離乳食を開始しています。おおむね1歳前後で離乳をしていきます。

②遊び

0歳の子どもの遊びは、保育者がくすぐったり、「いないいないばあ」と声をかけたり、6か月を過ぎたころからの物を介して「ちょうだい」「はい、どうぞ」などの1対1のかかわりが多いです。1対1でのかかわりでも、遊びの空間にほかの子どもがいることが望ましく、ほかの子どものかかわりを見ながら自分も同じことをする模倣の力を育てることにつながります。

2 0歳児の発達に見られる遅れ・偏り

（1）身体の発達

①粗大運動

　生後4か月になっても、頭がぐらぐらしたり、身体を引き起こした際に頭が後ろに残っていたりする場合には、その後の経過を注意深く観察しましょう[12]。

　原始反射が残っていると、1人で座ることができず、なかなか歩こうとしないなどの発達の問題や障害が出てくることがあります。ハイハイができ、つかまり立ちができても、生後8か月になってもお座りが安定しない[13]、身体を支えて立たせようとしても足を付きたがらない[14]など運動障害などがある場合には、早期に適切な援助の手を講ずることが大切です。発達の気になる子に対しては勝手な判断をせず、嘱託医や保健師、看護師などの医療専門職、心理専門職、専門機関へ相談するようにします。

②微細運動

　生後3～4か月になっても手の把握反射が強い場合は、手のひらにたくさんの刺激を与えて、手が開くようにします。いろいろな感触や音の鳴る物を与えて子どもに刺激を与えるようにしましょう[15]。4か月を過ぎても物を追わない、触りたそうな仕草が見られない、持たせてもすぐに離す場合[16][17]や、8か月ごろになっても目の前におもちゃなどを示されても関心を示さなかったり接近を試みなかったりする場合は、その後の様子を注意深く見ていきましょう[18]。10か月ごろに、保護者が自分の手で物を食べさせていない、物を取って口へ入れることを強く禁止している育児条件では、物をつまむことがうまくできない場合があります。手づかみで食べることは、手指の発達につながります。

（2）認知・社会性の発達

①認知

　10か月ごろになっても、「ちょうだい」「どうぞ」の意味を理解しない、バンザイ、バイバイの模倣ができない[19]、12か月ごろになっても自分の名前を呼ばれても反応がない場合、保育者は意識して名前を呼び、物を渡すときは子どもの正面から目を合わせて「どうぞ」と言いながら、渡すことを繰り返しましょう。

②社会性

　生後3か月の子どもはあやすと笑う反応が見られます。おとなしい、反応が乏しい、あやしても笑わない場合には、難聴かどうかも考えなくてはなりませんが、知的発達障害や自閉症スペクトラム障害の疑いも視野に入れて見ていく必要があります[20]。

| 0歳児 | 1歳児 | 2歳児 | 3歳児 | 4歳児 | 5歳児 | 6歳児 |

　6か月ごろになると、子どもはいつもかかわってくれる保育者とのやりとりを楽しみにします。保育者が笑いかけても微笑みを返さない、「いないいないばあ」などをしてもよそ見をして反応が薄い、くすぐられると笑ったりすることはあっても、保育者があやしたことに対しての反応が薄く笑うことがない、目が合いにくいなど、人とのかかわりが成立しづらい、または人見知りがないなどといったことがある場合には、専門的診察とともに、その後の経過を見ていきます[21]。まわりの子どもと同じ場で積極的にかかわることは、子どもの認知の発達を促すことにつながります。

　10か月ごろに、欲しい物などを指さす「要求の指さし」が見られます。指さしは保育者との関係で見られるものです。指さしが見られない、相手の顔を見ない場合は、いつごろどのような状況で指さしが見られたのかをまとめるとよいでしょう。何か欲しそうな物がありそうなら、介助しながら指さしを誘導し、それからそれを渡してあげるようにしましょう[22]。

③ことば

　10か月ごろまでに喃語の発達が見られない子ども[23]や、自分の名前を呼ばれても反応しない、叱られたことがわからない、いったん覚えた身振りや表情などの模倣をことばだけで引きだすことができないなど、ことばだけの働きかけに反応しない子どもには、聴力や言語、あるいは情緒、さらには模倣などの学習に問題ないか、経過を注意深く見ていきましょう[24]。反応が少ないからと手薄なかかわりにならないように、積極的に声かけをしましょう。

（3）基本的生活習慣の発達

①食事

　離乳食が進まない、偏食が極端である、哺乳瓶を嫌がる、あるいは哺乳瓶でしか飲まない、スプーンを嫌がる子どもは、味覚の過敏のほかに口唇・口腔内の触覚過敏などが関係していることがあります[25]。食事は無理強いすることなく進めていきましょう。スプーンは家で使っている物だと嫌がらないことがあります。いろいろ試してみましょう。

②睡眠

　日中の保育が家庭での睡眠にも影響することがあります。子どもの寝つきが悪く、夜遅くまでなかなか寝なかったり、夜中に少しの音に反応して泣きだし、抱っこしてあやそうとしても余計に激しく泣き、保護者は対応に苦慮することもあります。興奮するような保育内容はなかったか、疲れ過ぎる活動はなかったか、家庭と連携を取りながら、子どもの生活リズムを整えるようにしましょう。

③排泄

　4月、5月は、新しい環境に子どもはまだ慣れていないことから、オムツを替えることも抵抗して泣きます。触られることが苦手な子どもは、足をバタバタして激しく大泣きをします。新しい環境に2週間くらい過ごしていると、子どもも環境に慣れて落ち着いてきて、オムツ替えもスムーズになります。1か月たっても泣きがおさまらないときは、注意して経過を見ていきましょう。

　オムツは時間を決めて替えるようにします。替えるときには、ことばを話さない赤ちゃんであっても、声をかけて替えるようにしましょう。子どもによっては、オムツが濡れていてもあまり泣かない子がいます。そういった子どもには、定期的に濡れていないかを確認しましょう。その場合にも声かけを忘れないでしましょう。

④遊び

　3か月ごろの子どもは、ベッドの上に吊るされた回転式メリーを興味をもって眺めます。しかし、眺めている間に呼びかけても反応がなく、周囲への注意が向かない子どもがいます。1つのことにこだわる子どもは、そこに集中しているときは静かにしていることから、かかわりが手薄になることがあります。声かけが少なくならないように、ほかの刺激を積極的にかけることも必要です。

　ハイハイは、次の歩行運動に移行するうえで重要な運動です。子どものなかにはハイハイがうまくできない、ハイハイをする意欲が見られない子どもがいます。腹這いにさせて、子どもが少し手を伸ばせば届きそうな位置におもちゃを置いてみたり、目の前でボールを転がして見せたり、目標に向かって進もうとする気持ちを育てる働きかけをしてみましょう。

発展学習

乳幼児定期健康診査

　母子保健法によって各市区町村の保健センターでは、1歳6か月児健診、3歳児健診が実施されます。またほとんどの市区町村で3～4か月健診も実施されています。乳幼児健診は、疾病のスクリーニングから、子どもの発育や発達の確認、生活習慣の確立に向けた支援、子育て支援につなげる保健指導などさまざまな内容を含んでいます。子どもの成長・発達のどこを診ているのかを理解しておきましょう。

　3～4か月健診では、身長・体重が出生時から2倍に増えているか、頭囲と大泉門の開き具合いや状態を確認して脳の病気がないか、首のすわりと股関節脱臼がないかを確認します。この時期は先天性の病気が隠れている場合もあるので、筋肉の緊張具合いも診ます。あやすと笑うか、音に反応するか、目で物を追うかを確認します。

　1歳6か月児健診では、身長・体重・頭囲などの身体計測や、転ばないで歩くか、意味の

| 0歳児 | 1歳児 | 2歳児 | 3歳児 | 4歳児 | 5歳児 | 6歳児 |

ある単語を話すか、積み木が積めるかなどの確認をします。斜視、軽度難聴などがないかを確認し、離乳食完了の確認、幼児食・栄養の説明、しつけの相談、事故防止、虫歯の予防などの指導をします。

　3歳児健診では、身長・体重などの身体計測、手を使わずに1人で階段を昇れるか、自分の名前と年齢が言えるか、言語発達を確認します。就学時までの最後の健診となる自治体が多いため、集団生活の開始に向けた視点から社会性を中心とした発達や、健康的な生活習慣が確立しているか、視力・聴力の確認などをします。

　乳幼児健診で発育や発達を確認したところ問題や遅れがあった際は、専門機関と連携を取りながら、子どもの発達を促すかかわりをしていきます。同時に保護者の相談に応えたり、より適切なかかわり方を伝えるなど、保護者の支援も忘れないようにします[26]。

基礎理論編

ケーススタディ編

ケーススタディ編

プロフィール①

シュウ（0歳）

男児／12月3日生まれ／生活年齢0歳5か月

- ●家族　　　　3人暮らし／父親（30代前半・自営業）／母親（30代半ば・会社員・産後8週間で職場復帰）／両親ともに実家は電車で1時間ほどのところ
- ●住居　　　　駅前にある高層マンションの12階
- ●出生時　　　体重2,180g／人工栄養で育つ
- ●出生後の発達　首すわり5か月
- ●現在の発達　身長63cm／体重5,770g

確認してみよう　発達を3ページの図1-1の身体発育曲線や表1-1の運動機能通過率に当てはめ、解説を参考にしながら確認しましょう。

●生まれたときから現在までの様子

・出生時の体重：

・首すわりの時期：

●現在の発達

・身長：

・体重：

| 0歳児 | 1歳児 | 2歳児 | 3歳児 | 4歳児 | 5歳児 | 6歳児 |

①　シュウの園生活

シーン1：登園からお昼まで

　シュウはいつも通勤前の母親に抱っこされながら園にやって来ます。まだ首がすわっていないシュウを保育士に預け、母親は駆け足で園を出て行きます。園に通い始めたばかりのころ、まだ人見知りが始まっていないシュウは、いつもおとなしく保育士に抱かれ、朝早いせいか、トロンと眠たそうな表情をしていました。検温やオムツ交換を済ませた後、午前中はその日の子どもの様子によって外気浴をさせたり、おもちゃを触らせたりして過ごします。シュウは動きがおとなしい赤ちゃんで、オムツ替えのときも足をバタバタさせたり、身体をよじったりすることがなく、ペタッと静かに仰向けになって天井を見つめています。一日中ウトウトと眠っていることが多く、オムツが濡れていても、お腹がすくはずの時間になっても、ほとんど泣き声をあげません。保育士がシュウの手のひらに指を置いたり、おもちゃを触らせたりするとギュッと握りますが、すぐにポロッと離してしまいます。保育士が抱きあげて「いないいないばあ」をしたり、身体をくすぐったり、大げさに笑顔をつくって見せたりしても、何か考えごとをしているかのように遠いところをじっと見ているような表情であることが多く、保育士に笑いかけてくることはあまりありません。しかし、たまに1人で寝ている状態で、寝言のように突然ケタケタと笑い声をあげることがあります。「どうしたの、シュウくん。ごきげんね」と言って保育士が身体をなでると、「う～……」と言ってまたトロンとした表情になり、ウトウトと寝たり起きたりを繰り返しています。

シーン2：授乳

　シュウはミルクを吸う力が弱く、哺乳瓶の飲み口を口に入れても、数回口元を動かすだけで、すぐにポカンと口を開けてしまい、なかなかミルクを飲もうとしません。保護者と相談し、ゴムの固さを軟らかいものに替えてから、ようやくミルクを飲むようになったものの、ミルクの出がよすぎると、すぐにケホッと吐きもどしてしまいます。ミルクを飲みたくないときやミルクを吐いてしまったときは、「うぇ～…～ん…」という小さな声をあげて不満を表現しますが、そのようなときも少し眉間にシワを寄せる程度で、怒って大声で泣くようなことはありません。また、哺乳瓶で授乳させる際、授乳している保育士の顔を見たり、哺乳瓶に自分の手を当てたりするような行動も特に見受けられません。口の端に哺乳瓶の飲み口を当てても、手足をモゾモゾと動かしながら口をパクパクさせるだけで、自分から顔をひねって飲み口を口に入れるような行動はあまりしません。

アクティブラーニング1　（難易度★☆☆）

シーン1、シーン2で語られた内容のなかから、気になる部分を探してアンダーラインを引きましょう。

〈ワークのねらい〉

・子どもの様子に関する文章を読み、注目すべきポイントを見つける
・他者と自分の気づきを比較することで視野を広げる

〈ワークのすすめ方／所要時間の目安・計25分〉

手順	ワーク内容	所要時間
①説明・準備	「ワークのねらい」と「ワークのすすめ方」を確認する。ワーク内容を確認し、ペアをつくる	4分
②ワーク1 個人作業	まずは話しあわずに1人でシーンを黙読し、気になった箇所にアンダーラインを引く	3分
③ワーク2 意見交換	ペアの相手とアンダーラインを引いた箇所を見比べる。自分が気づいていない箇所を相手が指摘していた場合、その箇所に波線を引く。その際、なぜそこが気になったのかをお互い簡単に説明する	3分
④ワーク3 ペアワーク	ワーク1、ワーク2の内容をもとに、気になった点については今後どのようなことに気をつけていくのが望ましいかを話しあい、箇条書きにしてまとめる	7分
⑤感想・自己評価	やりとりをしてみて考えたこと、感じたことを「学んだこと／感想」欄に記入する。ワークをどのくらい積極的に行えたかを自分で評価し、あてはまるものに○をつける	3分
⑥まとめ	「ワークのねらい」を振り返り、自己評価する	5分

〈ワーク〉

シーンを読んで気になる箇所にアンダーラインを引き、それに対してどのようなことに注意して保育をしていけばよいかを話しあいましょう。

●どのようなことに気をつけていったらよいか

_____

_____

_____

☞ 考える際の手がかり

　生後数か月の子どもは、身長・体重にもばらつきがあり、その発達も個人差があります。通常発達の様子を理解したうえで、何か気になる特徴があった場合はそれについ

| 0歳児 | 1歳児 | 2歳児 | 3歳児 | 4歳児 | 5歳児 | 6歳児 |

て記録を取り、その後の生活のなかでそれがどのように改善されるか、または改善されないかを見ていく必要があります。子どもに対してどのようなかかわりをし、どのような環境を整えたらよいのかを考えるためにも、まずは正確な情報収集が必要です。

〈学んだこと／感想〉

_____

_____

_____

〈今回のわたしの取り組み〉振り返って、あてはまるものを○でかこみましょう

　　とてもよくできた　　　　　よくできた　　　　　もう少しがんばれる

②　シュウの保護者とのかかわり

　保育士は連絡帳や朝夕の送迎の時間を利用して、シュウの保護者とコミュニケーションをとる機会をつくっていきました。シュウの母親は子育て経験がなく、また産休の間もほかの同月齢の子どもを見る機会がなかったそうで、シュウの発達については特に何も不都合や不自由を感じていない様子でした。

　保育士がシュウの家庭での様子をたずねると、「家でも割とおとなしいので助かってます」「家事している間、やむをえず１人にしておいても泣いたりしない」とのことでした。しかしその一方で、「ただ、あんまり泣かないので、いつお腹をすかせているのかとか、オムツ替えのタイミングとかがよくわからなくなることがあるんです。赤ちゃんってみんなそんなものですか？ミルクとかは欲しがるときに欲しがるだけあげればいいという話も聞くし、特に泣かないときは無理にミルクを飲ませたりしない方がいいんでしょうか？」という質問が保育士に対して寄せられました。

アクティブラーニング2　（難易度★★☆）

シュウの保育を充実させるために、保育士は保護者からどのような情報を得ることが望ましいでしょうか。また、保護者からの質問にはどのように答えたらよいでしょうか。考えて話しあいましょう。

〈ワークのねらい〉

・子どもの保育において必要な情報は何かを考える
・保護者からの質問に対する返答の仕方を考える
・グループで協力しながら作業を進める

〈ワークのすすめ方／所要時間の目安・計30分〉

手順	ワーク内容	所要時間
①説明・準備	「ワークのねらい」と「ワークのすすめ方」を確認する。ワーク内容を確認し、3〜4人で1つのグループをつくる	4分
②ワーク1 個人作業	まずは話しあわずに1人でシーンを黙読し、「必要な情報」「保護者への返答」を考えて記入する	3分
③ワーク2 グループ内発表	グループ内で、ワーク1でまとめた自分の意見を口頭で順番に発表していく。発表を聞いている人はほかの人の意見を聞きながら、「クラスメイトの発表のよかったところ」欄にメモする。よくないと思う箇所があったとしても、ここでは指摘しない。	5分
④ワーク3 グループワーク	ワーク1、ワーク2の内容を参考にしながら、グループ内で「必要な情報」「保護者への返答」のアイディアをまとめる	8分
⑤感想・自己評価	やりとりをしてみて考えたこと、感じたことを「学んだこと／感想」欄に記入する。ワークをどのくらい積極的に行えたかを自分で評価し、あてはまるものに○をつける	5分
⑥まとめ	「ワークのねらい」を振り返りを行う、自己評価する	5分

〈ワーク〉

シュウの保育をするにあたり、保護者からはどのような情報を集めることが必要でしょうか。また、保護者からの質問に対して、保育士はどのように返事をしたらよいでしょうか。考えて話しあいましょう。

●わたしが考えた必要な情報

_____

_____

_____

| 0歳児 | 1歳児 | 2歳児 | 3歳児 | 4歳児 | 5歳児 | 6歳児 |

●わたしが考えた保護者への返答

_____

_____

_____

●クラスメイトの発表のよかったところ

_____

_____

_____

●クラスメイトと考えた必要な情報

_____

_____

_____

●クラスメイトと考えた保護者への返答

_____

_____

_____

☞ **考える際の手がかり**

　まず、生活の基本となる食事と睡眠のリズムを整えていくためにも、家庭での食事や睡眠について情報を得ることが必要です。乳幼児の場合、まだ生活リズムが定まっていないこともありますが、昨夜は何時に寝て今朝は何時に起きたのか、今朝はミルクをどれくらい飲んだのか、家庭での機嫌はどうだったかなどの情報を、毎日集めて保育に役立てていきましょう。栄養や睡眠が十分でないと、子どもは機嫌よく過ごすことができなくなってしまいます。子どもの送迎の際に、保護者と会話する余裕や時間がない場合でも、連絡帳や体調管理カードを利用したり工夫するなどして、効率的に情報を集めていくことが大切です。

基礎理論編

ケーススタディ編

シュウの場合

　保育士は、まず毎朝シュウがどのくらいミルクを飲んできたかを具体的に教えてもらうため、連絡帳の記入欄を工夫し、保護者に記入の手間を取らせすぎないように配慮しながら、ミルクを毎回何時に何mL（cc）飲んだかということを正確に記入してもらえるようお願いしました。その結果、シュウは平均して160mL程度のミルクを飲むことがわかり、しっかりミルクを飲んで登園して来た日は、目を開けて活動している時間が長いことがわかってきました。また、保護者に降園してからのシュウの過ごし方をたずねたところ、帰宅後は家事や仕事で忙しいため、子ども部屋のベビーベッドに寝かせきりになっていることが多いということもわかりました。シュウは家庭でもあまり泣かないことから、保護者がミルクを与える時間や間隔も日によってまちまちでした。

　そこで、保護者からの質問に対して、シュウの保育士は、「シュウくんはお腹がすいても泣かないことがあるので、今のところは家庭でも園でも時間を決めて、決まった量のミルクを飲ませる方法を試してみるのはどうでしょう。それを少し続けながら、また一緒に様子を見ていきませんか」とアドバイスしました。

〈学んだこと／感想〉

_____

_____

_____

〈今回のわたしの取り組み〉 振り返って、あてはまるものを○でかこみましょう

　　　とてもよくできた　　　　　よくできた　　　　もう少しがんばれる

③ シュウの担当保育士の取り組み

　呼びかけに対するシュウの反応の薄さについて、保育士は視覚や聴覚に問題がある可能性を考えましたが、小児科医の診察の結果、視覚・聴覚ともに今のところ異常は見られないという結果でした。5か月を過ぎてシュウの首がすわったため、子どもたちをうつぶせにして胸の下に巻いたタオルを置き、手が届くところに子どもたちの好きなおもちゃを置いて手を伸ばさせるような活動にも参加させるようになりました。ほかの子どもたちは目の前のおもちゃを興味深そうに眺め、それを取ろうと手を伸ばしたり、「あー、

| 0歳児 | 1歳児 | 2歳児 | 3歳児 | 4歳児 | 5歳児 | 6歳児 |

あー」と声をあげたり、近くにいる保育士の顔を見たりして、活発に身体を動かしていました。しかし、シュウは下に敷かれたタオルにペタンと顔をつけ、そのままじっとしていました。保育士が膝に座らせておもちゃのボールなどを手渡すと、しばらくそれを眺め、手のひらや手の甲で触ったりしますが、すぐに興味を失ってコロンと手放してしまいました。

アクティブラーニング3 （難易度★☆☆）

このような様子のシュウに対し、あなたが保育士であれば、どのような働きかけをしてみたいと思いますか。ペアをつくって話しあいましょう。

〈ワークのねらい〉
・ペアをつくって意見を出しあう
・自分の意見のよいところに気づく
・他者の意見のよいところを見つけ、評価する
・自分なりのアイディアを考えることで積極性や想像力、工夫する力を養う

〈ワークのすすめ方／所要時間の目安・計25分〉

手順	ワーク内容	所要時間
①説明・準備	「ワークのねらい」と「ワークのすすめ方」を確認する。ワーク内容を確認し、ペアをつくる	4分
②ワーク1 個人作業	まずは1人で考え、思いついた「配慮／働きかけ」それぞれを箇条書きにする。それぞれ1つ以上は思いつけるように考える	4分
③ワーク2 意見交換・ フィードバック	ペアの相手と意見を交換する。意見交換の方法は口頭でも、書いた文章を読んでもらうだけでもよい。相手のアイディアは「クラスメイトのアイディア」欄に書き込む。意見を交換したら、相手の視点を評価して、それを「good!」欄に記入する。評価はよいところを探し、よくないところは指摘しない	7分
④感想・自己評価	やりとりをしてみて考えたこと、感じたことを「学んだこと／感想」欄に記入する。ワークをどのくらい積極的に行えたかを自分で評価し、あてはまるものに○をつける	5分
⑤まとめ	「ワークのねらい」を振り返り、自己評価する	5分

〈ワーク〉

保育士の取り組みの事例を読み、考えて話しあいましょう。

●わたしが思いついた配慮／働きかけ

_____

_____

●クラスメイトのアイディア

_____

_____

> **good!**
> 記入例：「くすぐったりびっくりさせたりして声を出させる工夫をする」（○○さん）というのは、私は思いつかな
> かったのでとてもよいと思った。
>
> _____
>
> _____

☞ **考える際の手がかり**

　身体の発達と同様に、自発性や積極性の現れ方にも個人差があります。その子ども
がどのような物に興味をもち、どのようなかかわりが好きなのか、子どもの感覚を刺
激するかかわりを続けていきましょう。声かけやスキンシップは、子どもの発達におい
いて重要な役割を果たすため、積極的に取り入れていくとよいでしょう。ある時期に
試して反応が薄かったかかわりであったとしても、月齢が進むことでまた改めて興味
を示すこともあります。いろいろ試すことは大切ですが、この時期に「この子はこれ
が好きじゃないんだ」と一方的に判断してしまうことは避けましょう。

〈**学んだこと／感想**〉

_____

_____

_____

| 0歳児 | 1歳児 | 2歳児 | 3歳児 | 4歳児 | 5歳児 | 6歳児 |

〈今回のわたしの取り組み〉 振り返って、あてはまるものを○でかこみましょう

とてもよくできた　　　　よくできた　　　　もう少しがんばれる

④ シュウのその後

　園では、シュウの身体の健康な発育を第一に考えて栄養と睡眠を十分とらせつつ、五感を刺激するかかわりを続けていきました。初めのうちは、ウトウトとまどろんでいることが多く、保育士の働きかけにも反応が鈍かったシュウですが、身体が成長するにつれて、起きていられる時間が長くなりました。それに伴い、興味のあるものに手を伸ばしたり、身体をひねるような動きも見せるようになってきました。首を持ちあげる力もつき、座った姿勢でおもちゃを触ったり、それを口に入れようとするなど、積極性も見受けられるようになってきました。シュウは名前を呼ばれるとたまに振り向きますが、あまりことばを発しないため、これからも園と家庭とで協力しあいながら、シュウに対してことばがけや声かけを続けていくことになりました。

プロフィール②

アキハ（0歳）

女児／6月3日生まれ／生活年齢0歳9か月

- ●家族　　　　　5人暮らし／父親（40代前半・会社員）／母親（30代後半・パートタイマー）／兄（7歳・重度知的障害で小学校の特別支援学級に通う）／父方祖母（60代後半・自宅療養中）
- ●住居　　　　　郊外の一軒家（父方の祖母の家で同居）
- ●出生時　　　　体重2,210g／混合栄養で育つ
- ●出生後の発達　首すわり6か月
- ●現在の発達　　身長64cm／体重6,110g

▶**確認してみよう**　発達を3ページの図1-1の身体発育曲線や表1-1の運動機能通過率に当てはめ、解説を参考にしながら確認しましょう。

●生まれたときから現在までの様子

・出生時の体重：

・首すわりの時期：

●現在の発達

・身長：

・体重：

①アキハの園生活

シーン：大泣き

　アキハは毎朝、母親が押すベビーカーの中で反り返り、大泣きしながら園にやって来ます。ベビーカーから降ろしてもらっても泣きやまず、母親や保育士が抱いたりあやしたり声をかけたりしても、まるでそれが耳に入らないかのように、「ぎゃーーーっ！やーーっ!!」と大声で泣き続けます。布団に横にならせても、抱っこをしてもおんぶをしても泣きはおさまらず、泣き疲れて眠ってしまうまで、その状態が続きます。アキハがこの園に通いだしてもうすぐ1か月が経ちますが、通い始めた当初からのアキハの泣きは、いまだに毎朝続いています。

　ひとしきり泣いて落ち着いた後は、室内を肘を使いながらズリ這いをして移動し、おもちゃに手を伸ばしたり、つかんだおもちゃを口に入れようとしたりします。保育士が「アキちゃん、こっちよ」と声をかけると、そちらに身体を向けて這って行こうとすることもあれば、こちらに気がつかない様子のときもあります。

　午後の天気がいい日は、子どもたちには外気浴をさせていますが、アキハはヘリコプターの音や大型トラックが走る音、救急車やパトカーのサイレンなどが嫌いな様子で、そうした音が聞こえると目をつぶって大泣きします。保育室の中でも子どもの泣き声やバタバタとした足音などに反応して泣き、その泣き声をきっかけに寝ていた子どもたちも起きて泣きだしてしまいます。しかし、大きな音の全てが嫌いという訳ではないらしく、換気扇の音や玄関のチャイムのメロディーなどは、身体をユラユラ揺らしながら聴き入っている様子のことがあります。

| 0歳児 | 1歳児 | 2歳児 | 3歳児 | 4歳児 | 5歳児 | 6歳児 |

アクティブラーニング1 （難易度★☆☆）

このシーンで語られた内容のなかから、気になる部分を探してアンダーラインを引き、話しあいましょう。

〈ワークのねらい〉

・子どもの様子に関する文章を読み、注目すべきポイントを見つける
・他者と自分の気づきを比較することで視野を広げる

〈ワークのすすめ方／所要時間の目安・計25分〉

手順	ワーク内容	所要時間
①説明・準備	「ワークのねらい」と「ワークのすすめめ方」を確認する。ワーク内容を確認し、ペアをつくる	4分
②ワーク1 個人作業	まずは話しあわずに1人でシーンを黙読し、気になった箇所にアンダーラインを引く	3分
③ワーク2 意見交換	ペアの相手とアンダーラインを引いた箇所を見比べる。自分が気づいていない箇所を相手が指摘していた場合、その箇所に波線を引く。その際、なぜそこが気になったのかをお互い簡単に説明する	3分
④ワーク3 ペアワーク	ワーク1、ワーク2の内容をもとに、気になったところについては今後どのようなことに気をつけていくのが望ましいかを話しあい、箇条書きにしてまとめる	7分
⑤感想・自己評価	やりとりをしてみて考えたこと、感じたことを「学んだこと／感想」欄に記入する。ワークをどのくらい積極的に行えたかを自分で評価し、あてはまるものに○をつける	3分
⑥まとめ	「ワークのねらい」を振り返り、自己評価する	5分

〈ワーク〉

このシーンを読んで気になる箇所にアンダーラインを引き、それに対してどのようなことに注意して保育をしていけばよいかを話しあいましょう。

●どのようなことに気をつけていったらよいか

_____

_____

☞ 考える際の手がかり

　母子分離時に子どもが泣くことは仕方のないことですが、いつまでたっても保育者や園に慣れず長時間泣き続ける場合は、それがその子どもの特性によるものなのか、園内の環境がそうさせているのかを見極め、対応を考える必要があります。園で過ご

しているときの様子をよく観察し、どのような場合であれば適応しやすいのか、その子の個性を把握するための情報を職員同士で協力しあいながら集めていきましょう。保護者からの聞き取りの内容も、保育をするうえでの重要なヒントになります。保護者から情報提供があった場合は職員内でそれを共有し、保護者が保育者を信頼して安心して子どもを預けられるよう、協力しあいながら保育を行っていきましょう。

〈学んだこと／感想〉
_____
_____

〈今回のわたしの取り組み〉振り返って、あてはまるものを○でかこみましょう

  とてもよくできた　　　　よくできた　　　　もう少しがんばれる

②　アキハの保護者とのかかわり

　朝の送迎時に、毎朝アキハが大泣きしてしまうことに保護者は心を痛めており、またほかの子どもと違うアキハの様子に不安も抱いていました。家庭でのアキハの様子を聞いたところ、アキハは園から帰ってもグズグズと泣き、夜になってやっと寝たかと思っても、また泣きながら起きてしまうとのことでした。朝も少し落ち着いているかと思ったら、洗濯機のタイマーの音に反応して泣きだしてしまったり、離乳食が少し冷めていたり、いつもより少し温かいと、その違いが嫌なのか大泣きし、食べることを拒否するので困っているとのことでした。家庭では保護者はアキハの兄の療育にも追われており、また人工透析をしている病気療養中の祖母の看病などもあるため、大泣きするアキハに対してどうしてあげたらよいのかわからなくなってしまうと話していました。あまりに激しく泣くので、どこか身体の具合が悪いのではないかと心配し、小児科を受診していろいろな検査をしてもらったそうですが、検査の結果どこにも異常はなく、「しばらく様子を見ましょう」と言われたそうです。「異常がなかったのはもちろんう

| 0歳児 | 1歳児 | 2歳児 | 3歳児 | 4歳児 | 5歳児 | 6歳児 |

れしいんですけれど、じゃあ何でこの子はこんなに大泣きして落ち着かないんだろうって余計に悩んでしまって…。お兄ちゃんは小さいときはおとなしい子だったので、余計にどうしたらいいのかわからないんです。毎日長時間大泣きしてると発達に悪影響があるんじゃないかと不安になりますし、それに毎日あんな調子だと、先生とかほかの子にもご迷惑をかけているんじゃないかと思って心配なんです」と保護者は保育士に不安を漏らしました。

アクティブラーニング2 （難易度★★☆）

アキハの育児に悩む保護者に対し、保育士としてはどのようなアドバイスやサポートができるでしょうか。自分なりの考えをまとめ、話しあいましょう。

〈ワークのねらい〉

・保護者の不安に対する感受性を養う
・保育士として適切な応答の仕方を考える
・自分の考えをまとめ、それを伝える
・他者の意見に触れ、視野を広げる

〈ワークのすすめ方／所要時間の目安・計30分〉

手順	ワーク内容	所要時間
①説明・準備	「ワークのねらい」と「ワークのすすめ方」を確認する。ワーク内容を確認し、3〜4人で1つのグループをつくる	4分
②ワーク1 個人作業	まずは話しあわずに1人でシーンを黙読し、「わたしが考えたアドバイス」「わたしが考えたサポート」欄に考えをまとめて記入する	3分
③ワーク2 グループ内発表	グループ内で、ワーク1でまとめた自分の意見を順に発表する。発表を聞いている人はほかの人の意見を聞きながら、「クラスメイトの発表のよかったところ」欄にメモする。よくないと思う箇所があったとしても、ここでは指摘しない。	5分
④ワーク3 グループワーク	ワーク1、ワーク2の内容を参考にしながら、グループ内で「アキハの保護者へのアドバイス」「アキハの保護者のサポート」のアイディアをまとめる	8分
⑤感想・自己評価	やりとりをしてみて考えたこと、感じたことを「学んだこと／感想」欄に記入する。ワークをどのくらい積極的に行えたかを自分で評価し、あてはまるものに○をつける	5分
⑥まとめ	「ワークのねらい」を振り返り、自己評価する	5分

〈ワーク〉

アキハの保護者からの質問に対して、保育士はどのように返事をしたらよいでしょうか。また、園はどのようなサポートができるでしょうか。考えてみましょう。

●わたしが考えたアドバイス

_____

●わたしが考えたサポート

_____

●クラスメイトの発表のよかったところ

_____

_____

●クラスメイトと考えたアキハの保護者へのアドバイス

_____

_____

●クラスメイトと考えたアキハの保護者へのサポート

_____

_____

☞ 考える際の手がかり

　保護者から保育者に対して不安や心配事の相談があった場合、まずは話してくれたことを感謝し、保護者の苦労や努力をねぎらいます。保護者との話しあいにおいては「正解を教えること」の前に、「保護者の気持ちを聞くこと」を優先させる心構えでいることが大切です。保護者からの質問に答え、アドバイスをしてあげたいと思う気持ちももちろん大切ですが、それ以上にこれから先も何か不安や心配なことがあったとき、また保育者に相談したいと思ってもらえるような関係づくりの機会とすることが大切です。特に特別な配慮を必要とする可能性が感じられる子どもの場合は、不必要に励ましたり不用意に不安がらせたりすることは避けなければなりません。どうしても必要な場合は専門機関を紹介する場合もありますが、その際もその場での独断は避け、必ずほかの保育者や園の責任者に相談するようにしましょう。

| 0歳児 | 1歳児 | 2歳児 | 3歳児 | 4歳児 | 5歳児 | 6歳児 |

アキハの場合

　保護者が心配していたように、確かにアキハの大泣きは園で預かっているほかの子どもたちにも影響を与えていました。登園時、アキハにつられて泣く子がいたり、午睡のときにアキハの泣き声を気にしてなかなか眠りにつけない子どももいました。また、泣いているアキハを1人で放っておくことはできないため、アキハが泣いている間は、保育士がずっとアキハにつきっきりでいなくてはなりませんでした。

　しかし、そうした現状を伝えたとしても保護者が恐縮してしまうだけだと考えた保育士は、「泣いているアキハちゃんを見るのは、お母さんもつらいですよね。私たちもアキハちゃんが早く園で落ち着いて過ごせるよう、一生懸命サポートしていきますから」と伝えて励ましました。

〈学んだこと／感想〉

_____

_____

_____

〈今回のわたしの取り組み〉 振り返って、あてはまるものを○でかこみましょう

　　　とてもよくできた　　　　　　よくできた　　　　　　もう少しがんばれる

③ アキハの担当保育士の取り組み

　保育士はアキハが泣いてしまう原因について、園での様子を観察して記録し、家庭での報告と合わせながら検証していきました。人見知りが始まったのか、保育士との間の信頼関係が形成されていないのか、苦手な保育士がいるのか、抱き方に問題があるのかなど、原因の可能性として考えられるものについて、保護者と共に一つひとつ考えていきました。

　そのほか、空腹時、排泄時、睡眠時、暑いときや寒いとき、まぶしいときや暗いとき、音があるときや音がないとき、保育士の話し方や声のトーン、話しかけるときの声の大きさや語りかける保育士の性別や年齢などもいろいろと考慮に入れつつ、どうしたらアキハが落ち着いて過ごせるか、試行錯誤を続けていきました。

基礎理論編

ケーススタディ編

25

④ アキハのその後

　保育士と保護者は協力してアキハの泣きの原因を検証していきましたが、それでもアキハの大泣きはなかなかおさまりませんでした。ただ、アキハが成長するにつれ、泣き方にも少し変化が現れました。以前は抱っこされることや、園に連れて来られること自体を嫌がって泣いている様子だったのに対し、最近は保育士やほかの保護者の顔を見て、激しく泣くようになりました。相手が目の前からいなくなっても、静かな別の部屋に連れて行っても、アキハの泣きはなかなかおさまりません。その様子を見た保育士が、あるとき試しにアキハをおんぶしてみたところ、アキハの泣きが落ち着きました。おんぶを降ろすとまた保育士の顔を見て泣きだしますが、顔が見えない状態でいる分には大丈夫な様子でした。そうした様子から、保育士たちはアキハにとっては場面展開や気持ちの切り替えが課題なのではないかと考え、アキハが泣いたときはテラスに出たり、場所を移動したりといった工夫を重ねていきました。

　寝かしつけのときも、離乳食を食べさせるときも、ぐずりがちなアキハに対し、保育士の工夫と模索は続いていきました。アキハは離乳食を口に入れてもうまく咀嚼して飲みこむことができずに口から出してしまったり、食べさせるときのスプーンの角度や素材が気に入らないと大泣きすることがありました。一度泣くと機嫌が直らず、その後の食事は全て拒否するため、家から普段使っているゴム製のスプーンを持ってきてもらってそれを園で使用するなど、保育士は臨機応変に対応していきました。

　午睡のときに泣くアキハと、その泣き声を気にしてなかなか眠りにつけない子どもたちという問題は、現在はアキハを医務室の静かなベッドで寝かせることで対処していますが、それをこれから先もずっと続ける訳にはいかないため、今後の対応はまだ課題として残っています。

アクティブラーニング3　（難易度★☆☆）

アキハに対し、今後、保育士としてはどのような配慮ができるでしょうか。また、あなたであればどのような働きかけをしてみたいと思いますか。

| 0歳児 | 1歳児 | 2歳児 | 3歳児 | 4歳児 | 5歳児 | 6歳児 |

〈ワークのねらい〉

・場面描写を読み取り、そこから配慮しなくてはならない事項に気づく

・自分の意見のよいところに気づく

・他者の意見のよいところを見つけ、評価する

・自分なりのアイディアを考えることで、積極性や想像力、工夫する力を養う

〈ワークのすすめ方／所要時間の目安・計25分〉

手順	ワーク内容	所要時間
①説明・準備	「ワークのねらい」と「ワークのすすめ方」を確認する。ワーク内容を確認し、3〜4人で1つのグループをつくる	4分
②ワーク1 個人作業	まずは1人で考え、思いついた「配慮」「働きかけ」それぞれを箇条書きにする。それぞれ1つ以上思いつけるように考える	4分
③ワーク2 意見交換	グループ内で意見を交換する。意見交換の方法は口頭でも、書いた文章を読んでもらうだけでもよい。意見を交換したら、相手の視点を評価して、それを「good!」欄に記入する。評価はよいところを探し、よくないところは指摘しない	7分
④感想・自己評価	やりとりをしてみて考えたこと、感じたことを「学んだこと／感想」欄に記入する。ワークをどのくらい積極的に行えたかを自分で評価し、あてはまるものに○をつける	5分
⑤まとめ	「ワークのねらい」を振り返り、自己評価する	5分

〈ワーク〉

アキハのその後の事例を読み、あなたが思いつく内容を以下に書きだしましょう。

●わたしが思いついた配慮が必要な点

_____

_____

●わたしが思いついた具体的な働きかけの内容

_____

_____

good!

記入例：アキハの泣き声で寝られない子どもへの対応も、確かに必要だと思った。

☞ 考える際の手がかり

　子どもの保育をするにあたっては、これをすればいつでも絶対うまくいくという正解がある訳ではありません。子どものためを思って工夫してみても、なかなかそれが報われないこともあるでしょう。しかし、報われなかったり結果が出なかったからといって、それらの取り組みが無駄であったという訳ではありません。どのような取り組みをしたかを保護者に伝え、共に対応を考えていくなかで保護者との間の信頼関係は深まり、それが結果的に子どもにとってよい影響を及ぼすこともあります。

　焦ることなく、しかし諦めることなく、常に子どものためを第一に考えながら、日々の保育に取り組んでいきましょう。ただ、そうした地道な保育は1人では行うことはできません。共に励まし支えあい、協力しあう雰囲気づくりと、保育者同士の協力体制も非常に重要です。

〈学んだこと／感想〉

〈今回のわたしの取り組み〉振り返って、あてはまるものを○でかこみましょう

とてもよくできた　　　　　よくできた　　　　もう少しがんばれる

5 シュウ／アキハのケースにおけるキーワード

〈ワーク全体を通しての感想／気づいたこと〉
この章の事例とワークを通して学んだこと、感じたことをメモしておきましょう。

第2章

1歳児

　1歳の子どもは大人とのやりとりだけでなく、同年代の子どもへ興味が向き始めます。人とのやりとりが盛んになる時期に、人に興味を示さない、目が合いにくい、反応が鈍いなどの特徴のある子どもは、その子の性格によるのか、発達に遅れや偏りがあることによるのか、ていねいに見ていくことが必要です。保護者も子どもの発達の遅れに気がつき始め、不安を抱きながら、一方で障害の可能性を否定する気持ちももちながら子育てをしています。ことばが遅れている子どもやなかなか歩かない子どもには、特に注意しながら様子を見ていくことが必要です。子どもの成長・発達のどの点に注目するのか、子どもとのかかわり方や保護者への対応の仕方などを学びましょう。

基礎理論編

1 1歳児の発達

（1）運動の発達

①粗大運動

　1歳の誕生を迎えるころには、子どもの身長は生まれたときの1.5倍の約75cm、体重は3倍の約9kgに成長します（図2-1）。歩き始めの時期は個人差がありますが、生後1年3〜4か月の90％以上の子どもが1人で歩き始め、1歳6か月では99％の子どもが1人で歩けます[1]。1歳6か月を過ぎると歩行は確かなものになり、手でバランスを取って歩いていたのが手を下にして前後に振りながら歩けるようになり、さらに走れるようにもなります。子どもは歩くことがうれしく、自由に歩き回りだすとあらゆる物に興味を示し、探索行動がますます盛んになっていきます。階段は1段ずつ足をそろえながら昇り降りをするまでに成長します。足でボールを前に蹴ったり、手に持って上手投げで前に投げたりできるようになります。

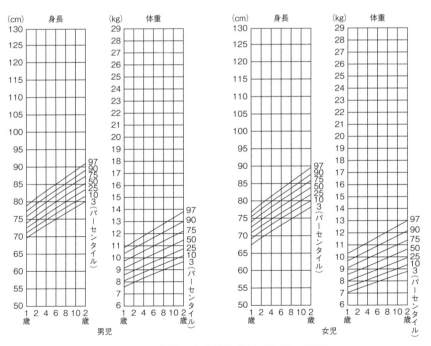

図2-1　1歳児の身体発育曲線（身長、体重）
厚生労働省雇用均等・児童家庭局母子保健課（2011）．平成22年乳幼児身体発育調査より作成

②微細運動

　手指の操作はさらに器用になり、指先で細かい物もつまめるようになります。1歳の初めのころでは積み木の上に別の積み木を1個のせたらそれで終わりで崩してしまうことも多いですが、1歳6か月ごろになるにしたがって、崩れても積むことを繰り返し、3個くらい積みあげます。気持ちを立て直す自己調整力や自己復元力が出始めてきます[2]。1歳6か月ごろのお絵描きはクレヨンを使って短い線や点を叩きつけるようになぐり描きします。また、絵本をめくることができ、食事ではスプーンなどの道具を使い始め、コップを持って飲むこともできます。

（2）認知・社会性の発達

①認知

　1歳ごろになると、ままごとのおもちゃでお皿からスプーンですくい自分が食べる真似をしたり、人形や大人に食べさせるなど、他者を相手にふり遊びをします。その後、1歳6か月ごろに積み木を汽車に見立て動かすなどの見立て遊びが見られます。ふり遊びや見立て遊びができることは、象徴機能が働いていることを意味します。以前に見た物や体験したことを、今、目の前になくてもイメージとして思い起こすことができ、現実にはない物をほかの物に置きかえて表現する働きが象徴機能です。象徴機能が働くようになると、ことばやイメージなどの象徴を使うことで、実物を離れて頭のなかでいろいろと思考することができるようになります。

②社会性

　子どもは1歳まではことばを話せなくても、欲しい物や行きたい方向を指さして要求を表す「要求の指さし」をします。また、何かに興味をもったり驚いたときに、それを大人に伝えようとして「共感の指さし」をします。そのとき、指さしの方向を大人が注視しているか確かめるように、大人の顔を見るといった様子が見られます（図2-2）。

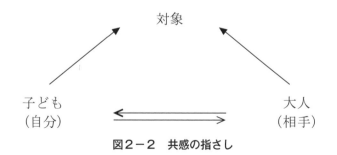

図2-2　共感の指さし

子どもの指さしは、まだ話ができない子どもがまわりとコミュニケーションをとる手段の1つです。1歳6か月ごろには、「○○はどこ？」とたずねると指さしする「応答の指さし」が見られます。応答の指さしは、言語を理解していること、他者が何を意図しているのかを理解していることがあって成立します。

　4か月から6か月ごろになると、子どもは見知らぬ大人に対して警戒反応を示すようになります。また、8か月ごろから愛着のある人物や場所から離れることに不安を感じ、泣きだす分離不安も見られます。すべての子が人見知りや分離不安を起こす訳ではありませんが、人見知りや分離不安は1歳代に最も激しく、成長とともに落ち着いてきます。

③ことば

　ことばの発達面では、1歳前後に初語が出始め、1歳6か月で男児の80％、女児の93％が5語以上の単語を話すことができます[3]。1歳後半になると言語も増え、絵本を見せて「ワンワンは？」と問うと犬を指さし、「ブーブーは？」と問うと自動車を指さすことができるなど、単語と対象が対応していきます[4]。絵本の好きな箇所を憶えていて、絵本を読んでもらうことを喜びます。1歳6か月以降になると、「○○だね」「○○よ」などの終助詞を使うまでになります[5]。

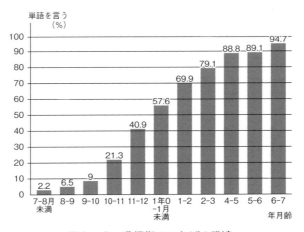

図2－3　乳児期のことばの発達
厚生労働省雇用均等・児童家庭局母子保健課（2011）．平成22年乳幼児身体発育調査より作成

（3）基本的生活習慣の発達

①食事

　1歳6か月ごろまでに離乳食は完了し、乳児食に移行すると自分で食べたがります。スプーンを使ってあまりこぼさずに食べることができ、コップを持って水を飲むこともできます。ストローで水を飲めるまでになります。

| 0歳児 | 1歳児 | 2歳児 | 3歳児 | 4歳児 | 5歳児 | 6歳児 |

②睡眠

1歳を過ぎると、個人差が大きいものの、1日合計13～15時間の睡眠をとります。1歳後半にかけては、1日2回の午睡から1回の睡眠パターンになります。

③排泄

1歳6か月を過ぎると、排尿後に大人に教えることができる子どもが増え始めます[6]。

④遊び

1歳から1歳6か月くらいで1人歩きができるようになり、行動範囲も広がります。身体を動かすことが楽しい時期です。

同じ年ごろの子どもにも興味をもち始め、そばに近寄って同じ種類のおもちゃで遊ぶ姿が見られるようになります。1歳6か月ごろにままごと遊びなどの見立て遊びが見られます。

2 1歳児の発達に見られる遅れ・偏り

（1）運動の発達

①粗大運動

1歳6か月が過ぎても1人歩きができない子どもは、足底の把握反射の消失状況や、ハイハイやつたい歩きができるか、未熟児や発達の遅れの有無などを確認しながら、専門機関への相談を検討しましょう[7]。子どものなかには、立っているときは足の裏を付けていても、歩くときにつま先歩きをする子どもがいます。脳性マヒや脊髄疾患、筋疾患の疑いがない場合は、発達障害のある子どもに見られることが多く、その際は一過性のことが多いです[8]。その後の様子を見ていきましょう。しっかりした歩行ができるようになるには、親指で床を蹴る力とかかとで体重を支える力を育てることが大事です。デコボコしたところや坂道、階段など、いろいろな場所を歩かせましょう。

②微細運動

1歳6か月ごろからお絵描きを楽しみ、なぐり描きをしますが、鉛筆やクレヨンを持とうとしない、持っても描くことをしない場合は、知的発達に問題がある可能性があります[9]。その後の様子を見ていきましょう。

③感覚

感覚過敏のある子どもに、砂場遊びや粘土遊びが苦手な子どもがいます。少しの砂が手に付いても砂を払ったり、粘土を触ることを避けたり、クレヨンが少しでも指に付く

ときれいにすることを求めてきます。発達障害の疑いのある子どもはほかに、音や光、匂い、味、痛みなどに感覚過敏の症状が見られることがあります。感覚過敏の症状があると興味の範囲が狭まり発達が妨げられるので、過敏は少ないほうが望ましいです。日常生活に支障がない程度なら放置してもよいですが、支障をきたしているようなら、弱い刺激を繰り返し与えながらいろいろな触感の物に触れて慣らしていきます。初めから強い刺激を強制的に与えてしまうと恐怖感や心理的拒否が加わり、慣らすのがさらに困難になることもあるので注意が必要です。また、過敏がある場合は、感覚鈍麻も同時に混在すると考えて、その部分にも十分刺激を与えるようにしましょう[10]。

（2）認知・社会性の発達

①社会性

　発達障害の疑いのある子どもは、「共感の指さし」や「応答の指さし」などの相手との共同注意が伴う指さしや、身振りなどが現れにくいです。自分が欲しい物があるときは、指さしの代わりに、相手の手を取って欲しい物のところに持っていくクレーン現象の動作が見られます。また、視線が合いにくく、人に対してよりも物に対して視覚的注意を向けやすい傾向があり、ほかの子どもに関心が薄く、自分の興味に没頭する姿が見られます。さらに、自分の名前に対する反応が低く、この傾向は2歳になっても引き続きます[11]。対人関係に関連したこれらの行動は、まわりの子どもたちが急速に発達していくなかで、違いが顕著に見え始めます。

　人見知りは1歳代の子どもによく見られ、2歳から3歳で多くの子どもはおさまります。一方、人見知りが強い時期（6か月から3歳くらいまで）に人に構わず抱きついたり、妙になれなれしい態度をとるのは、対人関係の障害が疑われる場合があります[12]。

②ことば

　そばにいてくれる人、食べ物、動物、乗り物などの概念を示すことばから初語が始まるのが正常の発達パターンです。しかし、「シンカンセン」のように固有名詞から話しだすのはまれであり、発達障害の疑いのある子どもで見られることがあります[13]。

　1歳で「ブーブどこ？」と聞くとそちらを見る、1歳3か月で簡単な指示に従うことができる、1歳10か月で「テーブルにコップを置いて」の3語文の指示に従うことができれば、言語理解は年齢相応であり、言語表出が少なくても問題のないことが多いです。しかし、ことばで指示されたことに全く応じることができないときは、言っていることばを理解していないことがあります。また、1歳6か月の子どもに、「あれ、とって」の要求の指さしが出ない場合は、発達の遅れが疑われます[14]。

| 0歳児 | 1歳児 | 2歳児 | 3歳児 | 4歳児 | 5歳児 | 6歳児 |

（3）基本的生活習慣の発達

①食事

　偏食は一般的に多くの子どもに見られます。しかし、発達障害の疑いのある子どもには強いこだわりが見られ、食事に対しても同様です。緑色の野菜はいっさい口にしない、肉は全く受けつけない、白いご飯だけしか食べないなど好みに強いこだわりが見られる場合は、味に対してのこだわりではなく、触感に敏感であることが原因の1つとしてありえます。また、匂いに敏感であったり、色にこだわりがあってその食べ物を受けつけない場合があります。子どもによってこだわりが違います。無理強いすることなく、その子どもが食べきれる量を皿によそい、長い目で見守りながら好き嫌いを少しずつ減らすように取り組みましょう。

　また、自分で食べる意欲がなく、座っているだけで食べ物に手を出そうとしない子どもがいます。単に食が細いだけでなく、知的な遅れがないか、全体的な発達を見ていくことが必要です。知的障害のある子どもに、食事、着替え、排泄などの身辺自立の遅れが見られることがあります[15]。

②睡眠

　子どもがなかなか寝ない原因の大部分は、起床時間が遅い、いわゆる遅寝遅起きの習慣が原因であることが多く、本当の不眠症状は少ないと考えられています。

　発達障害のある子どもに、午睡の時間になってもなかなか寝つけない子どもがいます。布団の位置がいつもと違うというだけでなかなか寝られない子どももいます。そういった子どもに対しては、無理に寝かせようとせず、ほかの子どもの午睡の邪魔をすることのないように見守るようにしましょう。

　または3時間も4時間も午睡をして、なかなか起きない子どもがいます。家庭での様子をたずねると、夜遅くまでなかなか寝つけず、睡眠の途中で目を覚ます子どももいます。夜ほとんど寝ずに起きていて、家族も十分に睡眠がとれず困っていることがあります。夜の睡眠の質と量を確保できるように家庭と連携を取りながら、子どもの睡眠を整えていきましょう。

③遊び

　遊びには個人差が出やすいことから、障害の疑いや気になる症状に気づきやすく、子どもの発達の様子を確認することができます。発達障害の疑いのある子どもは、ミニカーやブロックなどのおもちゃを線に沿って列に並べても、車を走らせるなどのふり遊びが見られづらいという遊び方の特徴があります。また、同じパターンを繰り返し、1つの行動に強いこだわりをもち、そのこだわりが遊びに深く関係しています。

　転がしたボールを取ろうとしない、または取れなかったからと泣く様子でもなく、た

だボールを見るだけであったり、ボールを目で追うことすらしなかったりする子どもは、知的な発達に遅れがないか経過を見ていきます。保育者の働きかけに対する反応が鈍い子どもには、ボールを「はい、どうぞ」と直接渡すなどして、気にかけて働きかけをしましょう。

（4）保護者支援について

　保育者は、多くの子どもたちと毎日接していることから、早い段階で発達障害が疑われる子どもたちに気づくことがあります。保育者はその子どもの発達の遅れが子どもの性格によるものか、子どもの発達の偏りによるものかを気にかけながら、子どもとかかわっているでしょう。ところが、保護者は発達の遅れと受けとるのではなく、その子どもの大らかな性格であって、そのうちにほかの子どもと同じように話をたくさんしてできることもたくさん増えていくと構えていたり、腕白なのは元気な印と頼もしく受けとめていることもあるでしょう。保育者は、保護者の成長・発達の捉え方に自分たちとの違いを感じることでしょう。しかし、本当に保育者が感じているように、保護者は全く気がついていないのでしょうか。

　保護者が最初に異常に気づき始める時期はさまざまです。30～50％の保護者は子どもが生後1年以内に気づき、2歳の誕生日までに80～90％が気づいているという報告があります[16]。目が合いにくい、ことばがけに対する反応が薄い、名前を呼ばれても反応しない、バイバイを真似しないなど、保護者は同じ月齢の子どもたちと比較しながら、違いに薄々気がついています。しかし一方で、そのうちに遅れを取り戻すほどの成長・発達をすると期待しながら子育てをしていることでしょう。

　1歳6か月の子どもは、地域の保健センターで1歳6か月児健診を受けます。そのときに、「ママ」「ワンワン」などの単語が言えない子どもや落ち着かず動き回る子どもは、ことばの遅れや多動であるなどの発達に課題が見られることを指摘され、発育・発達の経過を見ていきましょうと支援の対象児と判断されます。発達障害のある子どもの半数が、1歳の段階で発達に課題があることを指摘され、これは障害を指摘される最も多い時期であるという調査報告もあります。子どもの発達の課題を指摘されたときは、ショックを受け、受け入れられないといった否定的な心境になる保護者も多いですが、やっぱりそうであったと納得したり、原因がわかってホッとしたといった肯定的な心境になる保護者が同じくらいいます。保護者によって反応もさまざまです。

　保育者の「○○ちゃんのお母さんは、自分の子どもだけしか見ていないから、遅れがあることに全く気がついてない」という捉え方は、保護者の気持ちに寄り添っておらず、ややもすれば保護者はその保育者の気持ちを察して、この保育者には何も相談できないと不信を抱くことがあるかもしれません。「私の方がこの子のことをよく知っているのよ」という、どこかおごった気持ちはないか、自分に問い正し、子どもの生活は家庭に

| 0歳児 | 1歳児 | 2歳児 | 3歳児 | 4歳児 | 5歳児 | 6歳児 |

あるということを常に意識しましょう。

　発達障害児をもつ保護者に最も心理的につらかった時期をたずねると、障害への疑いから診断までの時期をあげる保護者が多く、その時期の心理的ストレスが高いことも報告されています[17]。保護者の不安で揺れ動く気持ちを察し、子どもの成長と発達を願って、共に協力しあって育てていくことが望まれます。

　成長・発達が遅れているのではないかと気になる子どもについては、保育者同士で子どもの成長・発達を確認しながら、成長・発達を促すかかわりをするようにしましょう。

発展学習

噛みつきトラブル

（1）噛みつきとは

　1歳を過ぎるとまわりの友だちと触れあうことが増えてきますが、トラブルも多くなります。噛みつきはこの時期の子どもによく見られ、誰かが噛むと伝染するかのように噛みあったりすることがあります。おもちゃや遊びの場の取りあいが原因で、雨などで部屋の中でしか遊べない日に多く見られます。そんな日は、噛むことだけでなく、髪の毛を引っ張ったり、押し倒したりの行動も見られます。

　子どもは1歳半ごろから「自分で」「自分が」の気持ちが強くなり、自我が芽生えてくるといわれ、「自分のおもちゃ」という自己主張が出てくる時期です。ことばによって気持ちを表現することができず、もどかしい気持ちになるとき、思わず噛みつくことは時々見られることです。噛みつきは、ことばで十分に自分の気持ちや意思を表現することができない子どもに見られます。

　1歳の子どもの噛みつきの行動が、発達障害による衝動性の高いことから起こったと判断するには、慎重にならなくてはなりません。反応の鈍い子、衝動性の高い子を早計に発達障害が原因とするのではなく、ことばによるやりとりを子ども同士でできるように、そのつど根気よく教えていきましょう。何度伝えても噛みつきがおさまらないときは、家庭の様子を聞いたり、全体の発達の様子も見ていきましょう。

　しかし、発達障害のある子どものなかには3～4歳になっても、場合によってはそれ以上の年齢になっても他傷行動として噛みつきが見られることがあります。年齢があがっても噛みつきが見られる場合は、その子どもがなぜ噛みつくのか、噛みつく場面から子どもの気持ちを探ることが必要になります。噛みつかなくても、その子どもの気持ちが伝わるような環境を考えていくことが求められます。

（2）子どもと保護者への対応

・噛んだ子どもへの対応

　子どもには、噛みつくことは悪いことという認識はありません。噛むにいたった子どもの気持ちを汲み取りながら、噛むことはよくないこと、そして噛まれた子どもは痛い思いをし

たことを伝え、「ごめんね」という謝り方があることをその場で教えましょう。おもちゃが欲しいときは「貸して」と言うことを伝えましょう。一度教えたからといって次からすぐにできる訳ではないことから、何度も繰り返し教えることが大切です。

・噛まれた子どもへの対応

気持ちに寄り添いながら、噛んだ子どもの気持ちを代弁しながら、傷跡が残らないように患部を流水で冷やして手当てを行います。おもちゃを取られたくなかったら、「取らないで」と嫌なことは嫌と言っていいことを伝えましょう。

・噛んだ子どもの保護者への対応

噛んだという事実のみを伝えることは、否定的なメッセージとして伝わってしまうことがあることから、噛んでしまった経緯や子どもの気持ちも伝えるようにします。また、噛みつきを防げなかったことを謝罪することも忘れないようにしましょう。

・噛まれた子どもの保護者への対応

噛まれたことを隠したり説明不足になることは、不信感をもたれる原因になります。お迎え時に傷が残っていなくても、必ず噛みつきを防げなかったことをまず詫びてから、噛みつかれたときの状況を詳細に説明し、応急処置などのその後の対応についても伝えましょう。何度も起こるようであれば、クラスとしてどのよう対応するかを検討して、クラスの取り組みを保護者に伝えるようにしましょう。保護者へ相手の名前を伝えることよりも、まずは噛みつきを防げなかったことを詫び、次回から注意することを伝えましょう。

（3）保育者連携

いつも噛みつく子どもには、担当の保育者をつけるようにします。噛みつきそうになったらその場に割って入り、阻止します。噛みつく場面はおもちゃの取りあいや順番で待っている場面が多いことから、その場面では特に注意をしましょう。職員全員で連携を取りながら、噛みつく子どもから目を離さないようにしましょう。

日誌などには、いつ、誰が誰に対して、どういった状況で噛みつきがあったかを記録として残し、対策を考えるときの参考としましょう。その日の天候や場所、子どもの体調や様子についても記入しておくことで、噛みつきの起こりやすい状況が見えてくる場合もあります。

保護者同士が直接謝罪するべきかどうかも、そのつど噛みつきの状況を踏まえて検討することが必要です。保育者が間に入らない保護者同士での話しあいなどは、誤解を生じることがあるため、慎重に対応することが求められます。

0歳児 / **1歳児** / 2歳児 / 3歳児 / 4歳児 / 5歳児 / 6歳児

ケーススタディ編

プロフィール

ミドリ（1歳）

女児／8月10日生まれ／生活年齢1歳8か月

- ●家族　　　　　3人暮らし／父親（40代前半・中小企業経営）／母親（30代前半・鬱病で1年間休職・今年の4月から復職・専門職）／両親ともに実家が遠く、近場に親戚はいない
- ●住居　　　　　都心部にある25階建てマンションの21階
- ●出生時　　　　体重3,230g／混合栄養で育つ
- ●出生後の発達　首すわり7か月／1人歩き14か月／初語18か月（差しだされた食べ物に対して、「や！」とはっきり発音）
- ●その他　　　　生まれたときからおとなしく、あまり泣かなかった／ミルクはよく飲んだが、離乳食への移行は難航した
- ●現在の発達　　身長85cm／体重13kg

確認してみよう①　発達を3ページの図1-1の身体発育曲線や表1-1の運動機能通過率、および32ページの図2-1の身体発育曲線に当てはめ、解説を参考にしながら確認しましょう。

●生まれたときから現在までの様子

・出生時の体重：

・首すわりなどの時期：

●現在の発達

・身長：

・体重：

41

☞ 考える際の手がかり

　分娩時の様子のほか、首すわりの時期、歩行開始時期、初語が見られた時期について、通常発達と比べてみましょう。初語に関しては、もし可能であれば最初にどのような言葉を話したかなども保護者にたずねてみるとよいでしょう。現在の身長・体重も、同様にグラフで確認してみましょう。

😊 ミドリの場合

　首すわりや歩行開始などの時期が通常よりもやや遅めであることがわかります。初語も、通常は「まんま」「ぱぱ」などが多く報告されるなか、「や！」は比較的ユニークな内容です。しかし、初語があった時期やその内容について、保護者がきちんと答えられた（記録していた）ということは、ミドリに対する保護者の関心の高さを表しているといえるでしょう。

確認してみよう② 　　ミドリの成長を支えるうえで利用可能な資源を整理しましょう。

●人的資源

_____

_____

●環境資源

_____

_____

☞ 考える際の手がかり

　保育をする際は、生育歴や家族歴、病歴などのほか、現在の住環境についての情報も重要です。子どもがどのような環境で誰と暮らしているのか情報を整理し、足りない情報については保護者からの聞き取りを行います。人的資源と環境資源の2つの側面に注目しながら整理してみるとよいでしょう。

😊 ミドリの場合

　両親とミドリの3人暮らしで近場に頼れる親戚もいないことから、近隣住民や地域とのネットワークづくりのほか、保育園でのほかの保護者との関係づくりも大切にな

ってくると考えられました。また、高層マンションの上層階に暮らしているため、同じマンションの住人との関係性や高層階であるがゆえの外出の困難さ、足音や泣き声などの騒音に関する配慮の必要性などが、子どもと保護者の心身に影響を与えている可能性がありました。

1 ミドリの園生活

シーン1：朝の様子①

　ミドリは登園の初日から母子分離がとてもスムーズでした。初めて顔をあわせる保育士にも素直に抱っこされ、母親が園を去る姿を見てもケロッとしていました。玄関のまわりには保護者と離れるのを嫌がって大泣きしている子どももたくさんいましたが、そういった子どもたちのことを気にする様子もありませんでした。母親は、ミドリが泣かないことについて、「うちの子、こういうところは聞き分けがいいんです」と保育士に笑顔で話します。
　母親との朝の別れのとき、保育士は毎朝、「ミドリちゃん、ミドリちゃんのママに『いってらっしゃい』しようか。ミドリちゃんのママはどこかな？」と問いかけます。しかし、ミドリは「ん？」と言って首をプイッと横に向け、全く違う方向を向いています。それを見た母親は「『ん？』じゃないでしょ？」とあきれ顔で苦笑いしながら、今日も仕事に向かいました。

シーン2：朝の様子②

　ミドリは自分のクラスに入ると、いつもお気に入りのおもちゃが置いてある棚のところに一直線に歩いて行き、おもちゃを取りだすとその場に座り込んで1人で黙々と遊びます。特にスティック状のおもちゃが好きで、それを筒状の筆立ての中に全部入れては近くの人に入れた棒を全部取りださせ、また棒を筆立てに全部入れては取りださせ…という遊びを延々と続けます。
　一度何かに集中するとそれに夢中になりやすく、遊んでいるミドリに保育士が声をかけても聞こえていないような様子で振り向かないことが多くあります。まわりで友だちが遊んでいても、それを見たり手を出したりすることはありません。保育士が正面からのぞ

込んで声をかけたり、近くでゆっくり話しかけたり質問したりすると、反応がない場合もありますが、遊んでいる物から目を離さないまま、「ん」と返事をすることもあります。「ちょうだい」「どうぞ」といったおもちゃのやりとりは、保育士と1対1であればできます。ただ、渡すときも受け取るときも無言で、視線は終始おもちゃにあるのが特徴的です。一瞬であればおもちゃを保育士に渡すことはできますが、渡した後は即座に保育士の手からおもちゃをもぎ取ろうとします。遊びはマイペースなので、友だちと一緒に遊ぶことはまだ難しいようです。

　一度遊びに夢中になるといつまでも何度でも繰り返しそれを続けようとするため、保育のスケジュールに合わせてなかなか途中でそれを切りあげることができません。途中で遊びをやめさせようとすると、「きゃーー！」と大声をあげて嫌がることもあれば、おもちゃを握りしめたまま無表情のまま無言で固まり、おもちゃを取られまいとかたくなになることもあります。しかし、ミドリがおもちゃから目を離したすきに保育士がおもちゃを片づけてしまうと、おもちゃの存在をコロッと忘れてしまったかのように気持ちを切り替えて、別の活動に移ることができます。

シーン3：朝の様子③

　保育園にいる間のミドリは基本的にポーカーフェイスですが、保育士がくすぐったり、高い高いをすると、身体をよじって笑い声をあげ、「ん！」と再度それをするように要求します。しかし、その際も保育士の方を向いたり、目を合わせて要求することはあまりありません。こちらの話や問いかけをある程度は聞いているのではないかと思うこともありますが、それをどの程度理解しているのかはわかりません。「ミドリちゃん、抱っこしようか？」と言って保育士が手を差しだすと、保育士に向かって両手を伸ばしてくることもあれば、まるで聞こえていないかのようにトコトコと歩いて行ってしまうこともあります。

　抱っこされることに対する抵抗は少なく、初対面の保育士であっても抱っこされます。抱っこされている間、保育士に身体をペッタリくっつけてくることはなく、手をつっぱって背筋を伸ばし、周囲をキョロキョロと見回します。まわりに興味が行くせいか、抱っこしている保育士と目を合わせたり、会話をしたりすることはほとんどありません。興味のあるものが目に入ると、つっぱった手をさらにつっぱって「ん！」と言い、降ろして欲しそうにします。

　歩いて移動する際、保育士が手をつないでも嫌がりませんが、自分の思うままにどんどん歩いて行ってしまうため、手をつないだまま長い距離を移動することは困難です。つないだ手を振り払ってしまうことも多く、ミドリの方から保育士の手を握り返してくれる感じはありません。

| 0歳児 | 1歳児 | 2歳児 | 3歳児 | 4歳児 | 5歳児 | 6歳児 |

基礎理論編

ケーススタディ論

アクティブラーニング1　（難易度★☆☆）

シーン1〜3のなかで、ミドリの保育をするうえで注目すべきところ、発達を考えるうえで手がかりになるところを探しましょう。

〈ワークのねらい〉

・事例を読み、注目すべきポイントを見つけだす

・自分の気づきを他者にことばで説明する

・他者の視点と自分の視点を比べ、その相違に気づく

〈ワークのすすめ方／所要時間の目安・計15分〉

手順	ワーク内容	所要時間
①説明・準備	「ワークのねらい」と「ワークのすすめ方」を確認する。ワーク内容を確認し、ペアをつくる	3分
②ワーク1 個人作業	まずは話しあわずに1人でシーンを黙読し、気になった箇所にアンダーラインを引く。シーン1〜3それぞれの段落ごとに、最低1つはアンダーラインを引く	3分
③ワーク2 意見交換	ペアの相手とアンダーラインを引いた箇所を見比べる。その際、なぜそこが気になったのかをお互い簡単に説明する	3分
④感想・自己評価	やりとりをしてみて考えたこと、感じたことを「学んだこと／感想」欄に記入する。ワークをどのくらい積極的に行えたかを自分で評価し、あてはまるものに○をつける	3分
⑤まとめ	「ワークのねらい」を振り返り、自己評価をする	3分

〈ワーク〉

ミドリの保育をするうえで注目すべきところ、発達を考えるうえで手がかりになるところにアンダーラインを引きましょう。

☞ 考える際の手がかり

　登園時には、保護者と子どもの様子をよく観察します。母子分離時に泣かなかったからといって、それがただちに障害の有無を示す証拠になるようなことはありません。しかし、1歳前後の乳幼児の場合、母子分離時にはやや不安そうにしたり泣いてしまったりする子どもが多いのも事実です。入園から1か月後くらいに急に登園時に泣きだすケースなどもあるため、初日の分離時に泣かなかったからといって気を抜かずに、その後の経過を観察していくことが大切です。また、まわりの子どもや保護者に対する態度や様子にも同時に気を配れるとよいでしょう。保護者が子どもの発達についてどの程度の意識や知識をもっているか、保護者の個性やコミュニケーションのあり方

45

などについてヒントを得る機会とすることができます。また、このくらいの年齢の子どもであれば、遊びのなかではどのような反応をすることが多いのか、遊びの内容はどのように発達していく時期なのかをもう一度確認しておきましょう。

　問いかけに対する反応が薄い場合は、興味や集中力の有無の問題、認知的な問題、聴覚的な問題などが可能性として考えられるため、園内での子どもの様子をよく観察して、どのようなときなら反応しやすいか、どのようなときは反応しにくいかなどの情報を集めていくようにします。声をかけた際に反応が弱いことに関しては、園だけではなく家庭でもこのような様子が見られるのか、保護者からの情報を得るとよいでしょう。ただし、基本的に行きたいところに行くのは子どもの自然な姿です。つながれた手を払って自分の行きたい方へと歩いて行ってしまうのも、このくらいの年齢の子どもであればよく見られる光景です。したがって、勝手に興味のある方に歩いて行ってしまうからという点だけで、障害の有無を判断することはできません。

　日常の何気ない仕草や表情などにも、子どもを知るうえでの手がかりがたくさん含まれています。そうした一つひとつのサインやヒントに対する感受性を高め、子どもを理解するうえでの手がかりとしていきましょう。

ミドリの場合

　母親はミドリが泣かないことについて特に不安を感じていない様子であったため、保育士は不安をあおるような態度は避け、母親が安心して仕事に向かえるよう、笑顔で送りだすことを心がけていきました。登園時の「ミドリちゃんのママはどこ？」という問いかけにミドリは無反応でしたが、それは登園の場面だけに限られた反応なのか、質問の内容によっては反応を返したり正しく答えられたりする場合があるのかなども、気をつけて見ていくことになりました。遊びのなかでもことばをあまり発さず、内言や独り言もあまり見られなかったため、家庭での様子を保護者にたずねるとともに、園での様子をていねいに観察していくことにしました。月齢的にはそろそろまわりの友だちを意識しだす時期でしたが、ミドリはまだあまり関心が向かない様子だったため、単に遊びに集中しすぎているだけなのか、それとも他者への関心がまだ薄いのかなど、園でのさまざまな場面を観察しながら様子を見守っていきました。

　1人で歩いて行ってしまう行為自体については、特に問題はないと考えられました。ただし、名前を呼んでも振り返ったり立ち止まったりすることがなかったため、自由に遊ばせる際には危険な場所に行ってしまわないように、そばで保育士が見守るようにしました。また、保育士に抱っこされることに対する抵抗がなかったため、積極的にスキンシップを取ることで信頼関係を築けるよう意識していきました。

| 0歳児 | 1歳児 | 2歳児 | 3歳児 | 4歳児 | 5歳児 | 6歳児 |

まとめ／事例のチェックポイント

シーン1・初日の母子分離時、母親に対して無関心だった
・「ママはどこ？」という問いかけに対する反応の薄さ
・母親はミドリが全く泣かないことについて特に不安は感じていない　など

シーン2・何かを要求する際、保育士の方を見ない
・夢中になるとまわりが見えなくなることがある
・遊びのなかでも発声が少ない（拒否時のみ発声あり）　など

シーン3・表情の表出は乏しいが、くすぐられると笑う
・スキンシップ（手つなぎ、抱っこ）に対する抵抗はあまりない
・周囲に対する興味・関心はある
・歩行に問題はない　など

〈学んだこと／感想〉

_____

_____

_____

〈今回のわたしの取り組み〉振り返って、あてはまるものを○でかこみましょう

　　とてもよくできた　　　　　よくできた　　　　　もう少しがんばれる

シーン４：何かが欲しいとき

　ミドリは「ん？」や「んんん――」といったように、口を閉じたままで発声することが多く、言語を介した意思の疎通はスムーズではありません。友だちからの声かけには反応しないことが多いです。基本的にポーカーフェイスで、どうしても嫌なことがあると「やいやいやいや～」と言いますが、表情はあまり変わりません。

　少し離れた場所に何か欲しい物がある場合、その場にじっと座ったまま、手をそちらの方に伸ばしてその物を要求します。例えば、欲しいおもちゃがテーブルの向こうにあって手が届かない場合、そちらの方に真っすぐ腕

基礎理論論

ケーススタディ論

47

を伸ばして、手指を開いたり閉じたりを繰り返します。「これ？」と保育士が要求と異なる
おもちゃを手に取ると、「んんんんーー！」と言って手をグーパーグーパーし、違うという
意思表示をします。正しいおもちゃを保育士が手にすると、無言のまま自分がいる机の上
をトントンと手で叩き、そこに置いて欲しいという意思表示をします。その様子を見て、
歳の大きい友だちは「ミドリちゃんって王様みたい」などと言ったりしています。

　要求をまだことばで伝えることができないため、何を要求しているのか保育士が把握す
るのに時間がかかることもあります。なかなか自分の要求が通らないと、「やいやいやいや
ーーー！」と甲高い声を出したり、近くにあるおもちゃなどを力いっぱい机や床に打ちつ
けたり、投げたりすることがあります。

　無表情でおとなしくしているときと、嫌がって大声をあげながら大泣きするときの差が
激しいです。おもちゃが片づけられてしまっても平然としているなど非常にさっぱりした
面がある一方で、一度欲しいと思った物はどうしても欲しい、やりたいと思ったことはど
うしてもやりたいという面もあり、自分の要求が叶えられるまでいつまでもそれを要求し
続けることもあります。

アクティブラーニング2　（難易度★☆☆）

要求が通らないことで子どもがかんしゃくを起こした場合、保育者としてはどのように
対応するのがよいでしょうか。望ましい対応と望ましくない対応のそれぞれについて考
えましょう。

〈ワークのねらい〉

・自分の意見を文字にしてまとめる
・2つの側面から物事を考える（「望ましい対応」「望ましくない対応」）
・他者の物の見方に触れ、その長所を見つける
・自分の視点の長所に気づく

〈ワークのすすめ方／所要時間の目安・15分〉

手順	ワーク内容	所要時間
①説明・準備	「ワークのねらい」と「ワークのすすめ方」を確認する。ワーク内容を確認し、ペアをつくる	2分
②ワーク1 個人作業	まずは話し合わずに1人で考え、自分の意見を「望ましい対応」「望ましくない対応」欄に書く	3分
③ワーク2 意見交換	ペアの相手に自分が書いた意見を読んでもらう。読んだ人は相手の視点を評価して、それを「good!」欄に記入する。評価はよいところを探し、よくないところは指摘しない	4分

| 0歳児 | **1歳児** | 2歳児 | 3歳児 | 4歳児 | 5歳児 | 6歳児 |

④感想・自己評価	やりとりをしてみて考えたこと、感じたことを「学んだこと／感想」欄に記入する。ワークをどのくらい積極的に行えたかを自分で評価し、あてはまるものに○をつける	3分
⑤まとめ	「ワークのねらい」を振り返り、自己評価する	3分

〈ワーク〉

子どもがかんしゃくを起こした場合の保育者の対応について、考えをまとめましょう。

●わたしが考えた望ましい対応

_____

_____

_____

●わたしが考えた望ましくない対応

_____

_____

_____

---

good!

記入例：確かに、「ちゃんと言わないとあげない」というのは望ましくないと思った。

_____

_____

☞ 考える際の手がかり

　園において子どもの要求は特別な理由がない限り、できるだけ叶えてあげたいものですが、何らかの理由でどうしても叶えてあげられないときは、子どもの気を引く物などを利用して上手に気分転換させてあげるのがよいでしょう。嘘で子どもをだましたり、脅したりするのは望ましくありません。子どもをなだめる際は、できるだけ穏やかでゆっくりとした落ち着いた声かけをするように心がけます。ただ、ことばでの指示が伝わりにくい場合、ことばで単に禁止するのは効果が薄い場合があります。「ダメ」と言われることで、むしろ余計にかんしゃくを起こしてしまうこともあります。

しかし、そうした「単なる禁止」よりももっと望ましくないかかわりは、「無視」をすることです。「何を言っても聞かないから、しばらく放っておこう」「しばらくしたら諦めるだろう」と無視をするのは、本人のためにもならないうえ、そのかかわりをまわりで見ているほかの子どもたちにも「先生は自分たちが泣いていても無視するんだ。放っておかれてしまうんだ」という思いを植えつけることになってしまいます。また、「言っても聞かない子は無視していいんだ」という間違った見本を子どもたちに示すことにもなってしまい、もし万が一、その場面を保護者が目にした場合は保育者に対して不信感が芽生えてしまうでしょう。対応に苦慮した場合でも、決して無視しない、見捨てないという態度をもつようにしていくことが大切です。

ミドリの場合

　ミドリの保育士は、ミドリがかんしゃくを起こして、物を投げたり泣き叫んだりとまわりの子どもの迷惑になりそうな場合や本人に怪我の危険があるような場合は、一度抱っこして気分転換させるようにしていました。抱っこをしながらミドリの好きな歌を歌ったり、窓の外の様子を見せたり、ときには窓を開けて風に触れさせ、気分転換をさせたりしていました。

　この時期のミドリはことばで理由を説明したり禁止したりしても、まだそれを理解することができませんでした。そこで保育士は言い聞かせて納得させるより、まずはミドリが楽しく園生活を送れるようにすることを優先し、ことばがけや働きかけを行っていきました。なぜそれがダメなのかをことばで説明して納得させるのは保育士との信頼関係が築かれた後の課題とし、その時期については発達状況を見ながら保育士同士で相談していくことにしました。

〈学んだこと／感想〉

記入例：「まず自分の気持ちを落ち着ける」（○○さん）というのは、私は気づかなかったところなのでとてもよいと思った。確かに、なだめる立場の自分の方がパニックになってしまっては逆効果だ。

_____

_____

_____

〈今回のわたしの取り組み〉　振り返って、あてはまるものを○でかこみましょう

　　とてもよくできた　　　　　よくできた　　　　もう少しがんばれる

| 0歳児 | 1歳児 | 2歳児 | 3歳児 | 4歳児 | 5歳児 | 6歳児 |

シーン5：給食

　ミドリは、給食が目の前に運ばれてきてもあまりその内容をじっくり見たり、周囲をキョロキョロしたりすることはなく、椅子に座らされるとそのまま静かに座っていることが多いです。みんなで「いただきます」の挨拶をする際、保育士がそばで「『いただきます』ね？」と言うと、真っすぐ前を向いたまま「ん」と言うこともあれば、言わないこともあります。みんなが食べ始めても自分から自主的に食べ始めることはあまりありませんが、フォークを渡されるとそれを握ることはできます。お盆の上にいろいろなものが載っていると、好きな食べ物がそのなかにあっても、初めのうちはそれに気づかない様子でぼんやりしていることがあります。保育士がミドリの好きな食べ物を、「ほら、ミドリちゃん、ミドリちゃんの好きなお肉だよ」と見せながら皿の手前の方に移動させてあげると、手づかみでパクパクと食べます。手が汚れると、「ん！」と言って手を前の方に差しだし、拭いてもらうとまた食べ始めます。

　食べ物をフォークに刺した状態で渡してあげると、そのフォークを持って自分で食べることはできます。右手で肉やポテトをつかんで、左手に握ったフォークに刺そうとする仕草を見せることもあります。フォークの上下に関しては無頓着で、フォークが逆さまの状態で食べ物を刺そうとしていることもあれば、フォークを片手に握ったまま、手づかみで食べることもあります。熱いものが苦手なようで、「これ、あちちよ」と言われると、それに触れないうちから「きゃーーーー！」と大声をあげて身体を反らせて嫌がります。

　食べ始めこそ、食べ物に無関心に見えることもありますが、食欲は旺盛で一度食べ始めると黙々と食べ続けます。特におにぎりや鶏肉、ポテトが大好きで、唐揚げなどは1人で大きなものを4つくらい食べてしまいます。すでに食べた量からしてお腹いっぱいだろうと保育士が思うような場面でも、そんな様子を見せることはなく、目の前に好きなものがある限り、それがなくなるまで口に運ぼうとして、ときおり、えづいていることがあります。基本的には静かに黙々と食べることができますが、何か不満があると食器を机に叩きつけたり、フォークを握ったままの手を勢いよく振り上げたり下ろしたりすることがあります。

　たまに自分の好きな食べ物を横にいる保育士に食べさせようとして、手づかみで保育士の口に押し当ててくることがあります。「ありがとう。でも先生、今はお腹いっぱい」と断っても、「ありがとう。パクパク」と食べる真似をしても、納得することなく保育士の口元を凝視したまま、食べ物を相手の口に入れようとします。そうした行動をする際は「あーん」と言ったり、相手の目を見たりすることはなく、終始無言で無表情です。

　水やお茶が好きでよく飲みますが、コップではなく皿に入った水が好きです。給食の時間などは、コップの水やお茶を平たい皿にすべてあけてから、それをスプーンですくって飲もうとします。皿に別の食事が載っていて水を入れられないときは、その食事を手づかみで床に捨て、そこに水を入れます。「ミドリちゃん、ポイしちゃダメよ」と制止しようとすると、力いっぱい抵抗し、「んんんーー！」と身体をこわばらせます。思うようにならないと、食べ物の入った皿ごと机に激しく打ちつけ、大きな音でまわりの友だちがびっくりすることもあります。

皿の水やお茶がなくなると、「ん！」と言っておかわりを要求します。ときおり水を洋服にこぼしてしまい、「んんんん！」と手やスプーンでテーブルを叩くことがありますが、洋服が濡れてしまったことを嫌がったり気にしたりする様子はなく、水がこぼれてなくなったことに対して不満を感じている様子で、新たに水を補充してもらうとすぐに機嫌よく水をすくいだします。

　皿にあけた水をスプーンですくって飲むことはしますが、コップを使って飲むのは嫌がります。コップに水を入れて飲ませようとすると、「ん！」と言って皿にあけようとしたり、顔を反らして嫌がります。ただ、水やお茶を中身が見えない水筒に入れればスムーズに飲むことができます。食事と同様に水やお茶も一度飲み始めるとそれに夢中になってしまい、しばしば飲み過ぎて、あとで少し吐きもどしてしまうことがあります。

確認してみよう③　シーン5で、何か気になることはありましたか。思いついたことを書きだしましょう。

_____

_____

_____

👉 考える際の手がかり

　食事中にえづいている場合は、噛む、飲み込むという一連の動きの協応動作が未熟であったり、口に入れる分量や口に運ぶスピードの調整などのバランスが悪かったりすることが原因として考えられます。また、発達障害がある子どものなかには、満腹感や喉の乾き感に対する感受性の関係で水やお茶を自発的に飲まなかったり、逆に飲みだすと飲み過ぎてしまったりする子どももいます。特に年齢が低いうちは自分で摂取量を調整するのは難しいので、飲み過ぎて吐いてしまうような場合には、保育者がそばについてどのくらいの水分を摂取したかをチェックするようにしましょう。

🙂 ミドリの場合

　保育士はミドリが食事を喉に詰まらせたり、吐いてしまうことがないように気をつ

| 0歳児 | **1歳児** | 2歳児 | 3歳児 | 4歳児 | 5歳児 | 6歳児 |

ける必要がありました。そこで、しばらくは保育士が横について見守り、ミドリの食べる様子を観察し、小さく切っておいた方がよいものは小さく切る、1人で食べても大丈夫なものは1人で食べさせるなど、食事の与え方を工夫しました。また、朝食を何時ごろにどれだけ食べてきたか、帰宅後は夕食を何時ごろにどれだけ食べたかなどの情報をていねいに保護者にたずねていくことにしました。その際は聞き取り調査という雰囲気ではなく、保育園で楽しく食事をするためのヒント集めをしていますという保育士の気持ちが保護者に伝わるような声かけをするように心がけました。

　服の濡れを気にしないことについては、普段の家庭生活でもそうなのかを保護者にたずねてみることにしました。洋服の濡れや汚れを気にする程度については、食事場面以外での園での様子の観察も同時に続けていくことにしました。また、なぜ皿に入った水が好きなのか、なぜ皿に水が入った状態でないと気が済まないのかについては、家庭訪問や保護者面談の際に保護者にたずねてみることにしました。

まとめ／事例のチェックポイント

　・ときおり、えづいていることがある
　・こだわり行動が見られる
　・服が濡れることに無頓着
　・水を飲み過ぎて吐くことがある

シーン6：午睡と排泄

　ミドリはとても活発で体力があり、午睡の時間もずっと起きています。まわりの友だちがぐっすり眠るなかでも目がパッチリ開いていて、保育士が寝かしつけようと布団に寝かせても、すぐにタオルケットを取り去って起きあがり、どこかへ行こうとします。「ミドリちゃんも、ちょっとだけこんなふうにお目め閉じようか」と言って保育士が目をつぶって見せても真似はしません。カーテンをひいて部屋を暗くしても、抱っこして寝かしつけようとしても、眠たそうにする気配がありません。午睡の時間にみんなと一緒に眠ることはほとんどありませんが、午後の4時や5時ごろにいきなり床に横になって眠ってしまうことがあります。

　トイレットトレーニング（オムツはずし）をまだ開始していなかったため、おしっこもうんちもオムツでします。保育園では給食の後など適宜時間を決めてみんなをおまるに座らせていますが、ミドリは座ることを嫌がります。便通は基本的には良好ですが、排便や排尿があってもそれを自分からまわりに知らせることはしません。

基礎理論論

ケーススタディ論

53

確認してみよう④　睡眠リズムが整っていない子どもに規則正しい睡眠を身につけさせるために、保育者としてどのような工夫ができるでしょうか。また、園でトイレットトレーニング（オムツはずし）を進めていく際に気をつけるべきポイントも書きだしましょう。

●睡眠リズムに対する工夫

_____

_____

●トイレットトレーニング（オムツはずし）を行う際のポイント

_____

_____

☞ 考える際の手がかり

　基本的生活習慣を身につけるためには、家庭での生活リズムについて保護者から情報を得て、保護者と相談し協力しながら目標をクリアしていく必要があります。睡眠に関しては、夜遅くまで起きていて朝なかなか起きなかったり、週末の睡眠リズムが乱れがちだったりすると、園での午睡にも参加しづらくなる場合があります。夜きちんと眠ることが午前中の活動をスムーズに行うためには必要です。規則正しい睡眠が取れていないと機嫌が悪くなりやすかったり、食欲にムラが出てきたりすることがあります。

　トイレットトレーニング（オムツはずし）に関しても、家庭との連携が大切です。まだオムツを取るのが難しい場合でも、「みんながトイレに行くから一緒に行こう」「一緒にうんちをトイレにポイしに行ってみようか」など、トイレに足を運ばせる習慣をつけるよう、園でできる働きかけを続けていくのがよいでしょう。

👧 ミドリの場合

　遊びも基本的に座ったまま行うことが多いため、同年齢のほかの子どもと比べて運動量が不足している可能性が考えられました。好きなダンスなどで思いきり身体を動かした日はスムーズに午睡できることが判明したため、園ではできるだけ屋外で遊ばせたり、保育室や室内でも動的な動きを取り入れるなどして、ミドリが楽しみながら身体を動かせるように工夫していきました。また、休みの日の家庭での運動量については、保護者に聞き取りを行うことにしました。

54

| 0歳児 | **1歳児** | 2歳児 | 3歳児 | 4歳児 | 5歳児 | 6歳児 |

　トイレットトレーニング（オムツはずし）に関しては、まだ家庭での取り組みが難しい様子であったため、園での習慣づけとミドリの様子をそのつど保護者に報告しつつ、折りを見て、家庭でも取り組んでもらえるよう依頼していきました。

シーン7：午後の活動

　ミドリにはお気に入りの音楽が数曲あり、その曲が聞こえてくるとその場で立ち止まって心が吸い込まれているかのような様子で聴き入ります。保育士が視界に入るところで、「これ、ミドリちゃんの好きな曲だよね」と言ってリズムに合わせて身体を揺らすと、思いだしたように踊るような動きを見せます。気分が高まってくると、右手をグーにして横に突きだし、頭を左右に振りながら身体全体で音楽を楽しんでいます。ほかの友だちは保育士の動きを真似して音楽に合わせて踊りますが、ミドリは自分なりの振りつけで音楽に没頭しています。ダンスの時間が終わり、ほかの子が別の活動に移りだしても、1人でオーディオ機器の前に行き、自分でスタートボタンを押してもう一度音楽をかけようとすることがあります。その際、保育士の手を持ってオーディオ機器の方へ差しだし、もう一度音楽をかけて欲しいという自分の意思を示すこともあります。「今日は終わりだから、また明日やろうね」と言っても、視線はオーディオ機器に注いだまま、「ん！」と言って催促します。

　工作の時間は、色鉛筆が目に入ると猛烈に欲しがります。クレヨンなどの太いものではなく、細く尖ったものが好きで、「これはお友だちのだからダメよ」と言っても納得しません。ミドリは手や腕の力が強く、ほかの子どもが使っている色鉛筆を奪い取ろうとすることもあります。ただ、色鉛筆を手にしてもそれを使って紙に色を塗ったり線を引いたりはできず、紙に鉛筆の先を打ちつけたりすることもあったため、危険防止のために要求を制止せざるをえないこともありました。欲しい色鉛筆を手にするまでは、「やいやいやいやーー！」と叫び続けて全身を硬直させますが、自分の欲しい物が手に入ると、すぐにケロッと機嫌はよくなります。

アクティブラーニング3　（難易度★☆☆）

シーン7から、ミドリの好きなこと、得意なことはどのような物だと思いましたか。どのようなかかわり方をすれば、得意なことをもっと伸ばしていけるでしょうか。また、かかわる際に気をつけなくてはならないのはどのようなことでしょうか。

〈ワークのねらい〉

・事例を読み、その場の状況を想像する

・実現可能な取り組みや工夫を考え、それを文章化する

・他者の視点と自分の視点を比べ、自他の長所に気づく

〈ワークのすすめ方／所要時間の目安・計15分〉

手順	ワーク内容	所要時間
①説明・準備	「ワークのねらい」と「ワークのすすめ方」を確認する。ワーク内容を確認し、ペアをつくる	2分
②ワーク1 個人作業	まずは話し合わずに1人で考え、自分の意見をまとめてそれぞれの欄に記入する	3分
③ワーク2 意見交換	ペアの相手に自分が書いた意見を読んでもらう。読んだ人は相手の視点を評価して、それを「good!」欄に記入する。評価はよいところを探し、よくないところは指摘しない	4分
④感想・自己評価	やりとりをしてみて考えたこと、感じたことを「学んだこと／感想」欄に記入する。ワークをどのくらい積極的に行えたかを自分で評価し、あてはまるものに○をつける	4分
⑤まとめ	「ワークのねらい」を振り返り、自己評価する	2分

〈ワーク〉

シーン7のミドリの午後の活動の様子から、以下に合う内容を考え、書きだしましょう。

●わたしが考えたミドリが好きなこと、得意なこと

_____

_____

●わたしが考えたミドリが好きなこと、得意なことを伸ばすために園でできること

_____

_____

_____

●わたしが考えたかかわる際に気をつけなくてはいけないこと

_____

_____

| 0歳児 | 1歳児 | 2歳児 | 3歳児 | 4歳児 | 5歳児 | 6歳児 |

---

good!

記入例：「音楽が終わった後はオーディオ機器が目に入らないように布をかけておく」（○○さん）というのは、ほかの子どものいたずら防止のためにもよいアイディアだと思った。

_____

_____

☞ 考える際の手がかり

　活動のなかで危険を伴う物を扱う際には細心の注意を払います。細く尖った鉛筆など明らかに危険である物のほか、子どもの場合は紙で目を切ることもあります。いろいろな危険を想定し、それを未然に防がなくてはなりません。

　集団で座らせて作業する場合は、座らせる位置にも気を配るとよいでしょう。かんしゃくを起こして物を投げたり振り回したりする行動が見られるうちは、物や手が隣の友だちにぶつからない位置にその子どもを座らせるなどの工夫をすることで、お互いに楽しく安全に作業することができます。隣に座らせる子ども同士の相性もあるため、どの位置に誰と隣に座らせるかについては、保育者が気を配るようにします。ただ、配慮をする際はそれが本人やまわりの子どもに気づかれないように、さりげなく行うことが大切です。危険だから、迷惑だからという理由で1人だけ席を遠くに離してしまうようなことは避けなくてはなりません。

😊 ミドリの場合

　ミドリはほかの子どもが使っている色鉛筆を奪い取ろうとしてしまうことがありました。したがって、「ほかの子が持っている物を欲しがって、急に手を伸ばしてしまうことがあるかもしれない」という可能性を事前に想定したうえで、隣の子どもと同じものをミドリにも用意して持たせるなどの対応を行いました。同じものを持っているにもかかわらず、隣の子どもの物を欲しがるような場合は声をかけて納得させ、気分を落ちつけられるよう保育士がかかわりました。できる限り要求に応えてあげることは大切にしつつ、全ての要求を聞き入れるのではなく、聞き入れてあげられない場合はダメなものはダメときちんと説明しました。

　そうした保育士の態度は、ミドリ自身にとっても、ミドリのクラスメイトにとっても大切なことでした。そのときはまだ保育士の話す内容を理解することが難しくても、日頃からそうしたかかわりを積み重ねていくことで、いつか理解してくれる日が来ると信じて保育士はかかわりを続けていきました。

〈学んだこと／感想〉

_____

_____

_____

〈今回のわたしの取り組み〉 振り返って、あてはまるものを○でかこみましょう

とてもよくできた　　　　よくできた　　　　もう少しがんばれる

シーン8：降園時の母子再会

　帰りの時間に母親が迎えに来ても、ミドリはマイペースかつポーカーフェイスで、母親に駆けよって行ったり、うれしそうにしたりすることはありません。そんな様子を見て母親は、「私に似てドライなんだから」と笑っています。

　降園の直前に保育士が抱っこしていた場合、帰りのベビーカーに乗せられることを嫌がり、ベルトをした後も「やいやいやーー！」「んんんーー！」と手を前に出して抱っこして欲しい意思表示をします。しかし、母親が手慣れた様子でミドリの好きな子ども用のせんべいなどのおやつを手渡すと、気持ちがせんべいに向き、それ以上、駄々をこねることはしません。午睡をしなかったせいで降園時間の間際に眠ってしまうことがありますが、その場合なども途中で起こされたことで機嫌が悪くなってしまい、ベビーカーに乗せられると背中を反らせて嫌がる様子を見せることがあります。

　降園時に保育士が玄関で「バイバーイ」と言って手を振っても、気づいていない様子のことがあります。ミドリが自分から「バイバイ」をしてくれることはまだありませんが、母親はそんな様子のミドリに対して、いつも「ほら、ミドリちゃんも『バイバーイ』でしょ？」と声をかけます。母親にうながされると、ミドリは「ん」と返事をし、手を振る仕草をします。その際も先生の顔を見ながら手を振ることはありませんが、手を振る動き自体は楽しんでいる様子で、そのまま門を出て行くまでずっと、まるで踊るように身体を左右に揺らして手を振りながら、楽しそうに帰って行きます。

▶ **確認してみよう⑤**　シーン8で気になることはありましたか。園でミドリと接する際の手がかりとなりそうなポイントにアンダーラインを引きましょう。

| 0歳児 | 1歳児 | 2歳児 | 3歳児 | 4歳児 | 5歳児 | 6歳児 |

☞ 考える際の手がかり

　降園時の保護者との再会場面は、家庭での子どもと保護者のかかわりをうかがい知る機会になります。仕事を終えてきた保護者をねぎらいつつ、そこでのやりとりや会話も大切にしていきましょう。迎えに来た保護者を見て子どもがどんな様子を見せるか、子どもに対して保護者はどのような声かけをするか、また、帰る支度をする子どもに対して手を貸す保護者もいれば、見守る保護者もいるでしょう。降園時は保育者にとっても慌ただしい時間ですが、そのなかでも保護者と子どもの動作や言動、および保護者同士のやりとりなどに対して気を配れるようになるとよいでしょう。

ミドリの場合

　母親が迎えに来ても、特に表情は変わりません。母親はそれを気にしていないような言動をしていましたが、保育士が「でもミドリちゃん、もうすぐママが迎えに来るよって言ったら、せっせと帰る用意をしていたんですよ」と伝えると、「えっ！そうなのミーちゃん？」とうれしそうにミドリを抱きしめていました。

　降園の直前に抱っこしたり眠らせてしまったりすると降園時にぐずることがあったため、降園間際はできるだけ抱っこせず、またできるだけ眠ってしまわないように活動内容を工夫するようにしました。自発的なバイバイはまだ見られませんが、促されれば手を振る仕草をするため、毎回降園の際には、必ず「バイバイ、また明日」と笑顔で手を振ることを続けていきました。

② ミドリの保護者とのかかわり

（1）保護者面談の意図と方法

　入園前の面接や入園後の保護者面談は、登園方法のほか、朝起きてから登園までの流れ、帰宅してからの生活の流れについて知る機会となります。家庭での子どもの様子や生活の流れを把握しておくことで、どこまでなら保護者にお願いできるのか、またはどこまでは園がフォローしなければならないのかがわかります。面談では1日の流れについて、朝から順を追って話してもらうようにするとよいでしょう。そうすることで、聞きたいことをバラバラに質問するよりも保護者が1日の流れを思いだしやすくなり、話しやすくなるということのほか、保護者自身が自分自身の生活を振り返るきっかけにもなります。

　園で保育をしている際、発熱などがあった場合は保護者に連絡をして迎えに来てもらうことになりますが、そうしたお迎えの際に協力してくれる人がいるのか、保護者が仕事を休んで来るのかといった情報も、その保護者のまわりのサポート体制を知るうえで

の手がかりにすることができます。面談での様子や発言の内容などから、保護者のものの考え方のほか、子育てや生活に対する不安感についても汲み取り、それに応じた対応や声かけができるようになるとよいでしょう。

　面談以外では、毎日の送迎時の声かけや連絡帳なども保護者とのコミュニケーションの場となります。そうした機会も有効に活用するようにしましょう。

（2）保護者面談の際の注意

　特に気になる特徴を示す子どもの保護者は、そうした特徴が比較的目立たない子どもの保護者よりも普段の生活のなかで子育てに疲れている場合が多くあります。まずはそうした保護者が抱える忙しさや大変さに共感し、ねぎらいのことばをかけるようにしましょう。その際、保護者の発言や態度のなかに疑問に感じるような点があったとしても、その場では絶対にけなしたり責めるようなことを言ってはいけません。保護者が自分の子どもを第一に思う気持ちは当然のことなので、その気持ちを大切にしてあげることが必要です。

　一度ことばとして発した事柄はもう取り返しがつかないので、保育者として保護者面談をする際には保護者が責められているように感じないことば選びを心がけます。失った信頼を再び取り戻すのは非常に困難で、一度保育者に対して心を閉ざした保護者は、余程のことがない限り、その保育者に何かを相談したり打ち明けたりする気持ちにはなれないでしょう。保育者に対する不信感や不満は一保護者だけでとどまらず、うわさやSNSなどの流れに乗って拡散していってしまう可能性も大いにあります。子どもが安心して安定した園生活を送るためには、保育者と保護者の間に信頼関係が築かれていることが非常に重要であり、保護者面談の場は情報収集の場であると同時に、信頼関係づくりの場としても非常に大切であるという意識を常にもっておくようにしましょう。

（3）面談時のやりとり

アクティブラーニング4　（難易度★★★）

保護者面談では、保護者に対して保育者が質問するだけでなく、保護者の回答を受けてそれについてのコメントを返すことも必要です。こちらがたずねた内容についてどのような答えが返ってきたのかという点に気を配ることはもちろん、保護者からの語りのなかに悩みや相談が含まれていた場合は、それに対するフォローも行う必要があります。以下は、保育士とミドリの保護者との間に交わされたやりとりの一部で、保育士の質問に対し、ミドリの保護者が返答しています。あなたが質問した保育士であった場合、ミドリの保護者の返答に対してどのような答えを返しますか。自分なりに想像してやりとりを完成させましょう。

| 0歳児 | **1歳児** | 2歳児 | 3歳児 | 4歳児 | 5歳児 | 6歳児 |

〈ワークのねらい〉
・会話のなかから、子どもに関する情報が提供されている箇所と保護者自身の悩みや相談が語られている箇所を読み取る
・発言者の気持ちに配慮しながら、望ましい返答の仕方について考える
・自分の考えを口頭で発表する
・他者の視点とその長所に気づく
・自分の視点の長所に気づく

〈ワークのすすめ方／所要時間の目安・計40分〉

手順	ワーク内容	所要時間
①説明・準備	「ワークのねらい」と「ワークのすすめ方」を確認し、3〜4人のグループをつくる	5分
②ワーク1 個人作業	保育士と保護者のやりとりをよく読み、それに対する自分なりの返答を吹きだしの部分に書き込む	5分
③ワーク2 ロールプレイ	グループ内で、1人が保育士役、1人が保護者役になってセリフを読みあう。役を演じない人は2人のやりとりをよく聞き、よかったところを記入しておく。やりとりが終わったら、役を交代して順に演じていく	10分
④ワーク3 フィードバック	それぞれの演者のどこが、どのようによかったかをグループ内で発表しあう	10分
⑤感想・自己評価	やりとりをしてみて考えたこと、感じたことを「学んだこと／感想」欄に記入する。ワークをどのくらい積極的に行えたかを自分で評価し、あてはまるものに○をつける	5分
⑥まとめ	「ワークのねらい」を振り返り、自己評価する	5分

〈ワーク〉
以下の空欄に、あなたが考えた保育士の返答を書き入れましょう。

テーマ1：朝の様子

保育士（わたし）

毎朝、ミドリちゃんはどんなものを食べていますか？園に来るまでのおうちでの様子やスケジュールを教えてください。

朝はミドリがなかなか起きないので、朝ご飯はほとんど家で食べません。無理やり起こしてテーブルにつかせても、寝起きは機嫌が悪くて食器を手で払いのけたりして、まともに食べさせられる雰囲気じゃないので…。どうに

ミドリの母親

か牛乳だけ、野菜ジュースだけでも飲ませようとかいろいろ試したんですけど、コップを渡してもひっくり返したりこぼしたりして、朝の忙しい時間に余計に仕事が増えちゃう感じなのでなかなか…。なので、朝食は保育園までの移動時間に子ども用のカルシウム入りウエハースとかビタミン入り子ども用おせんべいとかクラッカーを食べさせたり、少し機嫌がよさそうなときはおにぎりをラップにくるんだ物を食べさせたりしてます。本当は果物とか野菜とか、ちゃんと食べさせた方がいいのはわかってるんですけど…。

　朝はパパが家にいるんですが、パパも自分の支度で忙しいのでミドリの世話を手伝ってはくれないんです…。朝起きたらまずミドリが起きる前にパパの朝ご飯の支度をして、パパと自分用のお弁当を作って、それからゴミ出しとか食事の後片づけなんかをしながら自分もお化粧とか着替えとか仕事に行く準備をして…園に持っていく物を準備して…。それからミドリを起こして着替えさせて連れて来るって感じです。私は朝はいつも５時半くらいには起きるんですけど、それでも６時半に家を出るのがなかなか大変で…。ミドリが寝ていてくれるとまだいいんですけど、何かの拍子に起きちゃったりすると、そっちの世話にも時間がとられちゃうので、ギリギリまで寝ていてね〜って思いながら家事してます。だから私が寝坊したりして時間がなくなっちゃったときは、オムツ替えができないまま園に連れて来ちゃうこともあって…すみません。

● **クラスメイトのよかったところ**
　記入例：相手の気持ちに寄り添っている発言が多かったのがよかった。（〇〇さん）
　　　　　　はっきりとした声で演じていたのがよかった。（△△さん）

0歳児　1歳児　2歳児　3歳児　4歳児　5歳児　6歳児

テーマ2：トイレットトレーニング（オムツはずし）

保育士（わたし）

ミドリちゃんはまだオムツですけれど、たまにおうちでおまるやトイレに座ったりすることはありますか？

ミドリの母親

　うちにはおまるがないんですよ…買った方がいいですか？うんちもおしっこも、まだずっとオムツでしてます。してもなかなか教えてくれないし、「出た？」って聞いても「ん」って言うときもあれば、無反応なときもあるので、まだオムツ取るのは早いかなって…。一度トイレに座らせようとしたんですけど、脇を支えられるのが嫌なのか、身体をひねって暴れちゃって、おしっこするどころじゃなくって諦めました。1人でトイレに行ってくれるようになったら楽だろうなと思うんですけど、なんだかんだでオムツをさせてる方が便利なこともあるので、あんまり焦ってないです。もうちょっと大きくなれば、自然にできるようになるかなって思ってます。あんまりトイレのことで厳しくしつけるとトラウマになるとか聞いたことがあるので、そのへんはあんまり無理させたくないなって思ってます。

保育士（わたし）

_____
_____
_____

●クラスメイトのよかったところ

記入例：まずはじめに、保護者の努力を肯定していたのがよかった。(○○さん)

_____
_____
_____
_____

基礎理論編

ケーススタディ1編

63

テーマ３：水へのこだわり

保育士（わたし）

ミドリちゃんはお水が好きみたいですね。保育園でも給食のときにお水を何度もおかわりするんですよ。おうちでも、コップのお水をお皿にあけてからスプーンですくって飲んだりしますか？お水をこぼして服が濡れたり食べ物で服や手が汚れたりすると、それを気にしますか？

ミドリの母親

　ミドリは家でもよくそれやるんです…。何度もやめさせようとしてるんですけど、ダメって言ってお皿を取りあげようとすると怒るので…。平たいお皿さえ目の前になければ、コップとかストローでお水は飲めるんで、家ではできるだけ平たいお皿はミドリには見せないようにしてます。お皿に水をあけ始めた時期とかきっかけはよく覚えてないんですけど、ミドリは家で飼っているペットの犬が犬用の平たいお皿から水を飲むのを見るのが大好きで、そのお皿の水がなくなると、いつも「ん！」って言って水が減ったことを教えてくれるんです。その犬用の水飲み皿に水を入れるのをいつもやりたがるんです。もしかしたら、そういうのが関係してるんでしょうか…。こぼすことに関しては…あんまり服を汚すようなことをさせないので、よくわかりません。食事のときはビニール製の大きめのスタイを着けさせてますし…食べ物もこぼしそうなものとか汚れそうなものはできるだけミドリの手の届く範囲に置かないようにしてます。フォークやスプーンもまだ上手に使えないので、ソースとかの汚れがつきそうなメニューはそもそもあんまり食べさせないですね。食べさせるとしても、1人では食べさせないで私が食べさせます。
　遊びについても、あんまり服を汚すような遊びはさせないので、よくわからないですね…。クレヨンとか持たせて家の中に落書きされると困るので、クレヨンとかも家にないですし…。公園とかにたまに連れて行くことはあっても、砂場とかに入られると靴の中に砂が入ったりして面倒なので、あんまり遊ばせないようにしてます。

保育士（わたし）
_____
_____
_____

| 0歳児 | **1歳児** | 2歳児 | 3歳児 | 4歳児 | 5歳児 | 6歳児 |

● クラスメイトのよかったところ

記入例：上から目線でアドバイスするのではなく、共感していたのがよかった。（△△さん）

_____

_____

テーマ４：帰宅後の過ごし方

保育士（わたし）

ミドリちゃんはおうちに帰ってから夜寝るまで、どんなふうに過ごしていますか？

ミドリの母親

　家に帰ったら、私は夕飯の支度をしたり洗濯機をまわしたり洗濯物をたたんだりで忙しいので、ミドリはたいていリビングで１人でいることが多いです。特に何をするでもなく、じゅうたんの上に座ってじゅうたんの毛を手で触っていたり犬をなでたりしています。ぐずったときはお気に入りの子ども向け番組があるので、それを録画したのを見せています。あまり小さいうちからテレビ見せるのはよくないってわかってるんですけど、テレビを見てるとすごく集中して、お気に入りの曲がかかるとダンスしたりするので、私もパパもそれが見たくてテレビをつけちゃったりします。新しい番組はあんまり見たがらなくて、特定の回の放送を何度も何度も繰り返し見てます。

　夕食は、その日の機嫌によってけっこう食べたり、あまり食べなかったりです。ご飯の時間は早いときは園からの帰りに車の中で買ったパンとかを食べさせて済ますこともあるし、遅いときは夜10時過ぎとかになっちゃったり…あまり決まってないです。ミドリは鶏の唐揚げが好きで、それならよく食べるので、困ったときは鶏の唐揚げに頼ってます。昨日は野菜入りのハンバーグとか試してみたんですけど、嫌がって全然食べてくれなくて。せっかく手間かけて作ったのに一口も食べてくれないと、何かもう嫌になっちゃって。じゃあもう好きなものだけ食べてれば…ってキレそうになることもあったりして…。それじゃいけないのはわかってるんですけど、パパもいなくてミドリは言うこと聞かなくてだと、私１人じゃもういっぱいいっぱいで…。

　お風呂の時間もその日によってけっこう違いますね。お風呂というか、私１人でミドリをお風呂に入れるのは大変なので、平日はもっぱらシャワーでザッと流す感じで…。何しろ夜も時間がないので、とりあえずミドリだけパッと洗って、自分自身はミドリが寝てからシャワーを浴びてます。

　ミドリは夜の11時過ぎまで全く寝る気配がないこともあって、寝かしつけには苦労してます。12時近くなってようやく眠たそうにぐずり始めたこ

ろにパパが仕事から帰ってくるので、そうなるとまた目がパッチリ開いちゃって、ズルズルと夜型生活にさせちゃってるんですよね…。どうにかした方がいいのはわかってるんですが、どうにもできなくて…。ミドリは寝かしつけようとして身体をトントンと叩いてあげたり歌を歌ったりすると、逆に興奮して目がパッチリしちゃったり、逆に起きあがって歩きだしちゃったりすることが多いので、本人がじゅうたんの上とかでゴロゴロし始めたら見て見ぬふりする感じで放っておきます。そうすると、お気に入りのタオルケットの端なんかをいじったりしながらいつの間にか眠っているので。ミドリには寝るときにお気に入りのタオルケットがあるんですが、ほかのじゃ絶対ダメなんです。それを洗濯しちゃった日なんかはもう全然寝なくて大変で。だからミドリのタオルケットのために洗濯機を乾燥機つきのものに買い替えたくらいなんですよ。

保育士（わたし）

●クラスメイトのよかったところ

記入例：ミドリが好きな物について、詳しく話を聞こうとしていたのがよかった。（○○さん）

0歳児 | **1歳児** | 2歳児 | 3歳児 | 4歳児 | 5歳児 | 6歳児

テーマ5：休日の過ごし方とミドリへの想い

保育士

> ミドリちゃんは、お休みの日はどう過ごしていますか？

ミドリの母親

　休みの日は私もパパも仕事で疲れてるので、家で過ごすことが多いです。おもちゃではあまり遊ばないというか、家にはあまりおもちゃがありません。子ども用のおもちゃって、色がゴチャゴチャしてるし、音が出たりとか騒がしかったりするじゃないですか。パパがうるさいのが嫌いなので、家には子ども用のおもちゃをほとんど置いていないんです。友だちから出産祝いに積み木のおもちゃをもらったので、一時期それで遊ばせたりもしていたんですけど、それで遊びだすと夢中になりすぎてこっちの話が全然耳に入らなくなるし、お風呂に入れさせようとするとまだ遊びたいって感じで嫌がって泣いたり、ご飯食べるから片づけるよって言っても嫌がって積み木を投げたりするので…。それで遊ばせるとかえってミドリがかんしゃくを起こすことが多い気がしたので、ミドリの目につかないところに片づけちゃいました。

　ミドリが生まれる前は、映画を観に行ったりとかショッピングに行ったりとかしてましたけど、ミドリを連れてだと大変なので、最近はあまり外出はしないですね。住んでるところがマンションの上の方なんで、エレベーターがあるとはいえベビーカーを押して買い物に行くのも大変で…。たまに出かけるときもありますけど、電車は大変なので基本的には車です。ミドリは1人で歩かせると、すぐ勝手に歩いて行ってしまって声をかけても名前を呼んでも振り向かないし、手もあんまりつないでくれないので、ほとんどベビーカーに乗せて移動してます。人ごみの中なんか歩かせて誰かにぶつかられたら危ないし、迷子になったり、さらわれたりしたら怖いので…。

　ミドリのことはとてもかわいいと思ってます。パパもとてもかわいがっていて…。でも、ミドリはまだあまりしゃべらないので、大泣きしていても何をして欲しいのかとか何が嫌なのかがわからなくて、たまに私プツッと気持ちが切れちゃうことがあるんです。そうなると、ミドリが泣いてるのはわかってるのに何もできなくてボンヤリしちゃったり…。ミドリが横でギャンギャン泣いてるのに、それを放ってスマホをいじっちゃったり…。ミドリはちょっと変わってるというか、ほかの子どもと比べてクールで個性的だなとは思ってるんですけど…。このくらいの年齢でこんな感じなのって普通なんでしょうか…？こういうのがいつまで続くのかなって思うことはあります。

保育士（わたし）

●クラスメイトのよかったところ

記入例：ミドリの母親の不安や心配を気づかっていたのがよかった。（△△さん）

☞ 考える際の手がかり

　面談の際は、保護者の努力と頑張りを認めて、まずはそれをねぎらうように心がけましょう。保護者が不安や心配事を口にした際には、その不安や焦りといった感情をもつにいたった経緯や状況を受け止め、不安な気持ちを分かちあえるようにします。ときには保護者の言動や発言をいさめたり、何かを提言したくなることもあると思いますが、それらが一方的な説教になったり、上から目線でのアドバイスになることは望ましくありません。保育者と保護者は子どもをはさんで対等な関係であるという原則を大切にするためにも、発言や態度には慎重であるべきです。

　面談ではまず「9割聞く」という気持ちで、上手に相づちを打ちながら保護者からの語りを引きだせるようにしましょう。答えは保育者が示すのではなく、保護者が語りのなかで自ら気づいていくことが大切なのです。

〈学んだこと／感想〉

〈今回のわたしの取り組み〉 振り返って、あてはまるものを○でかこみましょう

　　　とてもよくできた　　　　　よくできた　　　　もう少しがんばれる

| 0歳児 | 1歳児 | 2歳児 | 3歳児 | 4歳児 | 5歳児 | 6歳児 |

（4）専門機関へのつなげ方

　ミドリの保護者は、仕事と家事と子育てに追われ、疲れ果てていました。そこで園長は保護者に対して、「子育てのヒントを得るため」専門機関での親子面談をさりげなく勧めてみることにしました。ミドリに問題があるということではなく、専門機関でミドリの様子を診てもらうことにより、ミドリの性格的特徴やかかわり方のヒントについてアドバイスがもらえ、それによって「今よりも毎日の子育てがしやすくなるかもしれない」ということを強調しました。

　特にグレーゾーンの子どもの場合、まわりのかかわり方によって、パニックになったりかんしゃくを起こすこともあれば、静かに落ち着いて行動できることもあります。ミドリの場合、細いスティックを握っている状態でかんしゃくを起こした際、危険だからという理由で「ダメよ」「やめなさい」と強く言ったり、スティックを無理やり取りあげてしまうと余計に混乱して大声をあげて抵抗する傾向がありました。また、ミドリはうまく気持ちを切り替えることができないと、再びスティックを握らせてもらえるまで機嫌が回復しないことがありました。したがって、そうした場合は無理に取りあげるのではなく、落ち着いた声ではっきりとゆっくりと、「そっちじゃなくて、今度はこっちの棒はどう？」などと言って安全なスティックとさりげなく交換し、細い棒を回収したほうが本人の抵抗が少ない場合が多かったのですが、そうしたちょっとした声かけのコツはなかなか保護者1人だけでは気づきにくいこともあります。そこで、専門機関でかかわりのアドバイスをもらうことは、ミドリにとっても保護者にとってもプラスが大きいのだということを伝えるように心がけました。

③ ミドリの担当保育士の1日

　園では、まず全ての発達の基礎となる基本的生活習慣を大切にします。子どもが健康に、落ち着いて安定した毎日を送ることができるよう、食事や睡眠、排泄の課題から取り組んでいくことが多いでしょう。園では何人もの保育者が1人の子どもにかかわるため、特に基本的生活習慣に関しては統一したかかわりができるよう、保育者同士の情報交換と情報共有を密にしていくことが大切です。毎日の保育のなかで、「今日はいつもよりも午睡の時間に興奮していた」など子どもの様子について気になった点は必ず日誌に記録しておきます。そうした資料は、医師の巡回訪問の際の資料としても重要な役割を果たします。

　ことばの遅れやコミュニケーションの仕方など、いろいろ気になる点や支援したい点も出てきますが、挨拶やコミュニケーションの仕方を教えたり、手先を動かす動きを取り入れたりする活動は、初めのうちはそれをメインにするのではなく、基本的生活習慣を身につける過程に工夫して組み込んでいくようにするとよいでしょう。

ミドリの場合

　ミドリの園での様子を見て、保育士たちはミドリを「要観察」と判断しました。ことばの遅れなども気になるところですが、言語の発達には個人差が大きいため、まずは生活習慣の改善から取り組み、情緒の安定や保育士との信頼関係を確立させてから、次の段階へと進んでいくのがよいと判断しました。1歳6か月の子どもには大勢の保育士がかかわりますが、特に配慮を必要とする子どもに対して大勢の保育士がそれぞれ独自のやり方でかかわると、子ども自身が何をどうしていいのかとまどってしまう場合があります。そこで少なくともミドリが安定

した園生活を送れるようになるまでは、園全体としてかかわり方を統一することになりました。具体的には、園での食事や午睡、排泄などを時間に合わせて毎日規則正しく行っていくこと、日中は無理のない範囲で身体を動かす遊びや活動を積極的に取り入れ、午睡をしっかりさせ、夕方は眠ってしまわないようにすることを心がけていきました。また、保育をするなかでミドリの好きなものや興味、苦手なことなどを把握し、どのようなかかわり方が望ましいのかを模索しつつ、カンファレンス会議で情報共有を行いながら保育をしていくことになりました。

　保護者面談での情報や園での様子から、ミドリは月齢の割に運動量が少ないことがわかりました。身体の動きが少ないことで午睡がスムーズにいかなかったり、午睡がたりないことで夕方眠ってしまったり、夕方眠ってしまうことで夜遅くまで眠れなくなったりするのではないかという意見が保育士から寄せられました。しかし、保護者の話を聞く限り、平日はもちろん休日も家庭ではなかなか思いきり身体を動かせる機会をつくれない様子でした。

　食事や睡眠の時間など、家庭での生活リズムを改善してもらう働きかけも必要だと思われましたが、特に母親は復職したばかりであること、家事や育児、園への送り迎えもほぼ母親が1人で行っていること、近くに頼れる人もいないことなどの現状を考えて、いきなりいろいろな注文をつけるのではなく、まずは園でできることをしようということになりました。

シーン1：登園時

　登園時は、まずバイタルチェックと朝食（何時に何をどのくらい食べたか）や排便の有

| 0歳児 | 1歳児 | 2歳児 | 3歳児 | 4歳児 | 5歳児 | 6歳児 |

無などを確認しました。前の日に帰宅してから登園するまでの様子や、昨夜の睡眠の様子なども聞いておき、保育するうえでの手がかりにしました。

集団遊びにおいては、ミドリは身体が大きく力も強いので、特におもちゃの取りあいで双方が怪我をすることがないよう気をつけました。身体に触れられることを嫌がらないので、日頃の活動のなかでほかの子どもたちにするのと同じように抱きあげたり頭をなでたり、手や腕をマッサージするなど、スキンシップを意識的に増やすようにしました。

ミドリはおもちゃが欲しいとき、手をそちらに伸ばして手指を曲げ伸ばしするやり方で自分の気持ちを表現するため、それに気づいたときは欲しいおもちゃを単に取って渡してあげるだけでなく「これが欲しいの？」「こっちかな？」「はい、赤いボールです。どうぞ」「ミドリちゃん、『ありがとう』ね？」など、一つひとつの動作をする際にことばがけをするなど、日常の何気ない動作のなかにことばの発達への配慮を組み込むよう心がけました。

午前中は天気がよいと園庭を自由に散歩します。ミドリは靴をはいて帽子をかぶると、1人でトコトコ歩いて行きます。園庭を端から端まで歩き、また端から端まで歩き…というのを、自由遊びの時間中ずっと繰り返していました。後ろをついて歩きながら、「ミドリちゃん、お花が咲いてるね」などときおり声をかけつつ、基本的には本人が好きなだけ歩いて行きたいところに行けるように見守りました。

雨の日は保育室の中で音楽に合わせて身体を動かす遊びなどをしました。音楽のリズムに合わせて「ストップ！」「ばんざーい！」「お手てを叩きましょう！」などの指示を出す遊びでは、最初は自分の好きなように身体を左右に揺らしたり、右手を横に突きだしたりしていましたが、しばらくするとまわりの友だちや保育士がバンザイする様子を見て、バンザイの仕草をするようになりました。

こちらの声かけにあまり反応を返してくれない場合でも、かかわりの際にはできるだけことばがけを行うようにします。物の名前をはっきり、ゆっくり言いながら示したり、挨拶の仕方なども日常的なかかわりのなかで工夫しながら伝えていけるとよいでしょう。

シーン2：給食

給食の時間はみんなと一緒に着席させ、食べている最中も「お水が欲しい？それともトマト食べる？」など、声かけの量を多くするよう心がけました。ミドリは興奮すると手に持っていた物を上下に力いっぱい振る癖があったため、その癖が落ち着くまでは箸などの尖った物は持たせず、ぶつかっても危なくないスプーンや先の丸いフォークなどを付き添いながら持たせるようにしました。

黙々と食事をするときもあれば、思うようにいかないと急にかんしゃくを起こして食器を机に叩きつけたり、食器を振り回したりしてしまうことがあったため、自分と友だちに

怪我を負わせないために、座らせる場所に気をつけました。友だちと一緒に食事を楽しんでいる雰囲気を損ねない程度に、少しだけ机と机の間に隙間をあけ、机を円の形に並べて、両隣の子どもに手が当たらないようにしました。

シーン3：トイレットトレーニング（オムツはずし）

　ミドリはまだトイレットトレーニング（オムツはずし）を開始していませんでしたが、園での生活ぶりを見ても、随所に彼女なりのこだわりがあることがわかったため、一度嫌がると、その後トイレに行きたがらなくなってしまう可能性が考えられました。そこで、排泄に関してはどのタイミングで行うかを保護者と相談し、家庭での取り組みと同じ時期にトレーニングを開始する計画を立てました。その際に使用するおまるや環境は、ミドリの様子を見ながらいろいろ工夫していくことになりました。ただ、友だちがトイレに行くタイミングでは必ず声をかけ、無理強いにならない程度に一緒にトイレに足を運べるよう促しました。

　ほかの子どもが気にしないことでも、こだわりのある子どもにとっては気になってしまうことがあるのだということを理解しましょう。例えば、トレーニングを行うのはおまるがよいのか水洗トイレがよいのか、トイレの便座にはカバーがあった方がよいのかない方がよいのか、便座は温かいほうがよいのか冷たいほうがよいのかなど、いろいろ試行錯誤できるポイントはあります。トイレットトレーニング（オムツはずし）はまだ先になるとしても、ほかの子がみんなでトイレに行く時間になったら、たとえ用がたせなくても嫌がらない限りは一緒にトイレに連れて行ったり、おまるの近くまで一緒に行って、その場に参加させることも大切です。ほかの子がトイレやおまるで用をたしている様子をさりげなく見る経験も、その子どもにとっては学習の機会になります。

シーン4：自由遊び

　自由遊びの場面では、様子を見つつ、ときおりミドリの1人遊びにほかの子どもを参加させてみる試みをしました。元気がよく活発な子はマイペースな遊びに飽きてすぐどこかへ行ってしまうことが多かったものの、落ち着いた遊びが好きな子の何人かは、ミドリが黙々と棒状のおもちゃで遊ぶ横で一緒に同じ遊びに取り組んだり、時には棒を渡してあげ

| 0歳児 | 1歳児 | 2歳児 | 3歳児 | 4歳児 | 5歳児 | 6歳児 |

るなどのかかわりをしていました。まだ1歳6か月ごろなので一緒に遊ぶことは難しいですが、まわりに友だちがいる状況でも、自分なりのペースで活動ができるようになってきました。

いきなり集団のなかに入ってほかの子どもとかかわるのが難しい場合は、ミドリのように、その子がすでに行っている遊びにほかの子を誘うという方法を試してみるのもよいでしょう。子どもにもそれぞれ個性があり、子ども同士の相性があります。誰とだったら仲よく楽しく遊べそうかということを見極め、まずは仲良しの友だちを数人つくってから、より大きな集団のなかへと慣らしていくのもよいでしょう。

④ ミドリのその後

園での午睡を安定させるため、保育士は保護者と話しあい、ミドリが気に入っているタオルケットを園での午睡用に持って来てもらうことになりました。タオルケットがないときは布団に横になろうとすらしなかったミドリですが、保育士がタオルを見せながら誘うと、しばらくタオルをいじりながら布団に横になることができるようになってきました。最近は、少しウトウトした表情も見せるようになったため、この取り組みを続けていれば、みんなと同じように午睡ができるようになる日も近そうです。そうした変化に伴い、家庭でも夕方遅くに眠ってしまうということも減ってきたそうです。父親の帰宅時間に関しては、仕事の都合でどうにもできない部分もありますが、父親が帰宅する前にできるだけミドリを就寝させるようにしているそうです。

睡眠時間の調整と同時に、食事に対するアプローチも行っていきました。給食の時間には、保育士がそばについて好きなものを口に入れるのと交互に、「ミドリちゃん、これも食べてみようか」「こっちを一口食べてから、またお肉を食べようね」などと言いつつ、無理のない範囲で野菜などを食べさせるようにしています。葉もの野菜はまだあまり口にしませんが、給食で何気なく口にしたミニトマトをとても気に入り、家でもよく食べるようになったそうです。ただ、あまりに好きすぎて自分の分を食べ終わってしまった後、ほかの子どもの皿に載っているミニトマトが目に入るとそれがどうしても欲しくなってしまうことがあるようなので、ほかの保育士と連携して気が散りそうなものは食事中に目に入らないよう、ミドリの座る机の位置などを工夫して対応することになりました。

登園と降園の際の声かけも毎日続けています。ミドリはまだ無言で手を振るだけですが、最近は朝も母親にバイバイの仕草ができるようになってきました。母親はそんな様子を見て、「この園に来てからすごく成長したねって、パパとも話しているんですよ」と

保育士に声をかけてくれました。
　「昨日は夜ご飯のとき、ミドリが自分から『いただきます』というふうに『ん〜ん！』と言いながら手を合わせてくれました！園でのお昼ご飯時の習慣が身についたのかな？」「昨日は夜ご飯を食べさせてお風呂に入れたら、すぐぐっすり寝てしまいました。園でいっぱい遊んできたのが楽しかったのかな…」と、母親は連絡帳にも家庭での様子や成長について気づいたことを書いてくれるようになりました。また、保育士とも笑顔で会話するようになり、休日に親子3人で出かけた話、職場の愚痴なども話してくれるようになりました。そんなある日、母親が「ミドリの性格とか、ミドリのよいところを伸ばす方法とかを知るために、今度、発達相談に連れて行ってみようと思うんです…。園でミドリくらいのほかのお友だちを見てても、やっぱりちょっとミドリは変わってるのかなって思うし…」と何気なく言いました。「私たちもミドリちゃんのことをもっとたくさん知りたいので、何かわかったらぜひ教えてくださいね」と、保育士もそれに対してさりげなく返事を返しました。

保育士

園生活を通してミドリちゃんが少しずつ変化していくことで、保護者にも変化が現れました。日々の積み重ねのなかで保育士を信頼し、いろいろなことを相談したり、話してくれるようになりました。生活リズムが整い、保護者の心身が安定することによって、ミドリちゃんの心身も落ち着き、次第に他者にも関心が向くようになってきました。これからも保護者との信頼関係を大切にしながら、ミドリちゃんの成長を支えていこうと思います。

確認してみよう⑥　ここまでのかかわりによって、ミドリと保護者それぞれにどのような変化があったでしょうか。気づいた点を書きだしましょう。

●ミドリの変化

___

___

___

| 0歳児 | 1歳児 | 2歳児 | 3歳児 | 4歳児 | 5歳児 | 6歳児 |

●保護者の変化

_____

_____

_____

☞ 考える際の手がかり

　気になる子どもの保育においては、保育者の力量がその子どものその後の育ちを大きく左右する可能性があります。複数の保育者が子どもにかかわる園という場においては、同じ子どもの行動や気質を取ってみても、それを「障害である」とする保育者もいれば、そうでない保育者もおり、園内でも意見が分かれることがあります。

　障害があることが明らかになっているのであれば、加配の保育者がつくことで人手を確保することができます。また、かかわる側の保育者もそのつもりでその子どもとかかわっていくことができます。しかし、診断がついていないグレーゾーンの子どもの保育の場合はそうはいきません。また、クラスを運営していくにあたり、グレーゾーンの子にだけかかわるということもできません。当該児の保護者はもちろん、クラスのほかの保護者や子どもたちとのかかわり方を工夫し、調整し、1人で抱えこむのではなく、園全体で子どもたちにかかわっていくという姿勢が大切です。

　特に年齢が低いうちは個々の発達にも個人差が大きいため、園に来た時点ですぐに障害の有無を判断することは難しいでしょう。まずは園での生活に慣れさせる過程で、その子どもの特性や得意不得意を見分けていくことが大切です。生活のリズムが整い、保育者との信頼関係が成立することで子どもの心身は安定し、その子ども本来の姿が見えるようになっていきます。また、これから先の子どもの発達を共に支えていくためにも、保護者の悩みや苦労を分かちあい、信頼関係を確立させていくことが重要であるということを理解しましょう。

　　まとめ／事例のチェックポイント

　　　ミドリ・生活のリズムが整ってきた

　　　　　・園で行っている挨拶などの習慣が身についてきた

　　　ミドリの保護者

　　　　　・ミドリの成長を感じとれるようになった

　　　　　・保育士を信頼して、コミュニケーションをとれるようになった

　　　　　・発達相談へ足を運ぶ意識が芽生えた

⑤ ミドリのケースにおけるキーワード

〈ワーク全体を通しての感想／気づいたこと〉
この章の事例とワークを通して学んだこと、感じたことをメモしておきましょう。

第3章

2歳児

　2歳の子どもは、周囲の未知の物に興味を示し、何でもやってみたくなる時期で、大人の言うことを無視してよく動き回ります。また、2歳はことばの爆発期ともいわれ、月ごとに新しいことばが増えていく時期です。ことばが遅いのは、個人差の範囲内であると思っていても、まわりの子どもがことばでのやりとりが成立する場面を見て、子どもの発達の遅れを心配する保護者が出てきます。ことばだけに注目するのではなく、子どもの全体の発達を注意して見ていくことが必要になってきます。定型発達の子どもの成長・発達を理解して、発達障害のある子どもの発達の遅れ・偏りを学び、かかわり方を考えてみましょう。

基礎理論編

1 2歳児の発達

（1）運動の発達

①粗大運動

　2歳の子どもの身長は約85cm、体重は約11kgまでに成長し（図3-1）、突きでていたお腹はすっきりとして、もう赤ちゃんの体型ではなくなります。足取りも安定し、遠くまで歩くことができ、少し前かがみの姿勢で走ったり、ジャンプができたり、斜面をよじ登ったりと、活動範囲が広がっていきます。階段は足を交互に出して昇ること、両足を揃えて降りることができるようになり、2歳後半になると足を交互に出して降りることができます。三輪車はこげなくても、両足でペダルを上から下まで踏んでみたり、そこからは足で地面を蹴ってみたりして少し進むことができます。利き足が決まり始め、片足立ちも左右どちらの足を上げてもできるようになります。横歩き、後ろ歩き、つま先歩き、かかと歩きなど、基礎的な運動能力が増してきます。

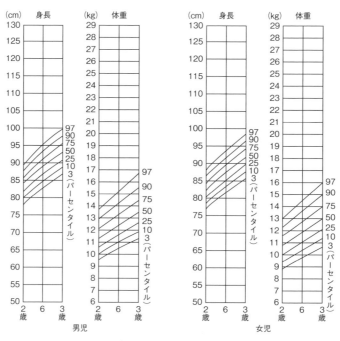

図3-1　2歳児の身体発育曲線（身長、体重）
厚生労働省雇用均等・児童家庭局母子保健課（2011）．平成22年乳幼児身体発育調査より作成

| 0歳児 | 1歳児 | **2歳児** | 3歳児 | 4歳児 | 5歳児 | 6歳児 |

②微細運動

　指先の機能が発達し、細かい動きができるようになります。のりづけができ、積み木をたくさん積むことができ、絵本を自分でめくることができます。お絵描きは、1歳後半では調整運動がうまくできずに肩を軸に腕全体を使って短い線や点を叩きつけるなぐり描きでしたが、2歳の子どもは肘を軸に動かし横線を描き、手首を調整できる段階になると円を描けるようになります。この時期の子どもは動き自体も楽しんでいますが、何かを表現しようという意図も芽生え始めてきます。

（2）認知・社会性の発達

①認知

　自分で絵本をめくって話を思いだすことができるようになります。2歳6か月ごろになると「たくさん」の反対概念の「少し」、「大きい」の反対の「小さい」、「長い」の反対の「短い」などの区別ができ、物が2つの相反する性質をもつことを理解し始めます。「○○だから○○だよ」というように物事の因果関係がわかるようになり、目に触れる物や聞く物について、ことごとく「これなーに」「どうして」などと質問し、納得できるまでたずねます。「またね」「あとでね」などの時間の概念がわかるようになります。2つまでの数がわかり、「2つちょうだい」に対して物をほぼ正しく渡せます[1]。

②社会性

　子どもの発達には、年齢や立場がほぼ等しい子ども同士のかかわりが重要です。1歳前後の子どもも同じくらいの年齢の子どもに興味はありますが、1歳6か月ごろになって相手に働きかけるようになり、3歳くらいになると大人とのやりとりが減り、子ども同士でのやりとりが増えていきます[2] [3]。

　この時期の子どもは、自分の取り組もうとすることの意図をしっかりともち、自己主張が強くなります。これまで保護者や保育者の言うことに素直に応じていた子どもが、大人が手を出そうとすると払いのけて、「自分で」「いや」と自分の意思を通そうとする様子が見られます。いわゆる第一反抗期ともいわれる時期に入っていきます。子ども同士のやりとりのなかでも、自分の要求を押し通す面が強いため、トラブルが多く見られます。

③ことば

　語彙数は2歳で200語、2歳6か月で400語、3歳までには1,000語と増え、ことばの爆発期を迎えます。目、耳、鼻、口、腹などの身体の主要部分がわかります。「マンマチョウダイ」「ワンワンイッタ」など2語文もかなり話せるようになります。2語文は単に単語をつなげて言うようになるのではなく、「パパ、かいしゃ」という文には「パパ」という主体と「かいしゃ」という目的地へ行ったという意味が込められており、文法的な構造が現れ、言語の発達は質的に大きく飛躍します[4]。「でんしゃがないよ」と助詞をつ

けて話すことができ、「なに」「どこ」「だれ」などの疑問詞を理解します[5]。「いただきます」「ごちそうさま」「いってらっしゃい」などの簡単な挨拶が言えるようになります。

（3）基本的生活習慣の発達

①食事

　座る場所が決められていれば、「いただきます」をするまで待てます。乳歯が生え揃い、食事はほとんどの物が食べられるようになります。両手の協応運動が発達し、2歳6か月～3歳の子どもの約75％がスプーンと茶碗それぞれ別の手に持って食べられます[6]。自分でやりたい気持ちも育ち、すくった物をこぼさずに自分で食べ、助けはほとんどいらなくなります[7]。食器を運ぶ、スプーンを並べるなどの手伝いができるようになります。

　幼児期の子どもの70％に好き嫌いが見られますが、発生する時期が2歳6か月から3歳の第一次反抗期の時期に最も多いことから、自我の確立が食べ物の好き嫌いに影響していると考えることができます。その後、年齢に関係なく60％以上の子どもに好き嫌いがあることから、いったん発生した好き嫌いは幼児期のうちには直りにくいことがわかります[8]。

②睡眠

　午睡は午後の1回になり、まとめてぐっすり寝ることができるようになります。睡眠の準備やパジャマの着替えなど1人でしようとします。時には保育者を求めますが、大体は1人でも眠れるようになります。気の合った友だちと一緒に眠りたい子どもも出てきます。

③更衣・排泄・衛生

　2歳の子どもの90％以上が自分で服を脱ごうとします。衣服の前後が少しずつわかるようになり、衣服を自分で着ようとします。2歳を過ぎると手伝いを必要とせずに自分で袖を通すことや、靴を1人ではくこともできます[9]。

　1回の尿量が多くなり、排尿の間隔はおおよそ1時間半から2時間くらいと長くなります。排尿後の通告はことばが増え始める1歳6か月を超えると増加し、2歳6か月には90％近くの子どもが通告できるようになります。排便はだいたい1日1回で時間も決まり、排便後の通告もできるようになります。1人で手洗い、うがいができるようになります[10]。

④遊び

　遊びの形態は、①何もしていない、②1人遊び、③傍観者的行動、④並行遊び、⑤連合遊び、⑥協同遊び、の6段階に分類できます（表3-1）。基本的にはこの順序で発達しますが、必ずしも順番通りとは限りません。時に複数の段階が混在します。2歳の子ど

| 0歳児 | 1歳児 | **2歳児** | 3歳児 | 4歳児 | 5歳児 | 6歳児 |

もには1人遊びが多く見られ、連合遊びや協同遊びは年齢があがるとともに増加していきます[11) 12)]。

表3－1　遊びの形態

分類	内容
①何もしていない	そのときに興味あることを眺めている。目を引く物がなければ、ぶらぶらしているというような行動
②1人遊び	近くで遊んでいる子どもが使っている物とは異なるおもちゃで1人で遊んでいる
③傍観者的行動	他児の遊びを見ている。声をかけたりはするが、遊びそのものには入らない
④並行遊び	子どもは独立して遊んでいるが、他児の用いるおもちゃに似たおもちゃで遊ぶ。おもちゃを用いて行う活動は、他児に影響されない
⑤連合遊び	他児と遊ぶが、基本的に子どもは自分のやりたいようにやっており、自分の興味をグループに従属させることはない
⑥協同遊び	何らかの目的をもとに組織されたグループで遊び、仕事や役割の分担がある

内田伸子・臼井博・藤崎春代（1991）．ベーシック現代心理学2　乳幼児の心理学　pp. 100-101 を参考に作成

　2歳の子どもは同じ年齢の子どもの友だちを欲しがり、一緒に遊ぶまでになります。いざこざのほとんどはおもちゃの取りあいや遊びの場所を分けあうことができないことが原因です。自分の気持ちをはっきりと出せても、相手の気持ちを汲み取ることができず、なかなか相手に譲ることができません。また、誰に優先権があるかといったルールをおぼろげながらも理解していますが、物や場所の使用について分けあう、順番で使用するなどのルールを利用できないことでいざこざになります[13)]。しかし、喧嘩になり保育者に泣いて訴えてきても、すぐに仲直りして一緒に遊ぶこともできます。

2 2歳児の発達に見られる遅れ・偏り

（1）運動の発達

①粗大運動

　1人で階段を昇れない、走れない、走り方に問題のある子どもは運動発達に遅れがあります。腰を振って走るのは下肢が片足で体重を支えられない走り方で、ドタドタという印象を与え、筋疾患のある子どもに見られます[14)]。

②微細運動

　本のページをうまくめくれない、スプーンを用いて食べられない、折り紙を2つに畳めない、手本を真似て円を描けないなどの手の不器用さが見られるときは、握りやすいものに変える、手を添えて介助するなどの工夫をしましょう。

（2）認知・社会性の発達

①認知

　1つ・2つの数がわからない、赤・黄色のチップを色別に分けられない、大きい・小さいの区別ができない、丸・三角・四角などの形を見分けることができないときには、全体の発達も合わせて様子を見ていきましょう。

②社会性

　2歳半くらいになると、大人とのやりとりが減り、子ども同士でのやりとりが増えていくなかで、自閉症スペクトラム障害のある子どもは人とのかかわりやコミュニケーションに課題が見られます。目が合いにくい、身振りや目の動きで自分の関心を伝えようとする非言語的なコミュニケーションが見られない、人と役割交代をすることへの関心が乏しいことから話が一方向的で会話になりにくい、人と一緒に遊ぶことへの関心が乏しく、独りでいることを好む傾向があります[15]。自分の名前に対しての反応が薄く、関心のある物を示されて一緒に活動することを誘われたときでさえ、自分の関心や楽しみに没頭してほかの人とかかわろうとしません。ふり遊びではモデルを直接示されたときでさえ、これらの遊びをするのが難しいなどの特徴があります[16]。

③ことば

　2歳を過ぎて発語する子どももいることから、ことばの発達には個人差があります。子どもが周囲からの働きかけや刺激を受け止められない発達上の問題があると、ことばの発達は遅れてしまいます。発語がなかなか見られない子どもには、ことばの遅れだけに注目するのではなく、運動発達の経過や保育者と関係が成立するかなど、発達を全体的に見ていくことが大切です。

　ことばを理解していれば、言える単語が数個でも、3歳までに急激にことばが増えてきます。しかし、3歳までに言えることばが増えない子どもは、言語の理解に遅れがないか注意して見ていく必要があります[17]。

　「りんご」を「○○ご」と単語の語尾しかしゃべらない子どものように、ことばを理解していてもうまく話せない子どもには、本人がしゃべりたくなるような雰囲気にしながらゆっくり聞いてあげるようにします。しゃべる努力を本人がしているときは、脳内で単語の想起、文章の構築、口腔・咽頭・音声での発語のプログラム作成が行われています。これを繰り返すことで、言語表出するための脳内回路が発達してきます[18]。

| 0歳児 | 1歳児 | 2歳児 | 3歳児 | 4歳児 | 5歳児 | 6歳児 |

（3）基本的生活習慣の発達

①食事

　多くの子どもは食べ物に対する好き嫌いがあります。発達障害のある子どもは味に対する好みではなく、匂いや食感に対しての感覚の過敏が原因で食べ物を受けつけない場合があります。

　また、椅子に座り姿勢を保って食事をすることが苦手な子どもがいます。食べている途中で立ち歩いたり、身体の向きを変えたり、姿勢が崩れて椅子からずり落ちたようになることがあります。椅子とテーブルの高さがその子どもに合ったものかどうか確認をし、足が床に届いていないときは足台を床に置いて調整をしましょう。

②睡眠

　発達障害のある子どもに、睡眠リズムが整わない子どもが見られます。午睡の時間になっても寝つきの悪い子どもがいます。特定の友だちの隣であれば寝ることができても、特定の友だちの隣に行けないと午睡をすることができなくなることもあります。少しの変化に適宜適応することが苦手であることが原因としてあります。

③更衣

　発達障害のある子どもに、両手の協応運動がうまくいかないことからボタンを上手に掛けることができない子どもがいます。脱ぎ着しやすい服を用意することは、集団活動に遅れを取ることがないようにするには有効であるものの、ボタンを掛ける練習ができないことから、その子どもの手先の発達を考慮した洋服を選ぶことが望ましいです。

④遊び

　発達障害のある子どもに、興味や関心が狭く、特定の物にこだわる特徴をもっている子どもがいます。こういった特徴は遊びの場面で顕著に現れます。例えば、同年代の友だちに関心を示さず、1人で遊ぶ姿が見られます。これは、同年代の子どもとのかかわりは予測が立てられないことが多いことから、気持ちが不安定になりやすいことが原因としてあります。友だちと一緒に遊べなくても、近くにいて同じような遊びができていたり、砂場に一緒にいられるようであれば様子を見ていきます。

　また、興味の対象が限られていることから、遊びも1つに執着する行動が見られます。電車をきれいに一列に並べたり、色や形によって分類し整列することに熱中して遊ぶ姿が見られます。積み木をただ積みあげて崩れるということを繰り返す、バケツに水を入れる行為を繰り返す、電車をひっくり返して車輪がぐるぐると回るのをじっと見るなどの変わった行動にも受け取れることを繰り返し、そこから遊びは広がっていきません。その遊びをやめさせようとすると、かんしゃくを起こしたり激しく抵抗したりすることがあります。

しかし、こだわりの強さは発達障害のない2歳の子どもにも見られます。こだわりの強さは物を厳密な方法できちんと並べることを好む「きっちりその通り行動」や、毎日同じスケジュールを取ることを好むような反復的行動／同一性の固執などに見られます。3歳になると徐々にこれらの行動は減りますが、自閉症スペクトラム障害のある子どもは年齢があがるにつれてこれらの行動が繰り返し見られ、増加の傾向は5歳ごろまで続きます[19) 20)]。

　発達障害のある子どもに、遊びを終わらせずには次の活動へ移行できない子どもがいます。そういった行動も子どもに特有のこだわりがあると、関心の向いた活動や遊びに没頭しやすく、それを中断して次の活動へ切り替えができにくかったり、次の活動の見通しがつかないことから不安になることが考えられます。終わりの時間になる前に、個別に次の活動の絵カードを示しながら「次は○○よ」とことばをかけることや、残りの時間の量を視覚的に示すタイムタイマーなどを活用してみましょう。視覚からの情報の理解の方が、ことばによる情報の理解より優れている子どもには有効です。

（4）保護者支援について

　発達障害の疑いのある子どもは、集団保育のなかで発達の遅れや偏りなどの障害特性が目立ち始めます。保育所だけでは障害のある子どもとその家族を支えることに限界があり、地域の専門機関と連携を取りながら保育をすることが望ましいです。しかし、幼児期の子どもの発達は個人差が大きく、気になる子どもに発達障害があると決めつけるには、慎重にならなくてはなりません。また、保護者はその子どもの発達障害からくる行動にうまく対応できずにとまどい悩んでいても、子どもの行動はこの時期によくあることで、成長するにしたがって次第に落ち着いてくると期待している場合があるでしょう。こういった場合は、将来的には保護者が子どもの発達の遅れに気づき、専門機関に支援を依頼することを視野に入れながら、子どもの気になる行動にどのように対応するのが望ましいのか、家庭でも取り組める適応的にかかわる方法を伝えてみましょう。

　注意欠如・多動性障害のある子どもは、家庭では食事の途中で席を離れる、外出先では保護者のそばを離れて勝手に動き回る、衝動に駆られて突き動かされるような感じがしてじっとしていることができないなどの動きが見られます。また、我慢ができずにかんしゃくを起こしたり、ほかの人の邪魔をしたり、割りこんだり、トラブルの原因となる行動が見られます。保護者はその行動に対して禁止したり、叱ることが多くなりがちです。適切なかかわり方は、行動を抑える対応ではなく、危険がない限り見守り、適切な行動ができたときには思いきり褒めることです。「やめなさい」「ダメ」「何度言ったらわかるの」といったことばは、何をするのかが具体的に示されていないため、子どもはどう行動したらよいかわかりません。「このおもちゃをこの箱に入れようね」と具体的に伝え、望ましい行動ができたときはその場で褒めてあげます。次の活動に移れない子ど

もへの対応は、事前にこれから何をするのか、いつまでするのかを伝えるようにします。その際は、腰を落として子どもの目線に合わせて伝えましょう。時間を視覚的に捉えられるアナログ式キッチンタイマーや時計を利用して、事前に終了の時間を予告してみることを保護者に勧めてみましょう。

　発達障害のある子どもは視線が合いにくい、手をつなぎたがらないことがあります。目が合わない、手をつなぎたがらないからと、そのままで過ごすのではなく、視線を合わせるためににらめっこをしたり、物を子どもに手渡すときは物の延長線に視線が入るように顔の近くから手渡すようにします。身体に触れることを嫌がる子どもはおんぶや抱っこをしたり、身体に触れる遊びを少しずつ取り入れて、親子でかかわることを勧めてみましょう。

　子どもに対して一瞬たりとも目を離せない、こだわりが強く育てにくいといった悩みをもつ保護者には、頑張って子育てしていることをねぎらい、寄り添うことから始めましょう。まずは保護者との信頼関係を築くことが優先です。

子ども同士のかかわり

　発達障害のある子どもは、子ども同士の遊びのなかに入ることが苦手なことがあります。ほかの子どもたちが遊んでいるのを離れたところから見ているだけのことばが少ない子どもに対して、保育者はどのようにかかわるといいのでしょうか。

　子どもの遊びには発達段階があります（表3-1）。その子どもが今どの発達段階にいるのかを見極めることが必要です。1人遊びの段階の子どもには、ほかの子どもと遊びたいと思っていないのに無理に遊ばせるより、まずは保育者と個別のかかわりをすることによって、人とのやりとりが楽しいと思う体験をさせましょう。興味がある物、もしくはこだわりのある物を使って、まず保育者と少しでもやりとりができるようにします。例えば、電車が好きであれば電車のおもちゃや絵本を用いてやりとり遊びをしてみます。

　友だちに自分から声をかけられずに一緒に遊べないでいる子どもには、すでに遊んでいる子どもたちの輪に入れてもらう方法を伝えてみるのもいいでしょう。遊びの参加の許可をもらうのに「入れて」という便利なことばがあります（関東では「入れて」、関西では「寄せて」などと地方によって表現が違います）。保育者が遊びに入れてもらう方法をその場でやって見せて、子どもに伝えてみます。

　保護者間の連携としての取り組みは、保育者が個別の対応が必要な子どもとどういったかかわりをしたのかを記録に残し、情報を職員間で共有するようにします。シフト制の保育者にも記録を活用することができます。

ケーススタディ編

プロフィール

ココロ（2歳）
女児／6月3日生まれ／生活年齢2歳10か月

- ●家族　　5人暮らし／父親（30代前半・公務員）／母親（20代後半・産休中・妊娠中・4か月後に出産予定・体調不良で入退院を繰り返している）／父方祖父（50代後半・公務員）／父方祖母（50代後半・専業主婦）／母方の親戚は地方在住
- ●住居　　郊外にある2階建て一軒家（半年前から父方祖父母の家で同居）。それまでは都心部のマンション
- ●出生時　体重2,330g／母乳で育つ／母親は妊娠中に1か月ほど切迫早産で入院。妊娠34週目に緊急帝王切開／妊娠中の羊水検査でダウン症の告知を受ける
- ●出生後の発達　首すわり8か月／1人歩き1歳8か月／初語2歳3か月（「まーま」（ママ）、「ぶー」（牛乳）、「じゅっちゅ」（ジュース））
- ●その他　生まれつき心臓に穴が空いており、それを塞ぐ手術を現在までに3回受けている（現在は経過観察中）／月に3～4回地元の療育施設で言語や身体活動関係のトレーニングを受けている／おっとりしていておとなしく、自発的発語はあまり見られない
- ●現在の発達　身長75cm／体重10kg

確認してみよう①　発達を3ページの図1-1の身体発育曲線や表1-1の運動機能通過率、および78ページの図3-1の身体発育曲線に当てはめ、解説を参考にしながら確認しましょう。

| 0歳児 | 1歳児 | 2歳児 | 3歳児 | 4歳児 | 5歳児 | 6歳児 |

●生まれたときから現在までの様子

・出生時の体重：

・首すわりなどの時期：

●現在の発達

・身長：

・体重：

☞ 考える際の手がかり

　子ども自身の心身における各発達のほか、母親の妊娠中や分娩時の様子についても確認しましょう。保護者が子どもの障害に気づいた時期や受容の過程なども、今後、保護者とかかわっていく際の手がかりとなります。

😊 ココロの場合

　身長が通常よりも低めですが、これはダウン症によく見られる特徴の1つです。生まれてすぐに心臓の手術をしており、発達もゆっくりであることから、保育においても特別な配慮が必要でした。

確認してみよう② 　　ココロの成長を支えるうえで利用可能な資源を整理しましょう。

●人的資源

●環境資源

基礎理論編

ケーススタディ編

87

☞ 考える際の手がかり

　人的資源と環境資源の2つの側面に注目しながら、子どもが置かれている状況を整理してみましょう。祖父母と同居している場合、家事や育児、送迎などの協力を得られる状況かどうかを確認します。また、父親の仕事の状況や育児参加の程度、近所との付きあいについても情報を集めるとよいでしょう。療育施設に通っているのであれば、その施設の職員との連携を取りつつ子どもの成長をサポートしていく必要があるため、所在地のほか、受けている療育の内容や担当者との連絡方法も確認しておきます。

😊 ココロの場合

　母親が現在妊娠中で入退院を繰り返していることから、祖父母との同居は家事と育児を手伝ってもらうためというのが大きな理由でした。また、母親が体調不良の際などは、祖母が代わりに園への送迎を行うということもわかりました。母親は4か月後に出産を控えているため、出産直前や直後における保護者との連携についても、事前にある程度相談しておく必要があることを確認しました。

①ココロの園生活

　ココロは生まれつき障害があることがわかっていたため、入園前面接の際にココロの母親から保育士に対していくつかのお願いがありました。障害児保育においては、園で生活を送るなかで特別な配慮をする必要性が顕在化してくる場合もあれば、このように事前に保護者から特別な配慮を依頼されることもあります。以下は、ココロの入園前面接の際に保護者が語っていた内容です。

シーン1：保護者からの伝達事項

①ココロの保育で気をつけるべき点

　事前にお伝えしてある通り、ココロはダウン症で、生まれてすぐに心臓の手術をしています。心臓は現在経過観察中なんですが、かかりつけのお医者さんからは感染症に気をつけるように言われているので、園での生活に慣れるまでは衛生面や体力面に気をつけていただけたらと思います。あと、同年齢の子に比べると身体も小さくて体力もあまりなくて、ちょっと無理するとすぐに熱を出してしまうので、様子を見ながら活動に参加させていただけるとありがたいです。本人は楽しくなってくると夢中になってしまうことがあって、「まだ平気」とか「もっと遊ぶ！」って言うこともあるのですけど、それで言われるままに

| 0歳児 | 1歳児 | 2歳児 | 3歳児 | 4歳児 | 5歳児 | 6歳児 |

遊ばせていると、後でぐったりしてしまったりするので。できれば途中でやめさせたりしないで思いっきり遊ばせてあげたいと思うのですが、やっぱり心配で…。もう少し身体が大きくなれば体力もついてくるかなと思うのですけど…。

②ココロの保護者の不安

　体力があまりないのと性格的にのんびりなところがあるので、集団生活のなかで付いていけるかとか、毎日楽しく過ごせるかとか、少し心配しています。人見知りはしないですし、優しい子なので、同じような性格のお友だちができたらいいなと思っているのですが…。今、通っている療育施設では知的発達の遅れが指摘されているので、それでちょっといじめられたり、仲間はずれにされたりしないか心配しています。あと、ことばは理解しているんですが、発音が悪くて本人の言っている内容がたまに聞き取りづらいことがあります。なので、そういった点で、お友だちとの話に付いていけなかったりからかわれたりして、それがきっかけで引っ込み思案になったりしたら困るなと思っています。園の先生方を信頼していない訳ではないのですけど、同じ療育施設に通っている小学3年生の同じダウン症の子の親御さんがそういう話をしていたので…。あとは手がちょっと小さめなので、あんまり重い荷物は持てなかったり、細かい作業ができなかったりします。握力も弱めなので、タオルをしぼったりするのも上手にできません。まだ2歳なので年齢的にまだ難しいだけかもしれないですけど…。

アクティブラーニング1　　（難易度★☆☆）

シーン1で語られた内容を読み取り、得られた情報を整理しましょう。

〈ワークのねらい〉

・発言文を読み、要点を見つけだす
・他者と自分の気づきを比較することで視野を広げる
・要点を簡潔な文にまとめる

〈ワークのすすめ方／所要時間の目安・計25分〉

手順	ワーク内容	所要時間
①説明・準備	「ワークのねらい」と「ワークのすすめ方」を確認する。ワーク内容を確認し、2〜3人で1つのグループをつくる	4分
②ワーク1 個人作業	まずは話しあわずに1人でシーンを黙読し、「ココロの保育で気をつけるべきところ」「ココロの保護者が心配しているところ」「ヒントになると思われる発言」にアンダーラインを引く	5分

89

③ワーク2 意見交換	グループ内で、お互いにアンダーラインを引いた箇所を見比べる。自分が気づいていない箇所をクラスメイトが指摘していた場合、その箇所に波線を引く。その際、なぜそこが気になったのかをお互い簡単に説明する。クラスメイトの視点を参考にしつつ、「保育で気をつけるべきところ」「ココロの保護者が心配しているところ」欄に箇条書きにしてまとめる	8分
④感想・自己評価	やりとりをしてみて考えたこと、感じたことを「学んだこと／感想」欄に記入する。ワークをどのくらい積極的に行えたかを自分で評価し、あてはまるものに○をつける	3分
⑤まとめ	「ワークのねらい」を振り返り、自己評価する	5分

〈ワーク〉

入園前面接時の保護者からの伝達事項から、以下にあてはまることを書きだしましょう。

●ココロの保育で気をつけるべきところ

_____

_____

_____

_____

●ココロの保護者が心配しているところ

_____

_____

_____

_____

☞ 考える際の手がかり

　ダウン症の子どもの保育にあたっては、一般的な特徴や注意点を把握しておくことはもちろん、その子ども特有の特徴や注意点に気を配ります。医療的なケアが必要な場合もあるため、いざというときの対応の仕方や主治医については正確に整理し、保護者に確認をしておきましょう。入園前面接は、保護者の子どもに対する発達期待や保育者や園に望んでいること、抱えている不安などを知る機会でもあります。そうした保護者の期待や不安は園で情報共有したうえで、日々の生活のなかでサポートしていくように心がけましょう。

| 0歳児 | 1歳児 | **2歳児** | 3歳児 | 4歳児 | 5歳児 | 6歳児 |

☺ ココロの場合

　ココロの保護者は、ココロが集団生活に付いていけるかどうかを特に心配していました。そのため、連絡帳などではできるだけココロが集団のなかでどのように過ごしていたかを詳しく伝えるよう心がけていきました。また、体力や感染症についても心配していたため、保育中に無理をさせないように注意しつつ、どの程度の配慮が必要かということに関しては、そのつど保護者と相談して決めていくことにしました。保護者と話しあって決めた内容については職員間で情報を共有し、園全体でココロの成長を見守れるような体制を整えました。

　まとめ／事例のチェックポイント

　　気をつけるべき点

　　　・感染症に注意（特に衛生面に気をつける）

　　　・体力に注意（本人が遊びたがっても無理をさせない）

　　保護者の心配

　　　・友だちにいじめられないか

　　　・友だちから仲間はずれにされないか

　　　・クラスに付いていけるか

　　（心配している理由）

　　　・性格がのんびりしているため

　　　・知的発達の遅れが指摘されているため

　　　・動作がゆっくりなため（特に力のいる作業、細かい作業が心配）

　　　・発音が聞き取りづらいことがあるため

　　　・同じ障害のある子どもの保護者の話を聞いて不安になったため

〈学んだこと／感想〉

_____

_____

_____

〈今回のわたしの取り組み〉振り返って、あてはまるものを〇でかこみましょう

　　　とてもよくできた　　　　　よくできた　　　　もう少しがんばれる

シーン2：自由遊び

　　ココロは自由遊びの時間も基本的にはニコニコと機嫌がよく、あまり自分から要求や欲求をアピールすることはありません。そのかわり、誰からの働きかけもないと、ニコニコしながら床に座ってみんなが遊ぶ様子をただジッと見つめているだけのこともあります。

　　おもちゃのなかではカラフルなやわらかいボールが好きで、たまにそれを保育士と転がしあって遊ぶことがあります。ココロがボールで遊んでいる最中、一度友だちがそのボールを取ろうとしたことがありました。その際、ココロは「やよ！」と大きな声で拒否し、そのボールを取り返すことができました。ただ、自分から友だちに声をかけたり、一緒に遊ぼうとしたりする様子はまだありません。保育士がほかの友だちを誘って複数人でボール転がしをするときなどは、ほかの友だちとも一緒に遊ぶことができ、ココロはうれしそうな笑顔を見せます。

　　あまり自分から遊びたいおもちゃや遊びを言うことはありませんが、保育士から「ココちゃん、このパズルで遊んでみる？一緒にこれやろうか？」と問いかけると「ん」と返事をし、1つのおもちゃで機嫌よく遊びます。ただ、遊びも作業も集中が続くのは5分弱で、しばらくすると「ふぅー」とため息をついて、そのおもちゃで遊ぶのをやめてぼんやりと宙を見つめていたりします。「ココちゃん、疲れちゃった？もうやめる？」とたずねると、「んー…」と首をかしげます。「これ、もうちょっとやりたい？」「んーん？」「それとも、別のをやる？」「んん…」「ちょっと疲れちゃったかな？」「んー…」こんなやりとりが続くこともあります。ココロの反応が鈍くなってきたときは、保育士はできるだけココロに無理をさせないようにし、ときには少し横にならせたりしますが、暑い日などは床の冷たい部分に寝転がって、いつのまにか眠ってしまっていることもあります。

アクティブラーニング2　　（難易度★☆☆）

ココロの遊びの場面に対し、保育士としてはどのような配慮ができるでしょうか。また、あなたであればどのような働きかけをしてみたいと思いますか。

〈ワークのねらい〉

・場面描写を読み取り、そこから配慮しなくてはならない事項に気づく

・自分の意見のよいところに気づく

・他者の意見のよいところを見つけ、評価する

・自分なりのアイディアを考えることで積極性や想像力、工夫する力を養う

| 0歳児 | 1歳児 | 2歳児 | 3歳児 | 4歳児 | 5歳児 | 6歳児 |

〈ワークのすすめ方／所要時間の目安・計25分〉

手順	ワーク内容	所要時間
①説明・準備	「ワークのねらい」と「ワークのすすめ方」を確認する。ワーク内容を確認し、ペアをつくる	4分
②ワーク1 個人作業	まずは1人で考え、思いついた「配慮」「働きかけ」それぞれを箇条書きにする。それぞれ1つ以上は思いつけるように考える	4分
③ワーク2 意見交換・フィードバック	ペアの相手と意見を交換する。意見交換の方法は口頭でも、書いた文章を読んでもらうだけでもよい。意見を交換したら、相手の視点を評価してそれを「good!」欄に記入する。評価はよいところを探し、よくないところは指摘しない	7分
④感想・自己評価	やりとりをしてみて考えたこと、感じたことを「学んだこと／感想」欄に記入する。ワークをどのくらい積極的に行えたかを自分で評価し、あてはまるものに○をつける	5分
⑤まとめ	「ワークのねらい」を振り返り、自己評価する	5分

〈ワーク〉

シーン2を読み、あなたが思いつく内容を以下に書きだしましょう。

●わたしが気づいた配慮が必要な点

_____

_____

●わたしが思いついた具体的な働きかけの内容

_____

_____

---

good!

記入例：「ココロちゃんの集中力が続く5分以内に終えられるような遊びを考える」（○○さん）というのは、私は考えつかなかった視点なのでとてもよいと思った。

基礎理論編

ケーススタディ編

☞ 考える際の手がかり

　体力が少なめの子どもや病気がちな子どもに対しては、無理をさせないことを大前提にしつつ、できる範囲で発達を伸ばしていけるようなかかわりを考えていく必要があります。子どもにとっての遊び場面は、身体能力、言語性、社会性を育む大切な経験の場でもあります。積極的なことばがけを行うほか、その日の子どもの体調をよく観察しつつ、少しずつ体力をつけていけるよう、身体を動かす機会も取り入れていくとよいでしょう。

😊 ココロの場合

　まだ、まわりの友だちと自分からかかわるのは難しいようでした。しかし、複数人で遊ぶこと自体に抵抗はなく、むしろ大人数で遊ぶと笑顔を見せていたことから、保育士の方からほかの友だちを誘い、ココロを集団のなかに入れて、友だちと遊ぶ楽しさを体験できるよう働きかけるようにしていきました。そうするうちに、ココロと一緒に遊ぶ楽しさを理解したほかの友だちの方から、ココロに「ココちゃん、いっしょにやる？」と声をかけてくれるようになりました。また、ココロはボールを使った遊びが好きなことはわかっていましたが、それ以外の遊びについては、何に対してどの程度の興味をもっているのかがわからなかったため、無理させない程度にさまざまな遊びを体験できるよう、心がけていきました。通常であれば5分程度で疲れてしまうココロですが、友だちや保育士と一緒の遊びに夢中になると熱中して長く遊び過ぎ、翌日熱を出すことがあったため、それ以降は保育士の方から「ココロちゃん、そろそろ一回お休みしようか」と声をかけ、ココロの体調を見るよう、職員間での連携を徹底させました。特に暑いときは体力の消耗が激しい様子だったため、気温調整に気をつけていきました。

〈学んだこと／感想〉

_____

_____

_____

〈今回のわたしの取り組み〉振り返って、あてはまるものを○でかこみましょう

　　　とてもよくできた　　　　　よくできた　　　　もう少しがんばれる

| 0歳児 | 1歳児 | **2歳児** | 3歳児 | 4歳児 | 5歳児 | 6歳児 |

シーン3：給食とお弁当

　ココロは給食を食べるのがゆっくりです。食べ物をフォークに刺す動作も、口に運ぶのも、噛んで飲み込むのもゆっくりしているため、給食のときはいつも1人で最後に取り残されてしまいます。みんなが食べ終わっても、のんびりと食べ物をフォークでつついたりいじったりしていて、あまり急ぐ気配はありません。給食を最後まで完食できることはほとんどなく、「ココロちゃん、あんまりお腹すいてないのかな？」と保育士が聞くと、「んー…」とあいまいな返事をします。お昼どきになると疲れてくるせいか、エプロンをつける段階で、すでにウトウトしていたり、食事中に眠ってしまうこともありました。

　全体的に食は細めですが、パンが出たときは自分から手を伸ばし、小さくちぎりながら口に運んで半分くらいは食べることができます。ただし野菜は苦手な様子で、葉もの野菜は口にしようとしませんでした。「一口だけお味見してみない？」と保育士が促しても、「やーや」と言って食べようとしません。「どうしてこれが好きじゃないの？」と先生が聞くと「まっじゅ…っの」と言います。「まずいの？おいしくないの？」とたずねると、コクンとうなずきました。「でも、これはおいしいかもしれないよ？」と保育士が言うと「やよ。まっじゅ！」と言い、それでも保育士が促そうとすると、ブイッと食べるのをやめて席を立とうとしてしまいます。

　園では月に2回ほど、お弁当を持って来る日があります。その日のココロはいつも嬉々として小さなお弁当箱を取りだし、パクパクと完食します。小さめのお弁当箱には、ラップにくるんだサンドイッチやピックに刺したニンジン、うずらの卵などのおかずが彩りよく詰められています。

アクティブラーニング3　（難易度★★☆）

子どもが食事中に眠ってしまった場合、保育者としてはどのようなかかわりができるでしょうか。以下の2つの案について、メリットとデメリットを考えましょう。

〈ワークのねらい〉

・2つの立場からメリットとデメリットを考える
・自分なりの意見を文章化する
・自分の視点の長所に気づく
・他者の視点の長所を見つける

〈ワークのすすめ方／所要時間の目安・計30分〉

手順	ワーク内容	所要時間
①説明・準備	「ワークのねらい」と「ワークのすすめ方」を確認する。ワーク内容を確認し、3〜4人で1つのグループをつくる	4分
②ワーク1 個人作業	まずは話し合わずに、A案とB案それぞれのメリットとデメリットについて自分の考えをまとめる	6分
③ワーク2 意見交換・ フィードバック	グループ内で、お互いが書いた文章を見比べる。ほかの人の意見を読んだら、「good!」欄によかったと思うところを記入する。	10分
④感想・自己評価	やりとりをしてみて考えたこと、感じたことを「学んだこと／感想」欄に記入する。ワークをどのくらい積極的に行えたかを自分で評価し、あてはまるものに○をつける	5分
⑤まとめ	「ワークのねらい」を振り返り、自己評価をする	5分

〈ワーク〉

以下のそれぞれのメリットとデメリットについて、自分の考えをまとめましょう。

　A案：起こして食べさせた方がよい
　B案：起こさず寝かせた方がよい

●わたしが考えたA案のメリット

_____

_____

_____

_____

_____

●わたしが考えたA案のデメリット

_____

_____

_____

_____

_____

| 0歳児 | 1歳児 | **2歳児** | 3歳児 | 4歳児 | 5歳児 | 6歳児 |

●わたしが考えたB案のメリット

_____

_____

_____

_____

●わたしが考えたB案のデメリット

_____

_____

_____

_____

good!

記入例：「寝かせてしまうと生活のリズムが崩れる」（△△さん）というのは、確かにその通りだと思った。

_____

_____

☞ 考える際の手がかり

　食事中に子どもがウトウトしだした場合、保育者としては「A案：起こして食べさせる」「B案：起こさず寝かせる」の2通りの対応が考えられます。Aの場合、園での生活習慣に沿わせることはできますが、眠いのを無理に起こすことで機嫌が悪くなってしまったり、眠いために起こしてもきちんと食事をとることができなかったり、または寝ぼけながら食事をすることで誤嚥が起こる危険性も考えなくてはならないでしょう。Bの場合、子どもの機嫌を損ねる可能性は低くなり、また体力的な面から見ても無理をさせなくて済みます。ただし、子どもは昼食をとらない状態になってしまうため、後で昼食をとる時間を特別に確保する必要性が生じます。子どもに対して何らかの介入や対策を講じる際は、そのメリットだけでなくデメリットについても十分に考慮し、いくつかの代替案も同時に考えられるとよいでしょう。絶対にこうしなくてはならない、こうでなくてはならないという考えに縛られるのではなく、その子ども

の状態や状況を見極めて臨機応変に対応していくことが大切です。

　小食であったり、好き嫌いがある場合は、特に無理して食べさせることに対しては慎重になる必要があります。給食やおやつの時間は1日のなかでも特に楽しい時間であることが望ましいため、嫌がるものを無理に食べさせるようなかかわりは避けるべきでしょう。体調不良やストレスなどが原因で食べられなくなっている場合は別途対応が必要ですが、この時期の子どもの食べる量には個人差があります。園生活に慣れ、運動量が増えてくれば自然と食事の摂取量も増えていくと考えられるため、まずは「何をどれだけ食べたか」ということと同時に、「何をどのように食べたか」ということにも気を配れるとよいでしょう。食に関する指導を行う際は、できるだけ保護者と事前によく相談し、園でのかかわり方について保護者に了解を得るようにします。

ココロの場合

　食事中にウトウトする日が続いたため、保護者とその対応について相談しました。食事や午睡の時間に関しては家庭での生活リズムとの関係もあるため、時間をずらす必要が生じた際には必ずそのことを保護者と話しあいます。ココロの場合、昼の12時を過ぎると疲れて眠りこんでしまう傾向があったため、体力がつくまではみんなよりも少し早めに給食を食べさせ始め、その後で寝かせるということで、保護者との合意が取れました。

〈学んだこと／感想〉

_____

_____

_____

〈今回のわたしの取り組み〉 振り返って、あてはまるものを○でかこみましょう

　　　とてもよくできた　　　　　よくできた　　　　もう少しがんばれる

シーン4：午睡と衣服の着脱

　園では、午睡時にはそれまで着ていた服をいったん脱ぐことになっています。ココロはズボンやパンツの脱ぎはきはできますが、シャツの前後を正しく着たり、ボタンを掛けたりする動作は、まだサポートが必要です。ココロは眠さもあって服を脱がずにウトウトしてしまうため、保育士が衣服を脱がすのを手伝います。

　ココロはほかの子どもたちよりも早く寝つきます。いったん眠ると眠りは深く、午睡の時間が終わってもなかなか起きずに布団に寝転んだり、もう一度寝ようとモゾモゾしたりすることがよくあります。なかなか1人では起きあがらないため、保育士が声をかけて抱き起こすと、「ん」と言って返事をし、ようやくゆっくりと次の支度に入ります。起きたときは、着る服の前後をこちらでわかりやすくしてから手渡してあげると、ゆっくりした動作ではありますが、きちんと自分で服を着ることができます。

確認してみよう③　2歳児の着脱動作の習得をサポートするおもちゃや遊び、活動としてはどのようなものが考えられるでしょうか。園でできる取り組みのアイディアを考えましょう。

●おもちゃ

●遊び

●活動

☞ 考える際の手がかり

　2歳ごろから子どもは衣服の着脱に興味をもち始めますが、スムーズにボタンの掛けはずしができるようになるのは4歳以降だといわれています。かぶるタイプの服でも羽織るタイプの服でも、まだサポートが必要なことが多くありますが、子どもが自分でやりたそうな様子を見せた際にはさりげなくサポートし、やろうとした気持ちを褒めるようにするとよいでしょう。また、2歳ごろになれば脱いだ服をたたむ練習も始められます。脱いだ服を床にきれいに広げておいてもらえば、袖などの部分は折りたたむことができる子もいるでしょう。初めから完璧にできることはありませんが、脱いだものは自分でたたんで片づけるといった習慣を、この時期から徐々に身につけさせていくことも大切です。着脱に関する動作を促す遊びとしては、人形に洋服を着せる遊びや筒状にした布に手やおもちゃを入れる遊び、タオルたたみ競争など、さまざまなものが考えられます。便利な既製のおもちゃもありますが、子どもが興味をもちそうなおもちゃや遊びを、そのつど工夫して提供できるのが理想です。

　ボタンの掛けはずし動作を促す遊びとしては、ボタンのような平たく小さなものをつまんで貯金箱のようなものに入れる遊びや、紐通し遊びなどがあげられます。着脱が必要な時間は保育者にとっても忙しい時間であることが多いため、忙しい時間に無理に練習させようとするのではなく、比較的時間に余裕のある自由遊びなどの時間を利用して、着脱動作の習得を促すかかわりをするのもよいでしょう。

😊 ココロの場合

　引っぱる、引きぬく、穴に通すといった動作を立った状態で遊びながら学べる布製のタペストリーを用意して壁に吊るし、遊びのなかで手先の器用さが育つようなかかわりを続けていきました。そのおもちゃはクラスのほかの子どもにも人気で、ココロ以外にも、遊び感覚で着脱を楽しんで行えるようになっていきました。また、大きめでカラフルなボタンを用意し、「今日1日、うれしいことがあったら入れる箱」という貯金箱形の箱をつくって保育室の中に設置し、子どもたちが自由にボタンを入れて遊べるようにしました。

シーン5：排泄

　ココロは家庭でもトイレットトレーニング（オムツはずし）に取り組んでいるとのことですが、遊びに夢中になると、たまにお漏らしをしてしまうことがあります。お漏らしをしてしまった場合、保育士に「出た」と教えに来ます。

　動きがゆっくりなので、尿意に気づいてから急いでトイレに行こうとしても、着脱に手

| 0歳児 | 1歳児 | **2歳児** | 3歳児 | 4歳児 | 5歳児 | 6歳児 |

間どって間に合わないこともあります。

　保育士が「ココちゃん、そろそろみんなでトイレに行こうか」と声をかけると、「ん」と言ってみんなと一緒にトイレに行き便座に座りますが、なかなかそこで用をたすことはできません。特に大便は難しいようですが、5回に1回くらいは少しだけおしっこが出ることがあります。

　ただ常に便秘気味で、保護者も「もう3日もウンチが出ていないんです」と心配そうに話すことがありました。

確認してみよう④　　今後、ココロのトイレットトレーニング（オムツはずし）をどのように進めていけばよいでしょうか。あなたの考えをまとめましょう。

●どんなふうに

_____

_____

●気をつける点

_____

_____

☞ **考える際の手がかり**

　みんなと一緒にトイレに行くことを嫌がらない子どもの場合は、時間を決めてトイレに連れて行き、できるだけお漏らしをしないよう配慮することが必要です。モジモジし始めたら早めに声をかけるなど、保育者側のきめ細かい観察力も求められるでしょう。便秘気味の子どもの場合、いきむ力の弱さのほか、食べる量が少なかったり、運動不足であったり、水分摂取量が少なかったりすることが原因として考えられます。その子どもに応じた対応の仕方を、保護者と連携して模索していく必要があります。

😊 **ココロの場合**

　便秘は運動不足や食物繊維の摂取量不足も原因として考えられましたが、それよりも水分をとる量が少ないことが原因であると思われました。ココロは暑がりでよく汗をかいているのですが、あまり水を飲みません。冷たい飲み物は苦手であることを保護者から聞いていたため、保育士は保育園の看護師とも相談し、給食で出す牛乳を少

101

し温めて提供することにしました。また、ストローを少し太めにし、楽に飲めるよう工夫をしました。温めた牛乳は甘くておいしいと、ほかの子どもたちにも大好評で、小食なココロも温めた牛乳だけは毎回きちんと飲むようになりました。

シーン6：工作

　2歳のクラスでは、今度の保育参観の日に向けて工作をすることになりました。色画用紙の上にモールをセロハンテープで貼り、そのモールの先に花びらの形の色紙を貼り付けて花を作ります。画用紙の空いたスペースには、子どもたちが自由にクレヨンで絵を描いたり、余った色画用紙をちぎって貼ったりしてもよいことにしました。そうしてできあがったみんなの作品を保育室の壁に貼り、保育参観で来てくれた保護者に見てもらおうというアイディアです。

　みんな楽しそうに作業を開始し、ココロも張りきって取り組みました。しかしココロは手指の力が弱く、貼ったり塗ったりする作業に時間がかかるため、数日間先生がそばについてサポートしてもなかなか作業が進みません。ココロはこだわりも強く、せっかくやるのなら上手にやりたい、完璧にきれいに作りたいという思いがあるため、モールが少しでも曲がってしまったり、セロテープが歪んでしまったりすると、色画用紙を選ぶところから全部やり直しをしたくなってしまうのです。

　ほかのみんなが花を作り終わり、空いたスペースへのお絵描きまで終わってもなお、ココロは花びらの半分も貼れていませんでした。ココロ以外の全員がもう工作を作り終わってしまったため、これ以上はクラス内で作業時間を取ることができず、未完成の状態で切りあげることになってしまいました。ただ、この状態でクラスみんなの作品を壁に貼ったとしたら、ココロの作品とほかの子どもの作品とのでき具合いの差が一目瞭然になってしまうと思われました。

アクティブラーニング4　（難易度★★★）

シーン6のような状況になった場合、保育者としてどのように対応したらよいでしょうか。ココロの事例では、右ページのA・B・C案があげられました。グループで、それぞれの案のメリットとデメリットについて話しあいましょう。

〈ワークのねらい〉

・複数の案のメリットとデメリットを考える
・自分の意見をまとめて口頭で説明する
・他者の発表を聞き、よいところを探す

| 0歳児 | 1歳児 | **2歳児** | 3歳児 | 4歳児 | 5歳児 | 6歳児 |

・意見交換をすることで視野を広げる

・自分の長所に気づく

〈ワークのすすめ方／所要時間の目安・計40分〉

手順	ワーク内容	所要時間
①説明・準備	「ワークのねらい」と「ワークのすすめ方」を確認する。ワーク内容を確認し、3〜4人で1つのグループをつくる	4分
②ワーク1 個人作業	まずは話しあわずに、A案、B案、C案それぞれのメリットとデメリットについて自分の考えをまとめる	6分
③ワーク2 グループ内発表	グループ内で、ワーク1でまとめた自分の意見を口頭で順番に発表していく。発表を聞いている人はほかの人の意見を聞きながら、「クラスメイトの発表のよかったところ」欄にメモする。よくないと思う箇所があったとしても、ここでは指摘しない	10分
④ワーク3 意見交換・ フィードバック	「クラスメイトの発表のよかったところ」を一人ひとり口頭で発表し、本人にフィードバックする。もらったコメントは自分で「クラスメイトからのコメント」欄にメモしておく	10分
⑤感想・自己評価	やりとりをしてみて考えたこと、感じたことを「学んだこと／感想」欄に記入する。ワークをどのくらい積極的に行えたかを自分で評価し、あてはまるものに○をつける	5分
⑥まとめ	「ワークのねらい」を振り返り、自己評価する	5分

〈ワーク〉

以下のそれぞれのメリットとデメリットについて自分の考えをまとめましょう。

A案：このままの状態で掲示し、ココロの保護者にココロの発達状況を正しく認識してもらう

B案：このままの状態では保護者がショックを受けるので、保育士がココロの作品を手直しして掲示する

C案：時間を見つけてココロと一緒に作業を行い、完成させる

●わたしが考えたA案のメリット

_____

_____

●わたしが考えたA案のデメリット

_____

_____

基礎理論編

ケーススタディ編

●わたしが考えたB案のメリット

_____

_____

●わたしが考えたB案のデメリット

_____

_____

●わたしが考えたC案のメリット

_____

_____

●わたしが考えたC案のデメリット

_____

_____

●クラスメイトの発表のよかったところ

記入例：ゆっくりとしたスピードで発表してくれたので、とても聞き取りやすかった。（○○さん）

_____

_____

_____

●クラスメイトからのコメント

記入例：B案だと、ほかの子どもの作品にも手を入れてあげたくなるかもしれないというのは、確かにと思った。

_____

_____

_____

| 0歳児 | 1歳児 | 2歳児 | 3歳児 | 4歳児 | 5歳児 | 6歳児 |

👉 考える際の手がかり

（先輩保育者の意見）

　選択肢のなかで、いちばんやってはいけないのはA案だと思います。子どもの発達の状態を保護者に正しく理解してもらうのは必要なことだとは思いますが、誰もが目にする場所でそういうことはすべきではないと思います。もし、みんなが上手にできているなかで、自分の子どもだけ明らかに劣っているというのを見せつけられたら、保護者は傷つくと思いますし、保育者に面子を潰されたと感じるのではないでしょうか。また、ほかの保護者も「あの子はこんなに遅れている」という考えをもってしまい、保護者同士の関係も悪くさせてしまいかねないと思いました。この年齢になれば、子どもたちも優劣や美醜の判断はつきます。子どもたちがその子どもの作品をからかったり、その子どもに対して「できない子」という考えをもつきっかけにもなりかねないため、A案には反対です。

　B案も子どもの作品に勝手に保育者が手を加えるのは、その子どもに対して「あなたのやり方ではダメだ」ということを伝えることになってしまい、信頼関係を損ねることにもなりかねないため、望ましくないと思います。「これ、あなたが自分で作ったの？」と自分の子どもに聞いて「ううん、せんせいがなおしてくれたの」と言われたら、保護者はどんな気持ちがするでしょうか。また、保育者の思う「よい作品」という価値観を子どもたちに植えつけることにもなりかねないため、「さりげなくサポートする」程度の脇役に徹することが可能なC案にすべきではないかと思いました。ただ、C案も保育者が時間と場所を確保する必要があったり、ほかの子どもから見て不公平だと受け取られる可能性も考えられるため、サポートを行う場所やタイミングには気をつける必要があると思います。

😊 ココロの場合

　ココロの保育士たちは、Cの方法を取りました。ココロは身体が弱いため、日差しが強い日はほかの子と同じように外で遊べなかったり、遊びを早めに切りあげなくてはならないこともありました。そこで、そうした時間を使って、ココロと保育士は毎日コツコツと少しずつ、工作の作業を進めていきました。どうしてもココロ1人ではうまくできない部分は、保育士がココロの手に手を添えて、ココロが自分でできたという気持ちを損ねないよう、サポートしていきました。

　保育参観当日、ココロの母親は壁面に飾られた花の工作を見て、「これ、ココロが1人で作ったんですか!?」と目を丸くしていました。保

育士は、「すごく上手でしょう？ココロちゃん、とてもがんばったんですよ。時間は少しかかったけれど、その分ていねいにできたと思います。毎日先生と少しずつ一緒に作業して、今日お母さんに見てもらうのを楽しみにしてたんですよ」と伝えました。ココロちゃんもお母さんの手を取りつつ、「これ、つくるのたのしかったよ！またママにつくってあげるね！」とニコニコしていました。

〈学んだこと／感想〉

_____

_____

_____

〈今回のわたしの取り組み〉振り返って、あてはまるものを○でかこみましょう

とてもよくできた　　　　　よくできた　　　　もう少しがんばれる

② ココロの保護者とのかかわり

（1）園でのココロの保護者とのやりとり

アクティブラーニング5　（難易度★★★）

保護者とのかかわりにおいては、保育者が主体となって情報の聞き取りを行う入園前面接のような場面のほか、保護者の質問や悩み、相談に保育者が答える場面も多く存在します。ここでは、ココロの家族から寄せられたさまざまな質問を例に取り、保育士として望ましい返答の仕方を考えていきましょう。

〈ワークのねらい〉

・相手の返答に対する望ましい答えの仕方を考える
・他者に自分のセリフを読んでもらうことで、自分の考えを客観視する
・他者が考えたセリフを演じることで視野を広げる

0歳児　1歳児　**2歳児**　3歳児　4歳児　5歳児　6歳児

〈ワークのすすめ方／所要時間の目安・計45分〉

手順	ワーク内容	所要時間
①説明・準備	「ワークのねらい」と「ワークのすすめ方」を確認する。ワーク内容を確認し、4～5人で1つのグループをつくる	4分
②ワーク1 個人作業	保護者の発言をよく読み、それに対する自分なりの返答を考えて吹きだしの部分に書き込む。「そうですね」「そんなことないですよ」などの一言で返答を済ませるのではなく、これまでに読んできた「ココロの園生活」のエピソードを折りまぜながら返答のセリフを考える	6分
③ワーク2 意見交換	グループ内でお互いのテキストを交換し、クラスメイトが考えたセリフを読む（その際は仲のよい人と交換するのではなく、時計回りにテキストを回すなど機械的に交換するとよい）	5分
④ワーク3 ロールプレイ	1人が保護者のセリフを読み、それに対する返答のセリフをメンバー全員が1人ずつ発表する。発表が終わったら、もとの持ち主にテキストを返す	15分
⑤ワーク4 フィードバック	メンバーごとに「セリフのよかった点」「演じ方のよかった点」をフィードバックしあう	5分
⑥感想・事項評価	やりとりをしてみて考えたこと、感じたことを「学んだこと／感想」欄に記入する。ワークをどのくらい積極的に行えたかを自分で評価し、あてはまるものに○をつける	5分
⑦まとめ	「ワークのねらい」を振り返り、自己評価する	5分

〈ワーク〉

保護者の発言をよく読み、それに対する自分なりの返答を保育士の欄に書き込みましょう。

テーマ1：園での様子

ココロの母親：ココロは家ではすごくのんびりなんですが、園ではみんなと一緒に活動できていますか？

保育士（わたし）

👉 考える際の手がかり

　まずは質問の背後にある、保護者のニーズを捉えるようにしましょう。保護者のニーズを捉えたうえで、相手が不安にならないようなことば選びを心がける必要があります。特に、説明もなしに「できていません」「やれません」などと言いきるようなことは避けなくてはなりません。保護者を安心させようとして嘘をつくのではなく、表現を選び、事実を正確に報告したうえで、改善が必要だと思われる場合は今後何をどのように改善していくのかということを、具体的に保護者に伝えるようにします。

🙂 ココロの場合

　「朝の集会では、みんなと一緒にご挨拶をしたり、保育士の話を聞いたりしていますよ」「今日は午前中、1冊の本をお友だちと仲よく見たり、ブロック遊びでお友だちと一緒に積み木を積みあげたりして楽しそうに遊んでいましたよ」

　ココロの母親は入園前面接時でも話していたように、集団生活に付いていけるかどうかを気にしている様子でした。ココロはまだ2歳であったため、年齢的に考えてもまだ友だちと一緒に遊ぶことは難しいのが現状でした。そこで、集団のなかできちんと適応し、機嫌よく日々を過ごせていること、保育士の指示にもきちんと耳を傾けられていることを伝えました。「お友だちと一緒に遊ぶのはまだできません」と言う代わりに、「みんなの輪のなかに入って活動できています」という「できていること」を保護者に伝えるよう、保育士は心がけていきました。

テーマ2：代理の人が送迎に来た場合

ココロの祖母：この子は家でも甘やかされていてわがままだから、園でも手がかかってるんじゃないですか？

保育士（わたし）：

_____
_____
_____
_____

| 0歳児 | 1歳児 | **2歳児** | 3歳児 | 4歳児 | 5歳児 | 6歳児 |

☞ 考える際の手がかり

　いつもと違う人が送迎に来た場合も、保護者に対して伝えるときと同じように、できないことではなく「できること」をメインに伝えるよう心がけます。ただし、保育者と顔を合わせる頻度が低い人へのことばがけは、慎重に行うようにしましょう。伝言の過程で誤解や行き違いが生じるのを避けるため、口頭で何かを伝える際にはできるだけポジティブなエピソードを伝え、そのほかのことは連絡帳に書いて保護者に伝えるようにするとよいでしょう。

　保護者も代理の人に送迎をお願いすることによって心配していることが多いため、保護者に安心してもらえるようなかかわりを心がけます。常に顔を合わせて、信頼関係ができあがっている保護者に対してであれば、例えば「今日はお友だちと少し喧嘩をしました」ということを友だちとのかかわりができるようになってきたことを示すよいエピソードとして伝えることも可能ですが、そうでない場合は園に不信感を抱かせることにもなりかねません。

　また、普段と違う人が迎えに来ることで、子どもが帰りをしぶる場合があります。そうなると、子ども自身や迎えに来てくれた人はもちろん、代理を頼んだ保護者も気まずい思いをすることになってしまうため、できるだけそうならないよう、代理の人が迎えに来ることが事前にわかっているのであれば、できるだけ降園の前の時間は子どもが穏やかな気持ちで過ごせるように配慮できるとよいでしょう。

😊 ココロの場合

　「まだ2歳クラスなので、どの子もみんな同じですよ。そういう年齢ですから…」「園では個々のかかわりを大切にしているので大丈夫ですよ。朝の集会はみんなでやりますが、特に自由遊びでは一人ひとりのやりたいことを重視しています」「何がしたいか、何がしたくないかということをきちんと言うことは大切だと、日頃からみんなにも教えているんですよ」

　ココロの保育士は、こうした返事を通して、ココロの成長を気遣う祖母の気持ちにも寄り添うよう心がけました。ココロは、初めのうち祖母の迎えを嫌がってぐずったことがありました。そのため、それ以降は母親が迎えに来られないことが事前にわかっている日は、できるだけしっかり遊ばせて午睡をさせ、おやつの時間を楽しく過ごせることで、夕方にココロが疲れたり眠くなったりして機嫌が悪くなることがないよう、保育士はかかわり方に気をつけていきました。また、落ち着いているときに、「今日のお迎えはおばあちゃんだからね。楽しみだね」と事前に伝え、ココロを安心させるよう心がけていきました。

テーマ３：園での食事

ココロはふだんから割と小食なんですが、園では給食をちゃんと食べられていますか？

ココロの母

保育士（わたし）

👉 考える際の手がかり

　ここでも、保護者の心配とニーズの存在を捉えることが大切です。そのうえで、食事場面における子どもの様子について具体的に伝え、「きちんと目を離さずに見守っていますよ」というこちらの態度を伝えられるようにするといいでしょう。現状については正確に伝えることが大切ですが、不必要に不安をあおらないようにします。家庭での協力が必要な場合は、園での取り組みの継続を約束するとともに、保護者に協力を要請します。その際は漠然とした頼み方ではなく、小さなことから少しずつ具体的に協力を求めていくとよいでしょう。

😊 ココロの場合

　「今日はパンを１人でよく食べていましたよ」「今日も温めた牛乳をよく飲んでいました」「今日のお弁当は、すごくうれしそうに食べて完食でした」「最初のときと比べたら、ずいぶんたくさん食べられるようになりました」

　ココロは家庭でも小食であるとのことから、その日に園で何をどれだけ食べ、どのような様子であったのかをできるだけていねいに保護者に伝えるようにしていきました。そうすることで、家庭での食事と園での給食、おやつとの全体のバランスを見て、保護者も朝ご飯や夜ご飯の内容を考えられるようになったとのことでした。

| 0歳児 | 1歳児 | **2歳児** | 3歳児 | 4歳児 | 5歳児 | 6歳児 |

事例のチェックポイント

・ココロは家からもってきた弁当はよく食べている
・スピードはゆっくりだが、自分で食べようとする意欲はある
・給食のパンは比較的よく食べる

〈学んだこと／感想〉

_____

_____

_____

〈今回のわたしの取り組み〉振り返って、あてはまるものを○でかこみましょう

とてもよくできた　　　　よくできた　　　　もう少しがんばれる

(2) 専門機関との連携

　ココロの保育士は、保育のなかで専門機関との連携を取るため、保護者にお願いをしてアポイントメントを取ってもらったうえで、療育施設に通う日に施設に同行させてもらうことになりました。療育施設では、ココロはその日は粘土を使って手指を動かす練習をしたり、器に入ったビーズを移動させる遊びでつまむ動きを練習したり、身体のバランスを整えるための歩行の練習などをしていました。訓練士からは、「今くらいの体力だと、だいたい連続して30分くらいの歩行にとどめておく方がいいですね」というアドバイスがありました。

確認してみよう⑤　療育施設の訪問を生かすためには、どのようなことに注目すべきでしょうか。また、そこで得た情報は、園でどのように活用できると思いますか。

●訪問時に収集したい情報

_____

_____

_____

●訪問時に得た情報の生かし方

_____

_____

_____

☞ 考える際の手がかり

　施設職員との話しあいはもちろん、子どもが療育施設でどのようなサポートを受けているのか、またどのような様子であったのかということは、保育においてとても役立つ情報です。個別にサポートすべきこと、集団内でもできることを見極め、園でみんなと一緒に能力を伸ばしていけるような活動を取り入れていくとよいでしょう。

ココロの場合

　施設でココロが積極的に取り組んでいた粘土遊びは、園の活動にも積極的に取り入れることになりました。その際、個別に作品を作る活動だと個人個人の作業の進み具合いや完成度が顕著に出てしまうため、みんなで粘土をいろいろな形にまとめて1つの大きな箱に詰めていく「お弁当作りごっこ」や、自由にいろいろな乗り物を作り、地図を描いた模造紙に並べていく「未来の乗り物作りごっこ」などで楽しみました。作業の際には、握力の弱いココロのために、油粘土ではなく、軽い紙粘土を使用しましたが、カラフルな色の紙粘土はクラスのほかの子どもたちにも大好評でした。

　ココロは現時点では連続して30分程度の活動にとどめるべきというアドバイスを受けたため、外へ散歩に行くときは、子どもを乗せる大型手押し車をもって行くことにしました。ただし、手押し車にココロだけを乗せる訳にはいかないので、乗りたい子どもが順番に乗れるよう、順番を決めてみんなで乗ることにしました。このように、ココロだけを特別扱いせずにさりげない配慮ができるよう、工夫していきました。

③ ココロの担当保育士の取り組み

　ココロは入園当初は身体が弱く、降園時は元気でも夜間に熱を出し、そのまま数日、園を休んでしまうこともありました。そのため、朝のバイタルチェックは必ず複数人の目を通して行うようにし、職員間での情報共有も徹底させました。また、降園の際はその日の活動内容と運動量、食事量、排便の有無、午睡の長さについても保護者に伝え、降園後の家庭での様子については翌日の連絡帳などで教えてもらうよう求めていきました。

| 0歳児 | 1歳児 | **2歳児** | 3歳児 | 4歳児 | 5歳児 | 6歳児 |

　社会性を育てることも大切でしたが、虚弱体質で合併症の危険があることから無理をさせないことを第一に考えつつ、食事や睡眠、排泄のリズムを整え、園で楽しく快適に過ごしてもらうことを目指したかかわりをしていきました。午睡に関しては、疲れたときにすぐに横になれるスペースを確保し、トイレットトレーニング（オムツはずし）についてはほかの子どもたちと同じように声かけをしていきました。食事に関しては、ココロは咀嚼する力が弱いほか、歯も小さめで固いものはしっかり噛めない状態でした。固いものが多いと食べるのを嫌がってスプーンを投げてしまう行動なども見られ始めたため、保育士は給食室の職員と相談して、ブロッコリーなどの野菜は少し柔らかめにしたり、固めのものは小さめに切るなどの食べやすくする工夫をしました。ただ、噛む練習を続けることは必要であったため、「噛まなくてもよい」ようにするのではなく、「楽に噛める」ようになるよう、食事の提供方法を工夫していきまし

た。園でとる食事については、特におやつの時間が楽しくなるように心がけていきました。ココロはいつも給食を1人で早めに食べていたため、おやつの時間はできるだけみんなと一緒に楽しみながら食事をする経験を積んで欲しいと考えました。給食のときはあまり食が進まないココロでしたが、おやつはだいたいみんなと同じペースで食べることができました。みんなと一緒にテーブルにつき、みんなと一緒にいただきます、ごちそうさまの挨拶をし、みんなと一緒においしくおやつを食べて片づけをしました。お迎えの時間に保護者が子どもたちの楽しそうな顔を見られるよう、降園までの時間が楽しい時間になるよう、また明日も保護者が安心して子どもを預けに来られる園であるよう、保育士たちは常にその心がけをもちながらかかわりを続けていきました。

④ ココロのその後

　保育士がココロに対することばがけを多くするよう心がけていた結果、ココロは何かやりたいことがあるときは「これあ（や）ろう」、疲れてきてやめたくなったときや興味がないとき、活動に参加したくないときは「もうあ（や）め」と、自分から保育士に伝えられるようになりました。ココロの母親によると、この傾向は家庭でも見られるようになったとのことで、ココロの家族はココロが自発的に気持ちを表現できるようになったことをとても喜んでいます。ただ、自己主張ができるようになってきたのと同時に、おもちゃを巡って友だちとちょっとした喧嘩をするようにもなりました。保育士は、こ

れも他者に対して興味・関心が出てきた証拠として保護者に伝え、保護者もこの時期の子どもにはあって当然のトラブルとしてそれを理解してくれています。

　ココロの母親はその後、無事に健康な女の子を出産しました。母親が出産のため入院している間、ココロは毎朝の登園時には少し元気がないようでしたが、日中は保育士や友だちと楽しく遊び、帰りは機嫌よく祖母と帰って行きました。

　最近のココロは自分がお姉ちゃんになったことがうれしいようで、クレヨンで画用紙にカラフルな円をぐるぐると描き、「こえ（れ）、ここちゃん。こえ（れ）、ままと…ぱぱ。こえ（れ）が、ここちゃんのあかちゃん！」とうれしそうに話して聞かせてくれます。「ココちゃんのおじいちゃんとおばあちゃんはどこかな？」と保育士が声をかけると、画用紙の余白にぐるぐると円

を描き、「こえ（れ）！」と指で示します。最近はこのようなやりとりや指示も、だいぶスムーズに伝わるようになってきました。

　給食に関しては楽しんで食事ができるようになることを目標に、ココロ用の食事は少し量を少なめにし、大きい食材は箸やフォークで刺しやすい大きさにすることにしました。運動量が増えたことでココロはだんだん食欲も出てくるようになり、少し少なめの給食であれば完食できることもあります。温めた牛乳を飲む習慣は家庭でも取り入れてもらい、以前ほど便秘はしなくなってきたとのことです。食事と水分の摂取量が増えたためか、先日は家でおまるを使っておしっこができたと保護者から報告がありました。遊んでいる最中に床で眠ってしまう回数も半分程度に減り、食事中にウトウトすることも少なくなってきたため、最近ではみんなと一緒の時間に食事をとり、みんなと一緒の時間に午睡に入ることもできるようになってきました。保護者もココロに体力がついてきたと感じているようです。

アクティブラーニング6　（難易度★★☆）

ココロの発達について、何か気になる点はありますか。保育士として、園では今後どのようなかかわりをしていけばよいでしょうか。みんなで話しあいましょう。

〈ワークのねらい〉
・グループ内で自分の意見を発表する
・他者の意見を聞きながら要点を記録する

| 0歳児 | 1歳児 | 2歳児 | 3歳児 | 4歳児 | 5歳児 | 6歳児 |

・自分の発表のよいところに気づく

・他者の発表のよいところを見つけ、評価する

〈ワークのすすめ方／所要時間の目安・計35分〉

手順	ワーク内容	所要時間
①説明・準備	「ワークのねらい」と「ワークのすすめ方」を確認する。ワーク内容を確認し、4〜5人で1つのグループをつくる	4分
②ワーク1 個人作業	まずは1人で「ココロの発達で気になること」「今後のかかわりの方向性」を考え、以下の欄に書き入れる	6分
③ワーク2 意見交換	グループ内で自分の意見を発表する。クラスメイトの意見の内容やよいと思ったところをメモする	10分
④ワーク3 フィードバック	ワーク2のメモを参考に、それぞれのクラスメイトに対してよかったと思う点を1人ずつ順番に発表する	5分
⑤感想・自己評価	やりとりをしてみて考えたこと、感じたことを「学んだこと／感想」欄に記入する。ワークをどのくらい積極的に行えたかを自分で評価し、あてはまるものに○をつける	5分
⑥まとめ	「ワークのねらい」を振り返り、自己評価する	5分

〈ワーク〉

ココロの発達について、あなたが考えた内容を以下に書きだしましょう。

●わたしが考えたココロの発達で気になること

_____

_____

●わたしが考えた今後のかかわりの方向性

_____

_____

●クラスメイトの意見／よかったところ

記入例：新しく生まれたココロちゃんの妹について言及していたのがよかったと思った（△△さん）

_____

_____

_____

_____

☞ **考える際の手がかり**

　まずは基本となる食事や排泄、睡眠のリズムと、体力のつき具合いを把握するようにします。その後、ことばの発達や身体能力の発達、社会性の発達などを１つずつチェックし、得意・不得意を見極めていけるとよいでしょう。

ココロの場合

　この半年で、食事や排泄、睡眠のリズムが整ってきました。自発的に話し始めるようになったココロには幼児音が見られましたが、まずは他者と会話したい、自分の気持ちを伝えたいという意思を尊重し、保育士はあえて言い直させたりすることはありませんでした。ココロはやや知的に遅れが見られることが専門機関でも指摘されていたため、ココロを含め子どもたち全体に何か指示を出す際は、できるだけ易しいことばでゆっくりと、ていねいに説明を行うよう心がけていきました。

　ことばが出始め、他者に注意が向くようになってきたことで、友だちとおもちゃの取りあいで喧嘩になることも増えてきました。そこで保育士は、友だちと喧嘩をした主人公があやまり方を工夫することで仲直りする絵本や人形劇などを子どもたちに見せる機会を増やし、友だちとの円滑なコミュニケーション手段について教えるようにするとともに、園の便りや連絡帳でこの時期の子どもにとっての喧嘩の重要性について保護者に理解と協力を求めるかかわりを続けていきました。これからも、ココロが好きな粘土遊びやお絵描きなどの活動を通して、ココロの心身の発達をサポートしていきたいと考えています。

〈学んだこと／感想〉

_____

_____

_____

〈今回のわたしの取り組み〉振り返って、あてはまるものを○でかこみましょう

　　　とてもよくできた　　　　　よくできた　　　　もう少しがんばれる

5 ココロのケースにおけるキーワード

〈ワーク全体を通しての感想／気づいたこと〉
この章の事例とワークを通して学んだこと、感じたことをメモしておきましょう。

第4章

３歳児

　３歳の子どもは、ことばによるやりとりが成立し、友だちの名前や特徴も覚え始め、一緒に遊びを楽しむ姿が見られるようになります。ルールを守ろうとし、おもちゃなどをゆずりあう社会性も身につき始めます。子ども同士の遊びが広がるなかで、発達障害のある子どもたちの障害からくる特徴は、遊びの場面においてとくに表れやすいです。１人で遊ぶことが多い、まわりの子どもに関心が薄い、次々と興味が移り１か所にじっとしていられないなど、発達障害のある子どもに見られる行動特徴を、障害の特性を踏まえながら理解を進め、子どもにどうかかわっていくかを考えてみましょう。

基礎理論編

1 3歳児の発達

（1）運動の発達

①粗大運動

　3歳の子どもの身長は約95cm、体重は約13kgになります。運動機能の発達では、身体をコントロールしながら、走る・跳ぶ・投げるなどの運動をして遊ぶことができます。3歳前半ではでんぐり返しができ、片足立ちが3秒以上できるようになり、3歳半ばごろにどちらかの優位な足でその場でのケンケンができ始めます。階段を左右の足で交互に昇り、1段ずつ降り、10cmくらいの段差はジャンプができます[1]。鉄棒にぶら下がる、ブランコを座っても立ってでもこぐ、ボールを頭上で投げて胸でキャッチすることができるようになります。また、『げんこつ山のたぬきさん』や『グーチョキパー』など、歌に合わせて手や身体を動かして遊ぶことができます[2]。

　3歳の子どもは90％が三輪車をこぐことができ[3]、コップに入れた水をこぼさず運ぶことができます。80％の子どもが転びそうになったとき手でかばうことができ、基礎的な体力もできあがってきます[4]。

②微細運動

　足組み、腕組み、指組みをすることができるようになります。手指の操作は巧みになり、3本指を立てたり、指でキツネやメガネの形を作ったりすることもできます。3歳の90％以上の子どもがのりを使って貼ることができ、直線ならばハサミで紙を切ったりすることもできるようになります。積み木を高く積もうとしたり、折り紙を2つ折りにしたり、本のページも上手にめくることができるようになります[5]。

　3歳前半になると、両手を使って素材を変形させたり、道具で素材を加工できるようになります。粘土は、両手の手のひらと指を自由に動かし、こねて丸めたり、伸ばしてくっ付けたりと変形させて、道具を用いて切ったりして造形表現を楽しめます[6]。

（2）認知・社会性の発達

①認知

　今日、明日などの時間を表すことばの使用も増え、時間の感覚を理解します。記憶する力も育ち、過去（保育所や幼稚園であったことなど）のことを話すことができるようになります。3歳前半は1つすでにあるところに「全部で3つになるように」に対応す

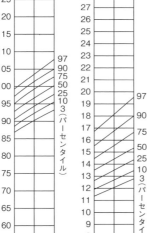
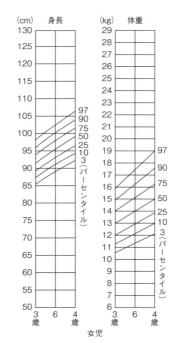

図4−1　3歳児の身体発育曲線
厚生労働省雇用均等・児童家庭局母子保健課（2011）．平成22年乳幼児身体発育調査より作成

ることができ、3個までの範囲内での量の多少の比較ができるようになります[7]。3歳6か月ごろに4つまで数えられます[8]。

「大きい−小さい」「長い−短い」「男−女」の区別ができます。

お絵描きには、筆記用具を3点支持で持ち、閉じた丸のなかに目や鼻、口などを描き、3歳後半では手や足が顔から出る「頭足人」の絵を描き始めます。自画像と家族画の意味もわかってきます。喜び、驚き、悲しみ、怒り、恐れ、といった情動をある程度理解できます。

②社会性

3歳の子どもは、「自分が中心でいたい」「自分が試したい、やりたい」という気持ちが特に強く、その気持ちをコントロールできなかったり、状況を顧みることができなかったりするため、保護者や保育者をハラハラさせる場面もしばしば見られます。一方で友だちとおもちゃを貸し借りできたり、ブランコやボール遊びの順番を守るようになったりと、ルールや約束事を必要なことと理解しながら他者との折りあいをつけ始め、社会性を身につけ始めます。また80％の子どもが信号機の色の意味がわかり、社会のルールも身につけてきています[9]。

3歳の子どもは、朝登園してから、夕方保護者がお迎えに来て帰るまでどんなことをするのか、園での生活の流れについて理解が進み、園という社会について知り始めます[10]。

③ことば

　3歳児の語彙数は1,700語に増え、ほぼ大人との会話が成立します。言語表現よりも言語理解のほうが優位な時期で、話す単語の約3倍の単語を理解しています。2歳代では2語文であったのが多語文へと移り、3歳の後半ともなれば「いつ」「どうして」「どんな」などの疑問詞を理解し、助詞（てにをは）や、接続詞（「そして」「でも」など）を使えるようになり、かなり長い文を話せるようになります。「○○ちゃんがぶった」などの状況説明をその場を離れてもできるようになります[11]。

　自分の姓と名、年齢、性別を言えるようになり、9割の子どもが「マンマ」「わんわん」などの赤ちゃんことばを使わないで話せ、電話で話ができるようになります[12]。

　「多い－少ない」「高い－低い」「明るい－暗い」などの対のことばも増えていきます。

（3）基本的生活習慣の発達

①食事

　日常生活場面では、食事は個人差がありますが、ほぼ自分でできるまでになります。3歳半の子どもは食前に石鹸を使って手を洗い、大人の手を借りずに、箸を上手に使ってほとんどこぼさないで食事をとれるようになります[13]。

②更衣・排泄

　時間はかかりますが、衣服の前後、裏表、上下がわかって着脱し、たたんだり揃えたりできるようになります。裏返し、ボタン掛け、ファスナーなどの仕方がわかり、指示なしでも1人で着ることができるようになります。80％以上の子どもが大きなボタンなら1人で掛けられます[14]。

　排尿は1人ですべてできるようになり、手を洗ってタオルで拭くことができます。排便の予告ができるようになり、3歳6か月の子どもは、排便の際、パンツを取ってやれば1人でできるようになり、昼夜の区別なくオムツを使用しなくなります[15]。

③遊び

　3歳前半では2～3人で遊ぶものの、それぞれが思い思いに行動していることが多く、並行遊びの段階です。おもちゃや積み木などの遊具の貸し借りができ、ブランコなどを順番に使うことができ、簡単なごっこ遊びなら楽しめるようになります。ルールのある遊びは、色鬼やハンカチ落としなど、視覚的な手がかりのある遊びなら可能でも、子どもたちだけで遊ぶのはまだ難しく、保育者のリードがあれば楽しめる段階といえます[16]。

　仲間に入れてもらうのにさまざまなやり方があります。「進行中の行動と似た行動をする」や「進行中の行動について質問する」というような相手から受け入れられることの多い方略がある一方で、「進行中の行動を物理的に邪魔する」や「場所や物について要求する」などは否定的な反応も生じやすいです[17]。

| 0歳児 | 1歳児 | 2歳児 | **3歳児** | 4歳児 | 5歳児 | 6歳児 |

2 ▶ 3歳児の発達に見られる遅れ・偏り

（1）運動の発達

①粗大運動

　3歳児の健診の時点で身長が90cm以下で、伸び率が悪い（6か月後に2cm以下）子どもに、成長ホルモン欠乏が原因による低身長が発見されることがあります。また、身長が順調に増加しているにもかかわらず、体重の増加が少ない、あるいは減少している場合も、専門機関への相談を検討しましょう[18]。静止姿勢で2〜3秒じっとしていることができない、バランスが崩れそうになっても体勢を直そうとしない、階段を昇ったり飛び石を渡る際に助けを拒否して自分でするという自己主張が見られない場合も、経過を見ながら専門家の診察を検討します[19]。

②微細運動

　お絵描き、粘土、工作などの素材や道具に対する関心が見られない、粘土を持つ手と粘土ナイフを持つ手の役割分化が見られない、作った物に命名がないときや足組み、腕組み、指組みができない、片手がパーで一方がグーを交互にする手の左右交互開閉ができず両手同時になる、作品を作ることをしないなどの傾向が見られる場合は、専門機関への相談を考えましょう[20]。

（2）認知・社会性の発達

①認知

　自分の名前、年齢、性別や身近な人の名前、性別が答えられない、「ゾウは大きいけれど、アリは？」の問いに答えられないなど対の概念の理解が見られない、3つまでの数を用いないなどの場合は、ほかの発達も見ながら経過を見ていきましょう。

②社会性

　発達障害のある子どもに、ほかの子どもとうまくかかわることができない、友だちと遊ぶことができない子どもがいます。特に自閉症スペクトラム障害のある子どもは、ほかの子どもに関心を示してもどう対応すべきかわからない場合があります。

　また、ほかの子どもの関心を引くために、髪を引っ張る、突き飛ばす、かじる、つねるなどの問題行動を起こし、うまく友だちとかかわることができない子どもが見られます。本人の興味のあるものにほかの子どもを誘ってみたり、遊びのやり方を伝えたりしながら、部分参加から徐々に参加できる時間や範囲を広げる工夫をしてみましょう。

③ことば

　年齢をたずねられても年齢を表現できない、３歳を迎えてもことばの数が増えない、２語文にならないなど、ことばの発達が年齢相当の発達レベルより６か月以上の遅滞がある場合は、発達上の遅れが疑われます。12か月以上の遅れがあれば、遅れまたは偏りがあると評価されます。一定のレベルから半年たっても発達の変化が見られない場合にも、発達の遅れが考えられます[21]。

　軽度の知的障害のある子どもは、全体的に「おとなしい」「幼い」といわれるだけで乳幼児健診でも問題なしとされることが多くあります。ことばの理解が弱い、ことばが増えない、日常生活動作において年齢相当の行動ができないなどから気づくことが多いです。就学後の不適応症状を防ぐ必要もあることから、できれば３歳の段階から適切な支援がされる環境が望ましいです[22]。

　ことばの発音には、「さかな」が「たかな」や「ちゃかな」とサ行がタ行やチャ行に置き換えられる、いわゆる「幼児音」が見られることがあります。そのほかにはラ行がダ行やヤ行になる場合が多いようです。これらの「構音の未熟」は、発声のための身体の器官や脳の発達が完成する遅くとも就学前までには、正しく発音することができるようになります。発音の幼さが特定の音に限られ、聴力に問題がなく、言語理解の際には発語と同じような聞き違いがないことを確かめたら、言い間違いを正すのではなく、正しい発音を添えて答えるのが望ましいです[23]。

　幼児音がいつまでも見られる場合は、構音器官の形態と機能、聴力の検査や治療のほかに構音訓練が適切かどうか専門機関への相談も検討しましょう。訓練開始は４～５歳が適切であるといわれています[24]。

　ことばの発語が不明瞭な子どもには、食事を丸呑みせずによく噛むことを促し、笛を吹くなどの口がかかわる遊びを用意するなど、口腔機能を発達させます。また、指が不器用な子どもは、口の動きも不器用なことが多いので、遊びに手遊び、指遊びを多く取り入れてみましょう[25]。

（3）基本的生活習慣の発達

①食事

　こだわりの強い子どもに、偏食が見られます。同じ調理法でないと食べない、家庭では食べられるが場所が変わると食べない、特定の色や形の食べ物は受けつけないなどのこだわりが原因としてあります。子どもが食物アレルギーをもっていないようでしたら、まずは一口から嫌いな食事を食べることを試みてみましょう。

　発達障害のある子どもに食べ物をしっかりと噛まない子どもがいます。食事を食べやすくする工夫や、「カミカミごっくん」を食事時に教えてみましょう。

| 0歳児 | 1歳児 | 2歳児 | 3歳児 | 4歳児 | 5歳児 | 6歳児 |

②更衣・排泄

　注意欠如・多動性障害、限局性学習障害のある子どもに手の操作の不器用な子どもが見られます。手足をどうやって動かしたらいいかがわからず、着替えに時間がかかります。特にボタンは、指をどうやって動かすかわからないことから苦手になります。

　発達障害のある子どものなかには、オムツをはずすトイレットトレーニング（オムツはずし）を終えるのに時間がかかることがあります。保育者が、本人のそわそわするタイミングを見逃さないようにして、トイレに連れて行く練習を繰り返し、出なくても便座に座らせてみます。

　こだわりのある子どものなかに、いつも使う決まったトイレでないと嫌がることがあります。その場合は、毎回同じトイレに連れて行くようにします。しかし、少しずつほかのトイレも使えるようにするために、違う場所のトイレの近くに行き、まず見ることから始めましょう。家庭でも協力してもらい、いろいろな場所でのトイレに慣れるようにしていきます。

　感覚過敏のある子どもは、水の流れる音やみんなと一斉にトイレに行った際の騒々しい音、便座に座った感覚、トイレの光の色や明るさなどが苦手であったり、刺激に対して強く反応することが原因でトイレに行けないということもあります。その子がトイレに入れるように、トイレ環境が快適な空間になるよう、明るさを変えたり、ほかの子どもとタイミングをずらして行ってみたり、工夫をしてみましょう。

③遊び

　子どもは集団のなかにいるということが大切です。同じ空間のなかには、集団活動をしている子もいれば、個別にかかわる遊びをしている子どももいます。友だちと一緒に遊べなくても、近くにいて同じような遊びができていたり、砂場に一緒に入れるようであれば様子を見ていきます。

　衝動性の強い注意欠如・多動性障害のある子どもは、すべり台やブランコなど順番に待っている列に並ばず、勝手にブランコに乗ったり、すべり台をすべる子がいます。遊びのルールが守れない子どもは、ルールそのものを理解していないことがあります。順番はどこに並ぶのがよいのか、わからないのかもしれません。並ぶ場所をわかりやすくするために、室内であれば長椅子に順番に座って待ったり、屋外であれば白線を引いて、その線に沿って順番に待つ場所を作ったりなどして、順番を目に見えるようにしてみましょう。

虐待と発達障害

　子どもの虐待は、社会的な問題となっています。虐待によって死亡する子どもの数は、年間50件（心中による虐待を除く）近くまでのぼり、そのうちの85％が3歳未満の子どもたちです。虐待相談の件数は年々増加し、2017（平成29）年度の児童相談所に寄せられた相談対応件数は、133,778件でした[26]。障害のある子どもたちが虐待を受けることが多いことが指摘されています。障害のある子どもは障害のない子どもたちと比べて、保護者から不適切な対応や身体的、精神的、性的な虐待やネグレクトを受けることが3倍以上も多いという報告もあります。障害のなかでも特に注意欠如・多動性障害や自閉症スペクトラム障害が疑われるケースが虐待を誘発しやすく、児童相談所が受理するケースにこれらの発達障害のある子どもたちが多いです[27]。

　発達障害のある子どもは、静かにしなくてはならない場面でも動き回る、何度も言われても同じ間違いをする、こだわりが自分勝手に見えるなどの理由から、保護者から何度も叱られ、過度に厳しくしつけを受けることもあります。虐待にいたるまでには、発達障害そのものの存在に気づかないことから、子どもの障害の特性からくる育てにくさということが理解されず、まわりの人たちから保護者の育児に問題があるのではと責められる結果となり、そのことが保護者側の不適切なかかわりをさらに増幅させるケースが非常に多いです。これは保護者が子どもとのかかわりに困難を抱えていることが原因にあるでしょう。

　子どもへのかかわり方に悩んでいる保護者に対して、園ではその子どもとどのようなかかわり方をしているのかを伝えて、適切な対応の仕方を一緒に考えていくようにしましょう。保護者の不適切に思われるかかわり方を指摘して責めることのないように、保護者の頑張りを認めて共に考えていく姿勢が大事です。そのうえで、その子どもがどんなところに発達的な課題をもっているのかを、専門機関との連携や支援の必要性も視野に入れつつ、子どもの園での様子を見ていきましょう。

ケーススタディ編

プロフィール

コウ（3歳）

男児／6月14日生まれ／生活年齢3歳2か月

- ●家族　　　　3人暮らし／父親（40代後半・土木建設作業員）／母親（20代半ば・スナック店に夕刻から早朝まで勤務）／実母はコウが1歳のときに離婚し、現在はコウの兄（6歳）と暮らす／父親の両親は既に他界／母親はフィリピン出身で日本に親戚はいない
- ●住居　　　　住宅地にある3階建てアパートの2階
- ●出生時　　　体重2,770g／人工栄養で育つ／妊娠38週で帝王切開／生後しばらく新生児黄疸で保育器に入る
- ●出生後の発達　首すわり7か月までには完成／初歩10か月頃／初語2歳6か月（テレビコマーシャルのセリフをスラスラ言う）
- ●その他　　　0歳から保育園に通う／マイペースだが、気分の浮き沈みが激しい
- ●現在の発達　身長90cm／体重12.5kg

> **確認してみよう**　発達を3ページの図1-1の身体発育曲線や表1-1の運動機能通過率、および121ページの図4-1の身体発育曲線に当てはめ、解説を参考にしながら確認しましょう。

●生まれたときから現在までの様子

・出生時の体重：

・首すわりなどの時期：

●現在の発達

・身長：

・体重：

アクティブラーニング1 （難易度★★☆）

コウは０歳からこの保育園に通っています。以下のこれまでの記録を読んで、コウの発達の様子について気になるところをまとめ、発達を見る際に気をつけるべきところについて話しあいましょう。

〈ワークのねらい〉

・発達の記録を読み、子どもの発達と成長の様子を把握する
・記録から、子どもの課題とその展開について把握する
・他者と意見を交換することで視野を広げる

〈ワークのすすめ方／所要時間の目安・計35分〉

手順	ワーク内容	所要時間
①説明・準備	「ワークのねらい」と「ワークのすすめ方」を確認する。ワーク内容を確認し、３～４人で１つのグループをつくる	4分
②ワーク１ 個人作業	まずは話しあわずに１人でシーンを黙読し、それぞれの年齢の発達の様子で気になった箇所にアンダーラインを引く	6分
③ワーク２ 意見交換	グループ内で、お互いがアンダーラインを引いた箇所を見比べる。自分が気づいていない箇所をクラスメイトが指摘していた場合、その箇所に波線を引く。その際、なぜそこが気になったのかをお互い簡単に説明する	7分
④ワーク３ グループワーク	ワーク１とワーク２の内容をもとに、「コウの発達において注目すべきポイント」をグループごとに話しあってまとめる	8分
⑤感想・自己評価	やりとりをしてみて考えたこと、感じたことを「学んだこと／感想」欄に記入する。ワークをどのくらい積極的に行えたかを自分で評価し、あてはまるものに○をつける	5分
⑥まとめ	「ワークのねらい」を振り返り、自己評価する	5分

〈ワーク〉

以下の記録を読み、気になる箇所にアンダーラインを引きましょう。また、現在のコウの発達を見る際、気をつけるべきところについて話しあいましょう。

| 0歳児 | 1歳児 | 2歳児 | 3歳児 | 4歳児 | 5歳児 | 6歳児 |

0歳時

新生児のときのコウはあやすと人の目を見てよく笑い、ウニャウニャと喃語もよく発する赤ちゃんでしたが、しばらくすることばを発しなくなり、表情も落ち着き、おとなしくなっていきました。まわりで物音がしたり、隣で赤ちゃんが泣いたりしていてもそれにつられて泣くようなことはなく、空腹や排泄時に泣くこともない静かな赤ちゃんでした。ミルクはよく飲み、よく眠りました。7か月までには首も完全にすわり、腹這いの姿勢にさせると目の前のおもちゃを取ろうと手を伸ばす行動などが見られました。

ハイハイは8か月からでした。コウは右膝を立てて左足のつま先をつけた形でハイハイをしていました。まわりをキョロキョロと見渡してはおもちゃなどに手を伸ばしていましたが、正面で保育士が「コウくん、こっちこっち」と声をかけても、そちらに向かってハイハイして行ったり、目を合わせたりすることはありませんでした。声かけに対する反応が薄いため、一時は聴覚の問題が心配されましたが、園の外で救急車のサイレンなどが鳴ると大泣きしたり、家庭ではテレビの音声に反応したりしていたことから、聴覚には問題がないことがわかりました。

その後、つかまり立ちをするようになり、10か月で2、3歩くらいであれば歩くことができました。家庭でも人より物に強い興味を示し、写真を撮ろうとして両親が声をかけても、周囲にあるものにばかり目を向けてしまい、カメラの方をなかなか見てくれなかったそうです。

最初の数か月、コウの送り迎えは毎日父親がしていました。父親は朝、コウを預けるとすぐにそのまま仕事場へ向かい、帰りもコウを引き取るといつも足早に帰って行きました。入園前面接のとき、コウの母親は園に現れず、父親のみの出席でした。面接の際に保育士が母親について話題をふったところ、父親はあまりその話題に触れて欲しくなさそうな様子でした。しばらくすると、後にコウの母親になる女性（継母）がメインで園の送り迎えをしに来るようになりました。保育士はその女性とコミュニケーションを取ろうといろいろ話しかけたり、行事への参加を呼びかけたりしましたが、日本語がよくわからないらしく、話しかけてもはにかんで首を傾げ、足早に立ち去ってしまいます。連絡帳への記入も少なく、提出物も遅れがちで忘れ物も多く、園の便りなどにも目を通してくれているかわかりませんでした。

1歳時

1歳クラスに進級した時期あたりから、毎朝の登園時に大泣きするようになりました。保育士や保護者がなだめても泣きやまず、抱きあげようとすると身体をよじって逃れようとし、手や顔に触れられると嫌がって顔を背けたり、身体を反らせたりしました。泣く際

基礎理論編

ケーススタディ編

は「あーーーっ！」と言って嫌がりますが、それ以外のことばは発しませんでした。
　クラスでは、上の穴に入れたボールが下へと転がり落ちるおもちゃに興味を示し、ボールが転がる様子をずっと眺めている時期がありました。ボールが下まで落ちてしまうと、自分でそのボールをつまんで上の穴に入れることはせず、隣にいる保育士の腕をつかんで、ボールを入れさせようとしました。「コウくんが自分で入れてごらん」と声をかけても、視線はおもちゃに注がれたままで、自分で入れてみようとはしませんでした。保育士がコウの手にボールを握らせようとすると、身体をこわばらせて拒絶しました。夢中になって遊んでいる間、保育士が名前を呼んだり声をかけたりしても、そちらを見ることはありませんでした。
　保育士は前年度に引き続き、コウの保護者との連携を取ろうと試みていましたが、母親は無口でなかなかほかの保護者や保育士と打ちとけず、父親も多忙を理由に園の行事などにはほとんど参加しませんでした。

2歳時

　コウは2歳を過ぎても登園時に泣くことがよくありました。特に、いつもと違う保育士が朝のお迎えで立っていたりすると、引きつけを起こしそうになるほど大泣きしました。相変わらず、泣くとき以外にことばは出ず、名前を呼ぶとたまに呼ばれた方に顔を向けることがあるものの、目を合わせて笑ったり、人の顔色を見るような仕草をすることはありませんでした。おもちゃで遊んでいるとき、

「コウくん、それちょうだい」などと保育士が声をかけても、全く気にすることなく、そのまま遊び続けます。しかし、目の前に絵カードを掲げて「りんごはどれ？」「ヒヨコはどれ？」などと聞くと、言われた物を正確にさすことはできました。また、集中力はほかの子どもとは比べ物にならないくらい高く、おもちゃで遊び始めると長時間ずっと1人でそれで遊び続けることができました。近くで友だちが遊んでいても意に介さず、握っているおもちゃを誰かに取られそうになったときだけ、「うぇぇぇーー！」と大声をあげて抵抗しました。
　遊びのなかでも自発的な発語が見られないことを保護者も保育士も心配していましたが、2歳6か月くらいから突然、「かぞくのための、くるまです」「きょうもいちにちおげんきで」など、テレビで流れるコマーシャルのセリフやアニメのセリフをつぶやいたり、「コウくん、せいかいです…」などと独り言を言いながら遊ぶようになりました。また、人に何かを要求するときも「どうぶつビスケット。どうぶつビスケット。いま！いま！」など、欲しい物を告げられるようになりました。

| 0歳児 | 1歳児 | 2歳児 | **3歳児** | 4歳児 | 5歳児 | 6歳児 |

　　　保育士はコウの保護者と連携を取るため、さまざまな試みを続けていきました。コウの母親の母国語を調べて、連絡帳に母国語での挨拶を書き込んでみたり、保護者に渡す手紙にルビをふるようにしたりしました。
　　　そうした日々を送るうち、初めのうちは保育士が話しかけようとしても足早に去ってしまっていたコウの母親も、園を去る際は笑顔で手を振ってくれるようになり、保育士の問いかけが理解できないときは「ちょっとわからない」と答えてくれるようになりました。

●クラスメイトと考えたコウの発達において配慮したいポイント

_____

_____

_____

☞ 考える際の手がかり

　保育においては、まず各発達段階における特徴を理解したうえで、子ども一人ひとりの発達を見ていく必要があります。子どもの発達には個人差があり、得意な物や苦手な物、個性もさまざまです。ただ、そのなかでも保育者として気をつけていなくてはならないポイントはあります。気になる特徴が見受けられた場合、それが個人の要因によるものなのか、環境の要因によるものなのかを見極めるためにも、日々の様子をきちんと記録し、必要に応じて保護者に家庭での様子なども聞きながらかかわりを続けていくようにしましょう。しばらくかかわりを続けても状況が改善しない場合は、巡回の相談員と連絡を取ったり、小児科医に相談するなどの対応が必要になることがあります。日頃から職員同士の連携と相談を密にし、保育の積み重ねのなかで子どもの成長を考えられるようにするとよいでしょう。

コウの場合

　保育士は乳幼児期のころからコウの視線が合いにくいことを気にしており、コウが他者と目を合わせてコミュニケーションすることに興味をもてるよう、いろいろな工夫や取り組みを続けてきました。例えば、コウのお気に入りのおもちゃを渡すときは、保育士の顔の目の前に持ってきてからコウに手渡すなど、保育士の顔を少しでも見てくれるように工夫をし、少しでも目が合ったときには笑顔で褒めるようにしていました。しかし、最近のコウは頭をなでられたり身体に触られたりすることを嫌がるようになったため、どのような褒め方がコウにとっていちばん望ましいのか、保育士たち

は試行錯誤を続けながら日々の保育をしていました。また、ことばがなかなか出なかったことから、日常の保育のなかで積極的に声をかけたり、物を渡すときはその物の名前を告げながら渡すなど、ことばの発達を促すための取り組みも意識して取り入れていきました。また、コウの発達のためにも、コウの母親に対するサポートやアプローチを積極的に続けていきました。

まとめ／事例のチェックポイント
　　０歳時・初めは喃語が見られていたが、しばらくして消失した
　　　　　・視線が合わない
　　　　　・首すわりが完成する時期が遅めだった
　　１歳時・クレーン現象が見られる
　　　　　・身体接触を嫌がる
　　２歳時・自主的にコミュニケーションをしようとしないが、質問には答えられる
　　　　　・物の名前などは理解している
　　　　　・ことばが出るようになった
　　その他・父親は多忙、母親は日本語でのやりとりがスムーズではない

〈学んだこと／感想〉

_____

_____

〈今回のわたしの取り組み〉 振り返って、あてはまるものを○でかこみましょう

　　とてもよくできた　　　　　　よくできた　　　　　もう少しがんばれる

①　コウの園生活

シーン１：登園から午前中まで

　コウは今でもたまに朝の臨時職員の顔を見て大泣きすることがありますが、以前よりも泣く頻度が減り、朝の泣きは１週間に２度程度になってきました。
　以前は保育士に靴を脱がせられて余計に大泣きすることがありましたが、３歳児クラスにあがってからは、園に来ると自分で靴を脱ぎ、目印が付いている自分の靴箱に靴を入れて、

保育室に移動できるようになりました。ただ、手指の動きがスムーズでないため、靴を脱いだり上履きをはいたりするのに時間がかかり、ほかの友だちがどんどん室内に入っていくなか、いつまでも玄関付近に座りこんでいることがあります。また、せっかくはいた上履きの左右が逆で、歩きにくそうにしていることもありますが、「コウくん、靴を直そうか？」と保育士が声をかけると、身体ごとそっぽを向いて行ってしまいます。

最近のコウは段ボールを２つつなげて作った小さな家の遊具がお気に入りで、その中に年長さんが折り紙で作った四角いコースターを運び入れては床に敷き詰め、黙々と遊びます。絵を描いたり工作をしたりすることにはあまり興味を示さないコウですが、コースターを敷き詰める作業をするときはとても慎重にていねいに、隙間なくぴったりとコースター同士を並べていきます。ほかの人がその家の中に入ることは許さず、またほかの子どもが折り紙のコースターを使おうとすると、かんしゃくを起こしてその子につかみかかろうとすることがあります。静かな環境で集中して作業するのが好きなようで、遊具のまわりでほかの子どもたちが声をあげながら遊んでいると、遊具の中で耳をふさいで身体を丸め、身体をユラユラ揺すって煩わしそうにしていることがあります。

午前中はみんなで歌を歌ったり、リトミックをしたりする集団活動のプログラムがあるのですが、保育士が声をかけても、コウはなかなか遊びをやめず、またその遊具の中から出てこようとしません。保育士が活動に誘おうとして手を取るとそれを振り払い、その反動で自分が敷き詰めたコースターが乱れたりすると、床に突っ伏して大泣きします。午前中のおやつの時間になり、「コウくん、みんなと一緒におやつを食べましょう」と言われると、自分から出てきますが、自分のおやつを食べ終わると、またすぐにお気に入りの遊具の中に戻ろうとします。

保育士は、コウにも集団活動に参加して欲しいと思っていることと、園での様子を保護者に伝えましたが、父親からは「あの子が集中して何かに取り組んでいるなら、それを邪魔しないでやって欲しい。園に行きたくないと言って朝泣かれると大変なので、できるだけ好きなように過ごさせて欲しい」という返答がありました。

アクティブラーニング２　（難易度★★☆）

保育を行っていくうえでは、園が掲げる目標や保育者が大切にして取り組みたいと思っている事柄と、保護者の思いやニーズが食い違うこともあります。シーン１を読み、保育士としてどのように対応していけばよいか、みんなで話しあいましょう。

〈ワークのねらい〉

・発言内容から、相手の気持ちを考える
・他者と意見交換することで、物事を多角的に見る
・望ましい返答の仕方について考える

〈ワークのすすめ方／所要時間の目安・計35分〉

手順	ワーク内容	所要時間
①説明・準備	「ワークのねらい」と「ワークのすすめ方」を確認する。ワーク内容を確認し、3〜4人で1つのグループをつくる	4分
②ワーク1 個人作業	シーンをよく読み、保護者の返答に対する自分なりの返答の仕方を考える（「そうですか」などの短いことばだけで返答を済ませないようにする）	5分
③ワーク2 グループ内発表	グループ内で、お互いが考えた返答を発表しあう	6分
④ワーク3 グループワーク	ワーク1、ワーク2を参考にしながら、「今後の望ましい対応」「望ましくない対応」についてグループで話しあい、考えをまとめる	10分
⑤感想・自己評価	やりとりをしてみて考えたこと、感じたことを「学んだこと／感想」欄に記入する。ワークをどのくらい積極的に行えたかを自分で評価し、あてはまるものに○をつける	5分
⑥まとめ	「ワークのねらい」を振り返り、自己評価する	5分

〈ワーク〉

保護者の発言をよく読み、それに対する自分なりの返答を考え、今後の望ましい対応、望ましくない対応について、みんなで考えてみましょう。

●わたしが考えた返答

_____

_____

●クラスメイトと考えた今後の望ましい対応

_____

_____

●クラスメイトと考えた今後の望ましくない対応

_____

_____

| 0歳児 | 1歳児 | 2歳児 | 3歳児 | 4歳児 | 5歳児 | 6歳児 |

👉 考える際の手がかり

　日々の保育を円滑に行うためには保護者と保育者との連携が大切ですが、時には園側が取り組みたいと思っていることと保護者が望む取り組みとの間に、やむをえずズレが生じることもあります。ズレや食い違いが生じた際は、まず相手の言い分をよく聞き、ニーズの内容やその背景、もしくはそこに含まれている不安や不満を理解するようにしましょう。保育者として、園の思いを保護者にきちんと理解してもらいたいという気持ちはあると思いますが、まずは相手の気持ちや立場を考え、相手の話を最後まで聞き、相手の思いを語ってもらったうえで、その後の対応について共に考え、解決を図っていくことが必要です。

　この際の初期対応が不十分であったり不適切であったりすると、それをきっかけに保護者は園や保育者に対して不満や反感を抱きかねず、それは子どものためにも望ましいことではありません。すぐに返答しなくては、取りつくろわねばと焦るあまり、独断で曖昧な答えや適当な答えを返さないように注意しましょう。場合によっては、後日、面談の機会を設ける必要があることもあります。また、何か食い違いが生じた際、それをすぐに打ち明けてもらい、それについて話しあえるような信頼関係を日頃から構築しておくことも大切です。

😊 コウの場合

　コウの両親はそれぞれ多忙であったため、コウがあまり人とかかわりたがらず、1人でずっとおとなしく遊べる子どもであることを聞き分けのよさだと感じ、とくに不都合を感じていませんでした。そのため、本人が嫌がっているのに無理やり集団活動に参加させることで、家庭で余計な手間がかかるようになるのではないかということを心配していました。コウの父親は、何よりも毎朝コウが嫌がらずに保育園に行き、落ち着いた状態で帰宅することを強く望んでいました。「先生がコウのために、いろいろやってくれようとしていることはわかりますし、それ自体はうれしいのですが、コウが嫌がるのを無理やりというのはやめて欲しいんです。人にはそれぞれ苦手があって当然なのですから、それをどうにかしようとするよりも、長所を伸ばすべきではないですか？それにコウはまだ子どもですから、好きに遊ばせてやっていいじゃないですか。園で社交性やらなんやらを身につけることを、私たちはそれほど求めていないんです」

　1回めの面談で、コウの保育士は、まずコウの父親の話をじっくり聞くことに専念しました。その後、園で面談の内容についてほかの保育士と相談して検討し、また改めて今後の方針やかかわり方について面談の機会をもちたいという申し入れを行いました。コウの父親の要望に対しては、複数人の保育士がバラバラに返答するようなことは避け、対応の窓口は1つにしました。面談の際も、ベテランの主任か園長が必ず同席して話を聞くなど、父親にとって話がしやすい環境になるよう工夫しました。

〈学んだこと／感想〉

_____

_____

〈今回のわたしの取り組み〉振り返って、あてはまるものを○でかこみましょう

　　　とてもよくできた　　　　　よくできた　　　　もう少しがんばれる

シーン2：髪への興味

　夏が近づいたころ、コウは「コウくん、暑い？」と聞かれると「コウくん、あつい」と返すなど、質問されるとそれに短い返事を返すようになってきました。また、自分から積極的に視線を合わせてくることはないものの、最近は物を受け取る際にチラッと保育士の方を見たり、ほかの子どもが遊んでいる様子をチラチラと見るようになってきました。相変わらず段ボールの家の中に折り紙のコースターを敷き詰める遊びは続けていますが、ほかの子どもたちが家の中をのぞき込んだり、友だちが次に並べるコースターを手渡したりしても、自分のペースが乱されない限り、それを嫌がらなくなってきました。以前は友だちが一緒にコースターを並べようとすると、とても嫌がってかんしゃくを起こすことがありましたが、最近では無言でそれを許すようになりました。

　他者に対するコウの興味は次第に拡大していき、最近、コウは人の髪の毛に強い興味を示すようになりました。一緒にコースターを並べている子の髪をいきなり撫でたり、髪を束ねている保育士の髪の毛を引っぱったりします。保育士は、「何も言わないでいきなり触ると、みんなびっくりするからやめてね」「お人形やぬいぐるみの頭だったらなでてもいいよ」などと言って諭しましたが、本人は人の髪の毛を見ると触れずにはいられないようでした。初めは「やめてよー」などと言って笑っていた女の子も、髪を引っぱられたり結んだ髪を乱されたりすることが続くにしたがって、コウを敬遠し始めました。また、後ろからいきなり頭を触られた男の子はびっくりし

て、「コウがオレのこと、たたいた！」と保育士に言いつけに来たりしました。髪を触ろうとして伸ばした手を友だちに払いのけられたりすると、「なんで！なんで！」と言って激しく怒り、それでも諦めずに触ろうとして再度手を伸ばしてきます。

　家庭でも髪への強い興味が見られるのかどうかをコウの母親にたずねたところ、「（家で

| 0歳児 | 1歳児 | 2歳児 | 3歳児 | 4歳児 | 5歳児 | 6歳児 |

は私たちの髪に触ろうとしてくることは）ないですね…。ソファーでテレビ見ながら、クッションなでてることはあるけど…」という返事が返ってきました。

アクティブラーニング3　（難易度★★☆）

シーン2の場合、保育士としては誰に対して、どのような対応を行うのが望ましいでしょうか。みんなで考え話しあいましょう。

〈ワークのねらい〉

・グループ内で自分の意見を発表する

・自分の意見のよいところに気づく

・他者の意見のよいところを見つけ、評価する

・対応すべき相手とその具体的な内容を考える

〈ワークのすすめ方／所要時間の目安・計35分〉

手順	ワーク内容	所要時間
①説明・準備	「ワークのねらい」と「ワークのすすめ方」を確認する。ワーク内容を確認し、3〜4人で1つのグループをつくる	4分
②ワーク1 個人作業	まずは1人で「誰に対して」「どのような対応をしたらよいか」を考えて記述する（「誰に対して」はできるだけ1人に対してだけでなく、複数人への対応を考えられると望ましい）	5分
③ワーク2 グループ内発表	グループ内で、ワーク1で考えた自分の意見を順番に発表する	5分
④ワーク3 フィードバック	クラスメイトの対応を評価し、グループ内で順に1人ずつフィードバックする。クラスメイトからもらったコメントは「good!」欄にメモしておく	5分
⑤ワーク4 グループワーク	ワーク1〜3を参考にしながら、「誰に対して」「どのような対応を行いたいか」を全員で話しあってアイディアをまとめる	6分
⑥感想・自己評価	やりとりをしてみて考えたこと、感じたことを「学んだこと／感想」の欄に記入する。ワークをどのくらい積極的に行えたかを自分で評価し、あてはまるものに○をつける	5分
⑦まとめ	「ワークのねらい」を振り返り、自己評価する	5分

〈ワーク〉

シーン2をよく読み、誰に対して、どのような対応をしたらいいか、みんなで考え話しあいましょう。

●わたしが考えた、誰に対して、どのような対応をしたらよいか

記入例：髪を引っぱられた子どもに対し、「痛かったね」や「びっくりしたね」と声をかけて寄り添う。

_____

_____

---

good!

記入例：保護者にもう少し詳しく「なでる」行動について聞いてみるというのは、よいアイディアだと思った。

_____

_____

●クラスメイトと考えた、誰に対して、どのような対応をしたらよいか

_____

_____

_____

☞ 考える際の手がかり

　日々の保育のなかで何か問題が生じたときは、必ずそれに対する対処法を考える必要があります。保育者同士の話しあいの結果、仮に「しばらく様子を見る」という結論になったとしても、それは「ただ放置する」ということではありません。その状況のなかで、誰がどのような不満や不安、要望をもっていて、どのような対応を望んでいるのかを整理したうえで、一人ひとりにできる限りの対応をしていくことが大切です。一度に全ての問題を完璧に解決することはできないかもしれませんが、そのためにもまずはするべきことを整理し、優先順位をつけたうえで、職員同士で連携して問題解決にあたっていきましょう。

🙂 コウの場合

　保育士は、これまで周囲の人に興味を向けなかったコウがどんな形であれ他者に興味を示し始め、また自分からかかわりをもとうとし始めていること自体は尊重したいと考えていましたが、適切でないかかわり方についてはきちんと正しいやり方を伝えていく必要がありました。また、クラスでも友だちに嫌なことを嫌だと伝えるための

| 0歳児 | 1歳児 | 2歳児 | **3歳児** | 4歳児 | 5歳児 | 6歳児 |

適切な言い方について話したり、仲直りをテーマにした絵本を読んだりと、しばらくの間は、そのつど保育士がコウと友だちとの間のフォローに入るように心がけました。

　また、保護者の話によると、最近のコウは手触りのよいものや毛並みのよいものに対して興味をもっている様子だったため、園庭で飼っているウサギやニワトリと触れあう活動を保育のなかに積極的に取り入れるようにしました。初めは尻込みしていたコウでしたが、しばらくすると動物との触れあいにすっかり夢中になり、動物を見に行ったり、動物の絵本を眺めたりすることに多くの時間を使うようになっていきました。そうしたことをしばらく続けるうち、コウはいつの間にか人の髪に対して以前ほどの興味を示さなくなりました。それでも触りたくなってしまったときは、きちんと「さわっていい？」とたずねることができるようになり、「いやだ」と断られても怒ったりすることなく、「そっかー」と納得できるようになっていきました。

〈学んだこと／感想〉

_____

_____

_____

〈今回のわたしの取り組み〉振り返って、あてはまるものを○でかこみましょう

　　　とてもよくできた　　　　　よくできた　　　　　もう少しがんばれる

②　コウの担当保育士の取り組み

シーン：夏の水遊び

　７月になり、園では保育内容に水遊びが取り入れられる時期になりました。去年までのコウは、家庭でお風呂に入れたり髪を洗うのも毎回一苦労だと保護者が話していたように、少しでも顔に水がかかったり足が濡れたりすると、まるで怪我をしたかのように大泣きすることがありました。しかし、最近は家庭での入浴も嫌がらなくなり、園でもバケツに入った水をかき混ぜて遊んだりする行動が見られるようになったため、保護者との話しあいの結果、今年は無理のない範囲で、水遊びやプール遊びへの参加を促してみることになりました。

　ある日、園庭で年少クラスが水遊びしている様子を眺めていたコウに、保育士が「コウ

くんも、今度あれ、やってみようね」と声をかけると、コウは「いい！いい！やらない！やらない！」と尻込みしました。その後、クラスでプールの話が出るたびに「コウくんやらないよ！やらない！」と言って部屋の隅にしゃがみ込み、泣きそうな顔になります。

　プールに限らず、最近のコウは初めて見るものや初めて食べるもの、やったことがないものに挑戦することを拒否することが多くなってきました。一度経験して大丈夫だとわかれば、それ以降は今まで嫌がっていたのが嘘のように楽しんで取り組んだり、気に入って食べたりするのですが、最初の一歩にいつも苦戦してしまいます。

アクティブラーニング4　（難易度★★☆）

水遊びのシーンの場合、保育士としてどのようなかかわりや工夫ができるでしょうか。みんなで考えて意見をまとめましょう。

〈ワークのねらい〉

・状況と子どもに合わせた対応を考える
・グループ内で自分の意見を発表する
・他者の意見を聞き、視野を広げる
・グループで話しあい、意見をまとめる

〈ワークのすすめ方／所要時間の目安・計35分〉

手順	ワーク内容	所要時間
①説明・準備	「ワークのねらい」と「ワークのすすめ方」を確認する。ワーク内容を確認し、3〜4人で1つのグループをつくる	4分
②ワーク1 個人作業	まずは話しあわずに、1人でコウに対する「かかわり／工夫」を考えて記述する。できるだけ多くのアイディアを出せるよう考える	5分
③ワーク2 グループ内発表	グループ内で自分の意見を発表する。クラスメイトの意見の内容やよいと思ったところをメモする	6分
④ワーク3 フィードバック	ワーク2のメモを参考に、それぞれのクラスメイトに対してよかったと思う点を1人ずつ順番に発表する。クラスメイトからもらったコメントは、「good!」欄に記入しておく	5分
⑤ワーク4 グループワーク	ワーク1〜3の内容を踏まえてグループ内で話しあい、コウに対してどのような「かかわり／工夫」ができるかを考えてまとめる	5分
⑥感想・自己評価	やりとりをしてみて考えたこと、感じたことを「学んだこと／感想」欄に記入する。ワークをどのくらい積極的に行えたかを自分で評価し、あてはまるものに○をつける	5分
⑦まとめ	「ワークのねらい」を振り返り、自己評価する	5分

0歳児	1歳児	2歳児	3歳児	4歳児	5歳児	6歳児

〈ワーク〉

コウの水遊びへの参加について、保育士としてはどのようなかかわりや工夫ができるでしょうか。みんなで考えて意見をまとめましょう。

●わたしが考えたかかわり／工夫

_____

_____

●クラスメイトの意見／よかったところ

_____

_____

---

good!

記入例：まずは足首くらいまでの水位で水遊びするというのは、よいアイディアだと思った。

_____

_____

●クラスメイトと考えたコウに対するかかわり／工夫

_____

_____

_____

☞ **考える際の手がかり**

　その季節ならではの行事への参加は、子どもにとって貴重で楽しい経験になり、思い出にも残りやすいものです。しかし、特に水への慣れには個人差があるため、不注意なかかわりによって子どもが水に対して苦手意識をもつことがないよう、子どもの様子を見ながら、少しずつ水に慣れ親しんでもらうことが必要でしょう。

　また、1つのことに集中しやすい傾向の子どもは、夏場に外で遊んでいると休憩したり水分補給したりすることを忘れがちです。日差しが強い日はこまめに声をかけて休ませたり、日陰に誘導するなどして、子どもの体調にも同時に気を配りましょう。

基礎理論編

ケーススタディ編

141

😊 コウの場合

　保育士は、コウがみんなと楽しく水遊びができるよう、少しずつ水に触れることに慣れさせていこうと考えました。例えば、水で濡らした手で壁に手形を押して遊んだり、石鹸水を作ってみんなで泡やシャボン玉で遊んだりして、濡れることへの抵抗感を減らしていこうとさまざまな工夫をしました。初めのうちは手や足が濡れることを嫌がっていたコウでしたが、友だちと一緒になって泡遊びに夢中になっているうちに、いつのまにか顔に泡が付いたり、頬にシャボン玉が当たったりしても、平気で笑っていられるようになりました。

　裸足になって足に付いた泡を流すことも平気になってきた今であれば、足首までの高さに水を張ったプール程度であれば、楽しく遊べるのではないかと考えられました。しかし、プールで遊ぶにあたっては、着替えや体調の問題などもあるため、プールで遊べない子どもがいた場合の代わりのプログラムの立案も含め、保育士たちは相談を重ねていきました。

〈学んだこと／感想〉

_____

_____

_____

〈今回のわたしの取り組み〉 振り返って、あてはまるものを〇でかこみましょう

　　とてもよくできた　　　　　よくできた　　　　　もう少しがんばれる

③ コウの保護者とのかかわり

　その年の夏の終わり、コウは家庭の事情により転園することになりました。コウの母親からの希望で行われた最後の面談で、母親は「ここに来たときから、ずっとありがとうございました」「コウもわたしもパパも、先生たちのおかげでずいぶん変わりました」と保育士に言いました。初めのうち、園に期待することなど特に何もないと言っていたコウの父親は、仕事の形態が変わって忙しくなり、最近はあまり園に顔を見せなくなりましたが、日々成長するコウの様子を見て喜び、「先生のおかげだな」と家庭でよく話しているとのことでした。

　引っ越す前に、コウの母親が面談を希望したのには理由がありました。「わたしは日本

語がうまくないので、次のところで、コウのことをお願いするのが心配です」、そう言って不安がる母親のために、保育士はこれまでのコウの発達と成長、コウの特徴や園のなかで取り組んできた課題などをまとめた手紙を、次にコウを受けもつ園の保育士に宛てて書き、転園の前に渡すことを約束しました。

アクティブラーニング5 （難易度★☆☆）

あなたが保育士であれば、次にコウの保育を担当する保育士にどのような情報を伝えますか。自分なりに項目を立て、工夫しながら引きつぎのための資料を作成しましょう。

〈ワークのねらい〉

・これまでの子どもの発達の様子を振り返り、要約する
・子どもの特徴や行うべき配慮について的確な表現で伝える
・これまでの園での取り組みとその成果についてまとめる

〈ワークのすすめ方／所要時間の目安・計30分〉

手順	ワーク内容	所要時間
①説明・準備	「ワークのねらい」と「ワークのすすめ方」を確認する。ワーク内容を確認し、3〜4人で1つのグループをつくる	4分
②ワーク1 個人作業	まずは話しあわずに1人で考え、「わたしが考えた必要事項」を記述する	6分
③ワーク2 意見交換	グループ内でお互いのテキストを交換し、メンバーが考えた必要事項を読む	5分
④ワーク3 フィードバック	お互いの取り組みのよかった点を1人ずつフィードバックする。クラスメイトからのフィードバックは「good!」欄に記入しておく	5分
⑤感想・自己評価	やりとりをしてみて考えたこと、感じたことを「学んだこと／感想」欄に記入する。ワークをどのくらい積極的に行えたかを自分で評価し、あてはまるものに○をつける	5分
⑥まとめ	「ワークのねらい」を振り返り、自己評価する	5分

〈ワーク〉

次にコウを担当する保育士に宛てて、必要事項を伝達しましょう。

●わたしが考えた必要事項

・基本的生活習慣について：

_____

_____

_____

・集団活動・社会性について：

_____

_____

_____

good!

記入例：コウが好きな遊びについて伝えておくのは、よいアイディアだと思った。

_____

_____

〈学んだこと／感想〉

_____

_____

_____

〈今回のわたしの取り組み〉振り返って、あてはまるものを○でかこみましょう

　　　とてもよくできた　　　　　よくできた　　　　もう少しがんばれる

④ コウのその後

　まもなくコウは転園して行きました。しばらくはコウの保護者からは連絡がありませんでしたが、2年後の秋、園宛に手紙が届きました。手紙のなかには、転園した先の園で友だちと一緒に水着姿でプールに入り、楽しそうに笑っているコウの写真と、「いま、

ぼくはすいみんぐすくーるで、くろーるをならっています。ままよりじょうずです。せんせいもみんなげんきでいてください。またあそびにいくね」というコウからの手紙と絵が入っていました。手紙を受け取った園長先生は、その後、退職していたコウの担任だった保育士に連絡を取り、写真と手紙を見せ、成長を喜びあいました。

5 コウのケースにおけるキーワード

〈ワーク全体を通しての感想／気づいたこと〉
この章の事例とワークを通して学んだこと、感じたことをメモしておきましょう。

_____
_____
_____
_____
_____
_____
_____

第5章

4歳児

　4歳の子どもは、日常生活で困らない程度の会話が成り立ち、身辺のことはほぼ自分でできるまでに成長します。周囲の子どもたちはできることが増えていくなかで、発達に偏りがある子どもは周囲と違う行動が見られ、さらにできないところが目立ち、いわゆる気になる子として見られがちです。子どもの発達の遅れや偏りによる困り感に寄り添うために、発達障害に関する知識と子どもへのかかわりについて学びましょう。

基礎理論編

1 4歳児の発達

(1) 運動の発達

①粗大運動

　4歳の子どもの身長は出生時の2倍の約100cm、体重は5倍の約15kgまでに成長します。歩行はさらにしっかりとした足取りになり、一歩ごとに足の親指の付け根に力を入れてキックして歩くことができ、1時間以上の散歩ができるようになります。階段は大人のように昇り降りともに、片足ずつでできるようになります。走るスピードも増し、跳べる幅や飛び降りる高さも伸びてきます。片足でしばらく立っていられ、片足ケンケンが2回以上できるようになり、ブランコに立ち乗りすることができるようになります[1]。

②微細運動

　お絵描きでは、鉛筆を正しく持ち、最初と最後が合うように閉じた丸を描けるようになります。ハサミの操作が上手になり、曲線に沿って切ることが可能となり、簡単な形

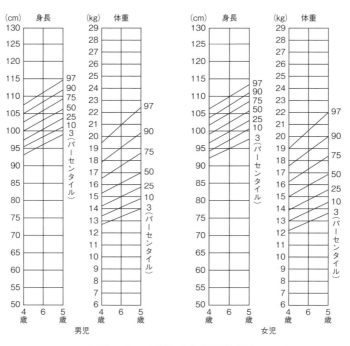

図5-1　4歳児の身体発育曲線
厚生労働省雇用均等・児童家庭局母子保健課（2011）．平成22年乳幼児身体発育調査より作成

| 0歳児 | 1歳児 | 2歳児 | 3歳児 | 4歳児 | 5歳児 | 6歳児 |

を切り抜くことができます。4歳後半では、紐をかけてコマ回しができたりと手先が器用になります。また利き手がほぼ定まってくる時期です[2]。

(2) 認知・社会性の発達

①認知

　午前と午後の区別がわかり、左右も理解できます。10以上の数を言え、10までの数字であれば、あめやクッキーなどがいくつあるかわかります。4歳の子どもの80％が鉛筆やクレヨンを使って三角形を描くことができるようになります[3]。絵画は顔から手や足や胴などが出たのちに、胴から手や足が出ている人間を何人も書くことができるようになります。「重い－軽い」「強い－弱い」を理解し、5個以上の数の「多い－少ない」などの比較ができるようになります[4]。

②社会性

　4歳の子どもの90％が、ブランコやボール遊びなどで順番や規則を守り、クラスでの決まりを守ることができます。集団遊びなどのさまざまな活動において、友だちと楽しく交わったり、決まりごとを守ったりすることは、4歳児ではほぼ確立されてきます。自分や他者の心の働きや状況を理解し、相手の視点にも立てるようになり、「順番っこにしよう」「私が使ってから、○○ちゃんに貸してあげるからね」などと他者と協調しようとする姿が見られるようになります。

　友だちのおもちゃが欲しくても無理に取ったりしない、よく言って聞かせると嫌なことでも我慢できるなど、感情をコントロールすることができるようになってきます[5]。

　言われてできる手伝いが増え、バケツの水を運んでぞうきんで机を拭くこともできます。4～5人で力を合わせて机を運ぶなどの仕事ができるようになり、みんなで部屋の片づけや遊んだ後始末ができるようになります。それぞれの役割を自覚して、それに沿った行動を取ったりすることができ、集団生活に必要な決まりを当番、グループ活動、係の活動を通して理解していきます。

③ことば

　ことばの発達は語彙数が1,500～2,000語までに増え、母国語としての話しことばをほぼ獲得し、日常生活で困らない程度の会話が可能となります。拾い読みであれば、ひらがなを読めるまでになります。

　絵本のお話や状況の詳しい説明をすることができるようになります。保育所・幼稚園であったことをわかるように話したり、ほかの人に自分の体験したことを感情を添えて伝えたりすることができるようになります。見かけはあまり3歳児と変わりのないように見えますが、ことばを手がかりに考える力がかなり育ってきます[6]。

基礎理論編

ケーススタディ論

149

（3）基本的生活習慣の発達

①食事

　生活習慣が一通り身についてきます。お茶碗と箸を両手に持って食べられるようになります[7]。

②更衣・排泄

　排便の際、1人で全てできるまでになります[8]。また保育者に言われなくても、自分の判断でトイレに行けるようになります。歯を磨く、口をすすぐ、鼻をかむ、顔を洗う、入浴で身体を洗うなどの身辺のことも1人でするようになります[9]。

③遊び

　4歳の子どもは、ルールを理解することができ、ルールに沿って遊ぶことが楽しいとわかります。また4歳の子どもの90％が、3〜5人くらいの仲よしの友だちがいます。おもちゃや積み木などの遊具の貸し借りや、ブランコなどを友だちと順番に使うことができ、喧嘩した後は仲直りができるようになります[10]。

　かくれんぼや鬼ごっこなどの遊びをみんなと一緒にでき、ままごとや戦隊ヒーローごっこなどのごっこ遊びを通して集団遊びができるようになります。仲間との遊びを通してルールを守り、社会性を身につけていきます。

2 4歳児の発達に見られる遅れ・偏り

（1）運動の発達

①粗大運動

　片足ケンケンを1回跳んだらすぐに反対側の足が付いてしまうのは、筋力、平衡機能、発達のいずれかに問題がある可能性があります[11]。

　じっとしていることができず、常に動き回っていたり、集中して1つのことに取り組む様子が見られず、次々と遊びをめまぐるしく変えていったりする子どもがいます。子どもは年齢があがるごとに、周囲の状況に似合った行動が取れ、落ち着いてきます。まわりの子どもたちと違った行動がたびたび見られる場合は、行動の発達に問題はないか、注意して見ていきましょう。

②微細運動

　ハサミがうまく使えない、ボタン掛けに時間がかかる、箸を使えないなどの微細運動に困難を示す子どもがいます。注意欠如・多動性障害や限局性学習障害のある子どもに

| 0歳児 | 1歳児 | 2歳児 | 3歳児 | 4歳児 | 5歳児 | 6歳児 |

発達性協調運動障害の疑いのある子どもがいます。発達性協調運動障害とは、筋肉や神経、視覚・聴覚などに異常がないにもかかわらず、動きがぎくしゃくしてさまざまな運動や日常生活動作が困難な障害です。縄跳びができない、自転車に乗れないなどいわゆる「運動音痴」や、手先の「不器用」といった状態になります[12]。やる気がないからとか、練習不足から上達しないのではありません。手先を動かす遊びを、楽しみながら時間をかけて取り組みましょう。

（2）認知・社会性の発達

会話がうまく成り立たないのには、①言語獲得自体に障害がある、②ことばをコミュニケーションツールとして使用する能力に問題がある、③記憶や想起の障害がある、の3つの原因があります。

①では、全体の知的な発達に遅れがある知的障害と、知的には遅れがない限局性学習障害と、言葉を理解できても構音の障害などによる言語障害がある場合があります。話す能力はあっても話をしない場合は緘黙が考えられます。

②では、話しかけられてもその問いかけとはズレた返答や、相手の反応に構わず自分の言いたいことを一方的に話している状況が見られます。自閉症スペクトラム障害のある子どもに見られ、相手が示す話題への共通の関心（共同注意）が低いことによります。独り言が多く内容が意味不明であったり、コマーシャルのセリフやアニメのある一場面の会話を何度も繰り返して言ったりする子どももいます。言葉をたくさん話しているように見られることから、言葉の発達に問題があることに気づかれにくいです[13]。

（3）基本的生活習慣の発達

①食事

発達障害のある子どもに手先に不器用さがある子どもがいます。箸を上手に使えないときには、まずはスプーンを上手に使えるようにし、食事の時間が楽しみと思うことを優先しましょう。親指、人差し指、中指の3点握りが鉛筆で可能であれば、まずは1本の箸で刺して食べられる物から始めてみます。次に、箸を開閉する必要の少ない麺類をひっかけて食べるようにしてみます。箸を使う自信がついてきたら、四角く切ったホットケーキなどを少量ずつから箸でつまんで食べてみましょう[14]。

②更衣・排泄

感覚に過敏性のある子どもは、着替えの前後での素材やフィット感の変化、肌触りの変化を嫌い、着替えを嫌がることがあります。日頃から感覚を使った遊びを取り入れて、いろいろな肌触りを経験しておきましょう。

③遊び

　自閉症スペクトラム障害のある子どもは、自由時間にほかの子どもと一緒に遊ぶことをせず、1人で黙々と室内でブロック遊びをしたり、好きな本をいつも読んでいたりして、ほかの子どもに関心がないように見えます。本当は一緒に遊びたいけれど、仲間に入れてもらうにはどう対応するべきかわからない場合が多いです[15]。仲間に入れてもらうときには、「いれて」「あそぼ」などのことばがあります。それらを言うタイミングがわからない様子のときは、実際の場面で教えてあげるようにしましょう。また1人で言えたときには、褒めてあげましょう。

　発達障害のある子どもに鬼ごっこのルールを守れず、うまく集団遊びに参加できない子がいます。ルールに従って動くにはどうしたらよいかことばだけではルールが理解できなかったり、だれが鬼か見分けがつかないことから、鬼にタッチされても鬼にならずに逃げ続けたり、かくれんぼうをして見つかっても隠れ続けたりすることがあります。鬼の子はわかるように帽子をかぶって誰が鬼の子か目立つようにしたり、保育者も一緒に「鬼ごっこ」に参加して子どもに状況を伝えるなどの工夫をしたりすることで、子どもは安心して楽しく遊ぶことができます。

気になる子への対応

（1）注意欠如・多動性障害のある子どもへの対応

　4歳ごろになると、これまで活発に動いていた子どもも「今、しなくてはならないこと」があるとそこに注意が向き、落ち着き始めます。注意欠如・多動性障害の多動性の特徴がある子どもは、4歳になってもじっとしていることが難しく、常に動き回る姿が見られます。まわりが落ち着いていくなかで、注意欠如・多動性障害のある子どもの行動はクラスのなかで目立ってきます。

　また、気が散って保育者の話を聞いてないような姿が見受けられます。部屋にあるほかの物に注意が向いてしまって、落ち着かなくなり、注意がそれてしまうことが原因としてあります。その子の席を保育者の近くにしたり、まわりの余計な情報は見えないようにしたりするなど、環境を整えます。話をするときは「これから○○についてお話をするよ」と話す内容を予告することで、子どもが注意を向けることができるようになります。

　4歳になった子どもたちはルールを理解し、ルールを守りながら集団での遊びを楽しむことができます。注意欠如・多動性障害の衝動性のある子どもは、順番を守れなかったり、突然列を離れて自分の興味をもった物に向かって駆けだしたりする子がいます。衝動性の強い子どもは、どのようなときに集団から離れるのか、その子の行動やどんな物に興味があるのかを日頃から把握しておきます。勝手に列から離れないことを約束し、その子の関心がそれそうになったら声かけをするように気を配ります。これからの活動をイラストにして事前に

| 0歳児 | 1歳児 | 2歳児 | 3歳児 | 4歳児 | 5歳児 | 6歳児 |

示して見通しが立てられるようにしておくことも有効です。

　4歳児クラスでは、保育者がいなくとも自分たちでルールをつくったり、遊びを工夫したりして子ども同士の遊びが広がります。しかし子ども同士では、お互いの意見がぶつかることもあります。そんななか、友だちから注意や非難をされたことが気に入らなく、すぐにカッとなって、友だちを叩いたり、蹴ったりする子がいます。感情のコントロールができず、衝動性が高いことから、手が出ることが考えられます。人を叩いたり、蹴ったりする以外のことばで自分の意思を伝える方法を教えます。まず、その子の気持ちに寄り添い、何が嫌だったのか、何をしたかったのかを探ります。相手の状況や周囲の状況を理解できないことが原因の場合には、わかりやすいことばで説明をしましょう。そのうえで、どうしたらよいか具体的に教えていきます。嫌な気持ちになったときには叩いたり蹴ったりする方法ではなく、「やめて」「○○しないで」と自分の気持ちを伝えることばを教えましょう。

　トラブルをよく起こす子どもには、日頃から保育者は注意して子どもの行動を見ていきます。トラブルが起きたときは、そのつど適切な対応の仕方を子どもに教え、トラブルが起きた状況を記録しておきましょう。いつ、どこで、だれと、どんな状況であったのかを記録することで、その子のトラブルが起きやすい時間帯や状況、またその子の気持ちなども見えてくることもあります。場合によっては、その子に担当の保育者をつけることで、トラブルになりそうになったときには、保育者が間に入ってトラブルにならないように未然に防ぐことができます。

（2）自閉症スペクトラム障害のある子どもへの対応

①こだわりへの対応

　自閉症スペクトラム障害のある子どものなかには、順位にこだわり、何でもいちばんでないと気が済まない子どもがいます。その子のわがままからこだわるのではなく、いちばんでないときへの不安が強いことが原因としてあり、またこれまでいちばんになったことを評価されたことが多く、こだわることもあります。保育者は順位を評価するのではなく、その子の頑張った過程を評価して、「頑張ったね、よくできたね」と褒めるようにします。

　座る場所にこだわる子は、その場面を不安に感じ「いつもと同じ」であることで安心することが原因としてあります。座る座席にその子の名前シールとマークなどで場所を示し、定期的に座る場所を変えて、違う場所でも問題がないと思えるようにしていきましょう。席を変えるときには、事前に変更することを知らせておくことが必要です。自閉症スペクトラム障害のある子どもがこだわりを示したり、同じ行動を繰り返したりするのは、不安を強く感じるときに現れやすいことから、こだわりが強くならないように、環境を整えることが大切です。

②パニックへの対応

　自閉症スペクトラム障害のある子どものなかには、事前に伝えてもらっていた予定が当日になって急に変更になってしまったときなどに、パニックを起こすことがあります。泣きだすとなかなか泣きやまなかったり、奇声をあげたり、場合によっては自分の身体を叩き続けるなどの自傷や、周囲の人を叩いたり、他傷など、いろいろな行動を示すことがあります。

基礎理論編

ケーススタディ編

153

自閉症スペクトラム障害では、想像する力や認識する力が乏しいことから、これから何が起こるのかわからず不安になりパニックになります。パニックになったときは、まずは落ち着ける場所に移動して、気持ちを落ち着かせることが大事です。周囲から情報が入らないようなカーテンやつい立などで区切られた狭いスペースがパニックを落ち着かせ、気持ちを切り替えるのに最適な場所です。押さえこんだり、声をかけたりすることは逆効果です。

　パニックが起こらないように対応をすることが第一です。予定の変更がある場合は、事前にその子にわかるように伝えましょう。ことばだけでなく、視覚的な手がかりを用いて伝えると、目で見て確認ができるので安心します。

　感覚の過敏が原因で、子どもの嫌いな音やにおいなどが刺激になってパニックになることもあります。日頃から、子どもの苦手な物、嫌いな物を把握しておくこともパニックを起こさないで済むことにつながります。当該児がパニックを起こすことで、まわりの子どもたちもパニックになってしまうことがあります。その子が何かに取り組むときは「それをすると○○ちゃんが困っちゃうからやめようね」「○○ちゃんはこういうこと嫌いだから、気をつけてあげようね」と周囲の子どもにも説明をします。お互いが安全に生活するために、保護者にも「こういう特徴があることを伝えていいですか？」と、確認してから、特性を周囲の子どもに伝えておきましょう。クラスの子どもたちが「大きい声は○○ちゃんがびっくりしちゃうからね」とドアが開けっ放しになっていた際にきちんと閉めてくれるなど、子どもたちが協力してくれるようになります。環境を整えながらパニックを起こさないような対応をしましょう。

③自傷行為への対応

　気に入らないことが起こったり、不快な気分になったりするなど、ストレスや不安が原因で自傷行為を行う場合があります。自傷行為を始めてしまった場合には、「やめなさい」と叱ることは逆効果です。自傷行為がおさまるまで、怪我をしないように注意しながら静かに見守ります。別室に連れて行きクールダウンをさせる、好きなものを手渡して気持ちを切り替えるなどの方法が効果的です。頭を壁に打ちつける、こぶしで頭を叩くなどして怪我をする恐れがあるときは、クッションやタオルなどをはさんで子どもの身体をカバーするようにします。

　自傷行為を行っているときに近くに人がいると、その人に手を出してしまう他傷行為につながる場合もあるため、できるだけほかの子どものいない場所に移動をさせるか、ほかの子どもを移動させる対応をします。自傷行為がある場合には原因を突き止めて、問題を解消していくことと、ストレスのはけ口や解消方法をつくってあげることが重要です。

ケーススタディ編

プロフィール

リク（4歳）

男児／10月6日生まれ／生活年齢4歳11か月

- ●家族　　　　4人暮らし／父親（40代前半・会社員）／母親（40代前半・会社員）／弟（2歳・リクと同じ保育園に0歳から通園）
- ●住居　　　　分譲住宅地の一角にある2階建ての一軒家
- ●出生時　　　体重2,980g／人工栄養で育つ／帝王切開（逆子）
- ●出生後の発達　首すわり4か月／1人歩き10か月／初語2歳5か月
- ●その他　　　0歳から通園

・0歳時
眠りが浅く長時間泣き続ける／タオルで顔や手を拭かれると大泣きする／なかなかミルクを飲まない／声かけや働きかけに対する反応が鈍い

・1歳時
ハイハイしない／10か月でつかまり立ちから歩行開始／声かけや働きかけに対する反応が相変わらず鈍い／目が合いにくい／指さし行動が見られない／クレーン現象が見られる／偏食（ヨーグルト、おかゆ、うどんなどの白色の食物は食べるが、濃い色の食物を嫌がる）

・2歳時
2歳6か月ごろから急に話し始める（物の名前など）／友だちには興味を示さない／1人で黙々と集中して遊ぶ／基本的にはおとなしいが、思い通りにいかなかったりイライラしたりすると自傷行動が出る（髪の毛を引っぱる、壁に頭をぶつける）

・3歳時
3歳児健診で経過観察／小児科医の診察でも経過観察／話し好きになる（興味のあることについて一方的にしゃべり続ける）／星や星座、宇宙の本に興味を示す／几帳面／やり方やルールにこだわりがある

（本の並べ方、洋服のたたみ方、手の洗い方など）
●現在の発達　身長101cm／体重14kg

確認してみよう　　発達を3ページの図1-1の身体発育曲線や表1-1の運動機能通過率、および148ページの図5-1の身体発育曲線に当てはめ、解説を参考にしながら確認しましょう。

●生まれたときから現在までの様子

・出生時の体重：

・首すわりなどの時期：

●現在の発達

・身長：

・体重：

☞ **考える際の手がかり**

　長く園で過ごしている子どもの場合、園でのかかわりにも積み重ねがあります。そうした子どもと初めてかかわる際には、まずこれまでの発達において、どの段階でどのような特徴が見受けられ、それに対して園ではどのような対応を行い、それがどのような結果になっているのかをよく整理し、その子の特徴をつかむことが大切です。

リクの場合

　リクの場合、新生児期から目の合いにくさやコミュニケーションの成立しづらさが見受けられたため、園ではリクに対して以下のような取り組みをし、経験を積み重ねることを心がけてきました。そうした取り組みを経て、リクは今では人とかかわることを以前よりも避けなくなり、自分から人に話しかけるような行動も見受けられるようになりました。

　園で行った主な取り組み

　　・0歳時：スキンシップと声かけを密にする
　　・1歳時：おもちゃなどを使って、意識的に周囲の人と目を合わせさせる／引き続きスキンシップと声かけを密にする

- 2歳時：何かを要求する際は相手の目を見るということを教える／基本的なコミュニケーションに必要となる挨拶やその方法を教える（「おはようございます」「おねがいします」「○○してもいいですか」など）／イライラしたときは静かな場所に移動させる
- 3歳時：基本的生活習慣の定着／集団活動に参加させるなかで楽しい経験を積ませる／集団内でのルールを教える

1 リクの園生活

シーン1：新年度の登園の様子

　リクは、毎朝決まった時間に母親と一緒に元気に登園してきます。出迎えの保育士の前まで来ると立ち止まり、きちっと両手両足を揃えて、「せんせい、おはようございます」と挨拶をします。「リクくん、おはよう」という保育士の返事に対して「はい」と返事をし、「おかあさん、いっていらっしゃい」と言って母親と別れます。玄関ではいつも決まった場所に腰を下ろして靴を脱ぎ、靴箱にきちっと靴をしまって、自分のクラスに移動します。きっちりしていて礼儀正しいリクの態度は、新入園児の保護者の注目を集め、ほかの子どもたちも一目置いています。

　ただ、4月のクラス替えと新入園児の登場は、リクにとって鬼門でした。4月になって1つ上の年齢のクラスになると保育室や下駄箱が変わり、まだ生活習慣が身についていない子どもたちがたくさん園にやって来て騒がしくなります。普段は落ち着いて園生活を送っているリクですが、生活のペースが乱されたり子どもの泣き声がうるさかったりするとソワソワと落ち着きがなくなり、室内をウロウロしたり、急に「あああーー！」と声をあげたり、耳をおさえながら何かをブツブツつぶやいたりすることがあります。

アクティブラーニング1　（難易度★★☆）

環境の変化が苦手な子どもが4月のクラス替えを迎えるにあたり、担当保育者としてはどのような配慮や工夫をしたらよいでしょうか。みんなで話しあいましょう。

157

〈ワークのねらい〉

・環境の変化が苦手な子どもに対する対応の基本を確認する
・グループで話しあいながら工夫の仕方を考える

〈ワークのすすめ方／所要時間の目安・計30分〉

手順	ワーク内容	所要時間
①説明・準備	「ワークのねらい」と「ワークのすすめ方」を確認する。ワーク内容を確認し、4～5人で1つのグループをつくる	4分
②ワーク1 個人作業	まずは1人で考え、思いついた「配慮」「工夫」を箇条書きにする。それぞれ1つ以上思いつけるように考える	4分
③ワーク2 意見交換	グループ内でお互いの意見を発表しあう。ほかの人のアイディアは「クラスメイトのアイディア」欄にメモしておく	7分
④ワーク3 フィードバック	グループ内で、お互いの考えた「配慮」「工夫」のよかったと思うところを口頭でフィードバックしあう。自分に対するフィードバックは「good!」欄に記入しておく	5分
⑤感想・自己評価	やりとりをしてみて考えたこと、感じたことを「学んだこと／感想」欄に記入する。ワークをどのくらい積極的に行えたかを自分で評価し、あてはまるものに○をつける	5分
⑥まとめ	「ワークのねらい」を振り返り、自己評価する	5分

〈ワーク〉

シーン1を読み、以下に考えをまとめましょう。

●わたしが気づいた配慮が必要な点

_____

_____

●わたしが思いついた具体的な工夫（いつ、どのような方法で）

_____

_____

●クラスメイトのアイディア

_____

_____

_____

| 0歳児 | 1歳児 | 2歳児 | 3歳児 | **4歳児** | 5歳児 | 6歳児 |

---

good!

記入例：リクが声をあげたとき、クラスにいるほかの子どもに配慮するのは大事だと思った。

_____

_____

☞ 考える際の手がかり

　まず、何かほかの子どもと異なる特別な配慮を行おうとする場合、事前に保護者にきちんと相談をしたうえで、保護者の意思を確認することが必要です。その子のためによかれと思って行うことであっても、事前に保護者と相談をし確認することで誤解が生じるのを防ぐことができるだけでなく、お互いの信頼関係も深めることができます。保護者との話しあいの結果、本人の意思を尊重することになった場合は、本人に変更の理由と時期をきちんと説明して理解を求めます。環境や物質的な制約により、どうしても本人の意思を聞き入れてあげることができない場合は、「どうしたい？」「もしこうなったら嫌かな？」などと曖昧にたずねて混乱させるのではなく、しっかりと「○月○日になるとこの靴箱は使えなくなるので、変わりにこの靴箱を使います」とはっきりルールを説明するのがよいでしょう。初めのうちは混乱したり、拒否を示す場合も考えられますが、本人が納得しやすい形で説明ができるよう工夫しましょう。

　説明がなく、いきなり予定を変更されることに対して不安を覚える子でも、事前に変更の手順を説明し、下準備をきちんとしておくことで、その子が混乱やパニックに陥る可能性を少なくしていくことができます。忙しい業務のなかで、一人ひとりに向きあい対応する時間を取ることは容易ではありませんが、そのようなときこそ保育者全体で相談し、協力しあうことが大切です。

😊 リクの場合

　環境の変化が苦手なリクに対して、リクだけ特別に下駄箱の位置を変えないようにするか、それとも毎年新しい下駄箱に入れることに慣れさせるかについて、保育士は事前に保護者と相談していました。その結果、保護者からは新しい環境を受け入れられるようになって欲しいという要望が寄せられました。そこで4月にクラス替えをする前から、折を見て、「日づけがカレンダーのここになったら、今の部屋から2階の端の部屋にみんなで移動しますよ」「今のリクくんの下駄箱はここだけど、○月○日の朝からは、ここじゃなくてこっちの下駄箱に靴を入れますよ」ということを伝えていきました。その結果、リクは理解したようで、母親やほかの保護者、ほかの友だちにも「リ

基礎理論編

ケーススタディ編

159

クくんは○がつ○にちになったら、2かいの○○ぐみのへやにいきます。○がつ○にちのあさから、リクくんのげたばこはこちらです」と説明してくれるようになりました。

〈学んだこと／感想〉

_____

_____

_____

〈今回のわたしの取り組み〉 振り返って、あてはまるものを○でかこみましょう

    とてもよくできた   よくできた   もう少しがんばれる

シーン2：お話の時間

　リクは星や宇宙に関する本が大好きです。お話の時間に興味のある本が選ばれたときは、先に最前列に座っていた子どものさらに前に座ってしまったり、保育士の真横に座ってしまったり、「このせいざはオリオンざで、これがアルファせいのベテルギウス！これがシリウスでこれが…」と夢中で解説を始めてしまうこともあります。「今、先生が読んでいる途中だから、少し静かに聞いていてね」と言っても、自分の話に夢中で保育士の声が耳に入らない様子です。逆に興味がない本の場合は、話が始まるとすぐにソワソワと腰を浮かせたり、身体を左右に揺らしたりし始め、やがてみんなが座って聞いているなか、1人で席を立ってしまうこともあります。「もうちょっとだけだから、みんなと一緒に座って聞いていようね」と言っても、眉間にシワを寄せて顔を背けます。「そのほんはおもしろくないです」「せいざのほんがいいです」と言って、自分が読みたい本を持ってきてしまうこともあります。「今日はお友だちが決めた絵本を読む日だから、また今度ね」と言っても、「このほんはおもしろいですよ」「これをあげます」と言って、保育士がその本を受け取るまで納得しないこともあります。

アクティブラーニング2　（難易度★☆☆）

マイペースで集団に合わせるのが苦手な子どもがいた場合、保育者としてはどのような対応をするのが望ましいでしょうか。いくつか案を考え、またその案のメリットとデメリットについて、ペアになって話しあいましょう。

| 0歳児 | 1歳児 | 2歳児 | 3歳児 | **4歳児** | 5歳児 | 6歳児 |

〈ワークのねらい〉

・クラス全体への配慮と個人への配慮を両立させるための方法を考える

・意見交換をしながら、多角的な物の見方を身につける

・他者の意見に触れることで視野を広げる

〈ワークのすすめ方／所要時間の目安・計25分〉

手順	ワーク内容	所要時間
①説明・準備	「ワークのねらい」と「ワークのすすめ方」を確認する。ワーク内容を確認し、ペアをつくる	4分
②ワーク1 個人作業	まずは話しあわずに、「対応」とその「メリット」および「デメリット」について自分の考えをまとめる	5分
③ワーク2 意見交換&フィードバック	ペアの相手と意見を交換して話しあう。相手のアイディアは「クラスメイトのアイディア」欄に書き込む。意見を交換したら、相手の視点を評価して、それを「good!」欄に記入する。評価はよいところを探し、よくないところは指摘しない	6分
④感想・自己評価	やりとりをしてみて考えたこと、感じたことを「学んだこと／感想」欄に記入する。ワークをどのくらい積極的に行えたかを自分で評価し、あてはまるものに○をつける	5分
⑤まとめ	「ワークのねらい」を振り返り、自己評価する	5分

〈ワーク〉

シーン2を読み、その対応について考えましょう。

●わたしが考えた具体的な対応

_____

_____

●わたしが考えたそのメリット

_____

_____

●わたしが考えたそのデメリット

_____

_____

基礎理論編

ケーススタディ編

●クラスメイトのアイディア

_____

_____

_____

> **good!**
> **記入例**：「子ども一人ひとりに座る椅子を用意する」（○○さん）というのは、確かに時間はかかるがよいアイディ
> アだと思った。
>
> _____
>
> _____

☞ 考える際の手がかり

　配慮が必要な子どもがクラスにいた場合、その子の要求とクラス運営のバランスをどのように取るかが問題になることがあります。この問題にはいろいろな考え方があり、我慢させてパニックになるくらいなら無理をさせずに要求をのんであげた方がよいという立場の人もいれば、これから先の集団生活に適応するためにも少しずつ我慢することを覚えさせた方がよいという立場の人もいます。子どもの発達の程度には個人差があり、環境や状況によってもどのような対応が望ましいといえるのかは変わってきます。

　大切なのは、保育をするにあたり、どの子どもに対しても完璧に対応できる唯一絶対の完全無欠な対応策などはないということを理解しておくことです。どんなに支持されている対応策でも、それらにはすべてメリットとともにデメリットが存在しています。したがって、自分が何か案を思いついたときも、その長所とともに短所にも気づけるような視点を養っておきましょう。また、自分の考えた案の欠点を人から指摘された際、それを謙虚に受け止め、その欠点を補うための方法を改めて考えていくことも必要です。「自分にとっての保育のし易さ」ではなく、「子どものためになりたい」という気持ちを優先させて、臨機応変に対応していくことが日々の保育のなかでは大切です。

👦 リクの場合

　リクは、「もうちょっと」や「あと少し」「次は」といったような曖昧な先延ばしのことばを言われた際に納得できない様子を示したり、不機嫌になったりすることが判明

| 0歳児 | 1歳児 | 2歳児 | 3歳児 | **4歳児** | 5歳児 | 6歳児 |

しました。そこでリクの担当保育士は、これをみんなが1週間のスケジュールを覚えるよい機会と考え、クラスの子どもたちの読んで欲しい本を事前に集めたうえで、「いつ、だれの、どんな本を読むか」という予定を示したカレンダーを作って保育室にかけておくことにしました。そしてみんなに、読む本は事前に決まっていて、それはその日の気分で変更できないルールであることを伝えました。

　それからリクは、しばしば予定表を見ては、「こんしゅうげつようびの11にちによむほんは、○○ちゃんのえらんだ『れもんのき』です。こんしゅうかようびの12にちによむほんは、リクくんのえらんだ『よぞらのふしぎ』です」と確認するようになり、お話の時間になると、自分からその日の本を保育士のところへ持ってきてくれるようにもなりました。リク以外にも毎日のお話の時間を楽しみにしている子や、自分の選んだ本が読まれる順番の子なども、その予定表を楽しく活用するようになりました。

　また、子どもたちが時間の概念を身につけるための工夫として、大きな秒針がついたアナログのタイマーを保育室に設置しました。そして子どもたちがわかりやすいように、中央に太陽、秒針の先に雲、長針の先に流れ星の絵を貼りつけ、「この雲がぐるっと回ってお日さまのところに戻ってきたら、おしまいにします」など、待ち時間や自由時間を具体的に子どもたちに示すようにしました。以前は「あと少しだけ待ってね」といった待たされ方を嫌がっていたリクでしたが、「あの雲がお日さまのまわりをあと2回回ったら先生のお話がおしまいになるから、それまで座って待っていようね」など、詳しく説明することで、みんなと同じように椅子に座って待つことができるようになってきました。ただ、リクは座って話を聞いているのではなく、座ってじっと時計を見つめているだけに見えることから、興味のない話でも我慢して聞くという訓練にはならないのではないかという意見も出ました。しかし、リクたちの発達段階を考えると、まずは無理のない範囲から集団行動に慣れさせ、徐々に「話を聞く」という段階へ移行していくのが、クラス全体の雰囲気のためにもよいのではないかという結論になりました。そして、保育士の間でも子どもたちに対して話しかける際は、「ちょっとだけ」や「そのうち」などの曖昧な表現はできるだけ避け、明快なことばを使うように心がけていきました。

〈学んだこと／感想〉

_____

_____

〈今回のわたしの取り組み〉 振り返って、あてはまるものを○でかこみましょう

とてもよくできた　　　　　よくできた　　　　　もう少しがんばれる

シーン３：昼休みの出来事

　リクは物が決まった場所にきちんと収まっているのが好きです。友だちのおもちゃの片づけ方が雑だとそれが気になって、もう一度全て取りだして、きちんとした並び順にしないと気が済まないこともありました。そうしたリクの融通がききにくい几帳面さは、ときにリク自身の負担になっていたため、保育士はおもちゃ棚に目隠し布をつけるなどの工夫をすることで、リクにとってもクラスメイトにとっても過ごしやすい環境になるよう気を配ってきました。

　しかし、大勢の子どもたちが同じ場所で同じ時間を過ごす保育園では、当然想定外の出来事も起こります。その日の昼休みの終わりごろ、リクはみんなが遊んだ後の三輪車を保育士と一緒に並べ直す手伝いをしてくれていました。園の庭に描かれたラインに前輪をきちんと揃え、ハンドルの向きもきれいに揃えていきます。そこへ、別のクラスの男の子が三輪車を横倒しにしたまま、ズルズルと引きずってきました。その様子を見たリクの顔がこわばります。リクは以前、三輪車に乗らずに引きずって遊んでいた子どもに対して「さんりんしゃは、のるものです！」と言ってつかみかかり、相手の子と喧嘩になったことがありました。それ以来、１つのものは基本的には使い方が１つに決まっているけれど、そうでない使い方をする場合もあるのだということをほかの子どもたちと一緒に学び、完全に納得はしないまでも、ある程度であればそれを受け入れられるようになっていました。しかし、ガリガリと音をさせながら三輪車を引きずっている様子を見るのは、リクにとってストレスが大きいことが見て取れました。そこで保育士が「○○くん、三輪車は引きずらないで、ちゃんと押して持ってきてね」と言うと、その子はやや虫の居所が悪かったのか、わざと三輪車の列に引きずっていた三輪車をぶつけてきました。リクと保育士がせっかくきれいに並べた三輪車の列が乱れます。するとリクは「あっっ!!!あぁーーーーっ!!」と大声をあげ、地団駄を踏みつつ、自分の頭をポカポカと殴り始めました。「リクくん、自分を叩いちゃダメよ。大丈夫だから、また一緒に並べましょう」。そう言ってなだめる保育士の声が聞こえないかのように、リクは自分の頭を叩き続けました。

アクティブラーニング３　（難易度★★☆）

決まったやり方やルールにこだわりのある子どもが、ほかの子どもの突然の介入によってパニックに陥ってしまった場合、どのような対応をするのが望ましいでしょうか。また、望ましくないでしょうか。シーン３を参考に、話しあいましょう。

| 0歳児 | 1歳児 | 2歳児 | 3歳児 | 4歳児 | 5歳児 | 6歳児 |

〈ワークのねらい〉

・子どもがパニックになったときの対処方法を考える

・やるべきことを考えるとともに、優先順位を明確にする

・他者と意見を交換し、視野を広げる

〈ワークのすすめ方／所要時間の目安・計30分〉

手順	ワーク内容	所要時間
①説明・準備	「ワークのねらい」と「ワークのすすめ方」を確認する。ワーク内容を確認し、3～4人で1つのグループをつくる	4分
②ワーク1 個人作業	まずは話しあわずに1人でシーンを黙読し、「望ましい対応」「望ましくない対応」について自分の考えをまとめる	5分
③ワーク2 グループ内発表	グループ内で自分の意見を発表する。クラスメイトの意見の内容や、よいと思ったところはメモしておく	6分
④ワーク3 フィードバック	ワーク2のメモを参考に、それぞれのメンバーに対してよかったと思うところをフィードバックする。自分への評価は「good!」欄に記入する。	5分
⑤感想・自己評価	やりとりをしてみて考えたこと、感じたことを「学んだこと／感想」欄に記入する。ワークをどのくらい積極的に行えたかを自分で評価し、あてはまるものに○をつける	5分
⑥まとめ	「ワークのねらい」を振り返り、自己評価する	5分

〈ワーク〉

シーン3を読み、この場合の対応について考えましょう。

●わたしが考えた望ましい対応の手順

_____

_____

●わたしが考えた望ましくない対応

_____

_____

●クラスメイトの意見／よいと思ったところ

_____

_____

_____

基礎理論編

ケーススタディ編

good!

記入例：確かに、まずリクが怪我をしないように頭を守ることが大切だと思った。

_____

_____

☞ 考える際の手がかり

　自傷行為が見られた場合は、まず子どもの安全を優先しなくてはなりません。腕を噛んだり、頭を叩いたりする癖がある子どもについては、パニックが現れたときの対処法や協力体制を日頃から用意しておきましょう。

リクの場合

　このとき保育士は、救急箱と一緒に備えてあった厚手のタオルをほかの保育士に至急取って来てもらい、それまでは自分の手でリクの頭をカバーして、怪我をしないように守っていました。その後、リクの頭をタオルで覆い、頭を叩き続けるリクに寄り添いつつ、園庭の隅の静かな場所へとリクを誘導しました。その際、ほかの保育士数名に事情を説明し、昼休み後で保育室に戻っている子どもたちへのサポートと、三輪車の並べ直しを依頼しました。しばらくしてリクが落ち着くのを待ってから、リクと保育士は室内に戻りました。途中、三輪車置き場を通ったリクは、きれいに並べ直された三輪車を見て、一つひとつその向きを確認し、納得した様子でした。

　また、三輪車をぶつけてきた男児に対しては、何か嫌なことがあったのかを聞き、片付けのルールを確認するとともに、望ましい行動ができるように気をつけて温かく見守ることにしました。

〈学んだこと／感想〉

_____

_____

_____

〈今回のわたしの取り組み〉 振り返って、あてはまるものを○でかこみましょう

とてもよくできた　　　　よくできた　　　　もう少しがんばれる

② リクの担当保育士の取り組み

　リクが通う園では、今年も運動会に向けて練習を行う季節が近づいてきました。今年、リクが参加するのは個人競技の「かけっこ」、年中クラス全体での「ダンス」、保護者との「ボールはこび」の3種目です。そのほか、園児は全員での入場行進、開会式、準備運動、閉会式にも参加します。

　非日常的なイベントやイレギュラーな出来事への対応が苦手な子どももいますが、練習や行事が子どもや保護者にとって楽しい思い出となるよう、保育士たちは協力して練習や準備に取り組んでいきました。

シーン：運動会に向けての練習

　さっそく運動会の練習が始まりました。練習が始まる日程やスケジュールのことを前もって知らされていたリクは、はりきって練習に参加します。特に毎年恒例の入場行進や準備運動などは、最前列でみんなのお手本になるような動きをし、列を乱している低年齢の子には「まっすぐならびます」などと注意をしてくれるなどして、大活躍です。

　しかし、クラスごとの練習になると、リクの表情は固くなってしまいます。個人競技のかけっこでは、スタートの合図で走りだすことができなかったり、走りだしたとしても歩くような速度だったり、途中まで進んでもほかの子たちがすでにゴールしてしまっていると、途中で進むのをやめて引き返して来てしまったりします。ダンスでは、ポンポンを持って曲に合わせて踊るのですが、前の子どもを見ながら踊っているために動きがワンテンポ遅れがちで、動きについていけなくなったり間違えたりすると、ポンポンを放りだしてその場で座り込んでしまいます。また、保護者とのボール運びでは、風呂敷にボールを入れて落とさないように走るのですが、リクの両親はとても忙しいため、本番までおそらくリクと一緒に家で練習することはできないだろうと言われてしまいました。

　ある日、ダンスの練習に参加していたリクが、その場で座り込んで泣きだしてしまいました。保育士が「リクくん、ちょっと休んでみんなの練習を見ていようか」と声をかけましたが、リクは固い表情のまま「やる」と言います。しかし練習に参加すると、やはりまたすぐにポンポンを放りだして立ち尽くしてしまいます。「リクくん、間違えてもいいから、楽しく踊ればいいのよ」と保育士に声をかけられたリクは、眉間にシワを寄せたまま、「まちがえはいけません！」ときっぱり言いました。その様子を見て、クラスの友だちも心配そうにしていました。

アクティブラーニング4 （難易度★★★）

シーンのような状態のリクに対し、保育士としてはどのような声かけや働きかけ、工夫ができるでしょうか。みんなで話しあいましょう。

〈ワークのねらい〉

・事例を読み、注目すべき点に気づく

・グループ内で自分の意見を発表する

・グループで話しあい、考えをまとめる

・他者の意見に触れることで視野を広げる

〈ワークのすすめ方／所要時間の目安・計40分〉

手順	ワーク内容	所要時間
①説明・準備	「ワークのねらい」と「ワークのすすめ方」を確認する。ワーク内容を確認し、3～4人で1つのグループをつくる	4分
②ワーク1 個人作業	まずは1人でそれぞれの「リクへの対応」を考え、以下の欄に書き入れる	6分
③ワーク2 グループ内発表	グループ内で自分の意見を発表する。クラスメイトの意見の内容や、よいと思ったところはメモしておく	5分
④ワーク3 フィードバック	ワーク2のメモを参考に、それぞれのメンバーに対してよかったと思うところを1人ずつ順番に発表する。自分に対するフィードバックは「good!」欄に記入する	5分
⑤ワーク4 グループワーク	ワーク1～3の内容を参考にしながらグループ内で話しあい、どのような対応が望ましいかを考えてまとめる	10分
⑥感想・自己評価	やりとりをしてみて考えたこと、感じたことを「学んだこと／感想」欄に記入する。ワークをどのくらい積極的に行えたかを自分で評価し、あてはまるものに○をつける	5分
⑦まとめ	「ワークのねらい」を振り返り、自己評価する	5分

〈ワーク〉

シーンを読み、それぞれの対応について話しあいましょう。

●わたしが考えたリクへの対応

①個人競技への対応と工夫

_____

_____

②ダンスへの対応と工夫

_____

| 0歳児 | 1歳児 | 2歳児 | 3歳児 | **4歳児** | 5歳児 | 6歳児 |

③保護者競技への対応と工夫

_____

_____

④その他の工夫

_____

●クラスメイトの意見／よいと思ったところ

_____

_____

---

good!

記入例：動きを間違えても目立たないようなダンスにするのは、よいアイディアだと思った。

_____

_____

●クラスメイトと考えたリクへの対応
①個人競技への対応と工夫

_____

_____

②ダンスへの対応と工夫

_____

_____

基礎理論編

ケーススタディ編

③保護者競技への対応と工夫

_____

_____

④その他の工夫

_____

☞ 考える際の手がかり

　園の行事やその練習に参加できない子どもがいた場合、なぜそのような状況になったのかを考える必要があります。どのようなときであれば練習できるのか、どのようなときにつまづいてしまうのかをよく観察し、その子に合った対応を考えましょう。運動会や生活発表会などの行事は、本番当日に完璧な演技をすることが目的なのではなく、練習を通じて子どもたちが学び成長し、それを楽しい思い出としてもらうことがいちばんの目的です。ほかの保育者とも相談し協力しあいながら、成功ありきではなく成長ありきの対応を考えていきましょう。

👦 リクの場合

　リクは普段の生活のなかでも、何かに取り組むのであれば完璧にやりたいと思う傾向がありました。以前は園生活のなかでも、完璧にできないことがわかると、その場で固まって困ってしまったり、悲しくなってしまったり、やる気を失って放り投げてしまうことがよくありました。最近では保育士や友だちのサポートにより、日常生活ではそれほど強いこだわり行動は見られなくなってきていましたが、特別な行事や順位が明確になる競技などに参加する場合は、完璧へのこだわりが出てきてしまいがちでした。

　リクの保育士は、完璧にやりたいと思うリクの気持ち自体は尊重しつつ、1位になったり間違えずに完璧に演技することだけが練習の目標なのではなく、みんなが練習のなかでどれだけ笑顔になれたかや、どれだけ友だちを助けてあげられたかも大切な目標なのだとクラスのみんなに話しました。練習への参加については、本人の意思を尊重しながら、無理はさせないよう見守っていきました。

　かけっこについてはスタートの練習だけをみんなで繰り返したり、スタートの際に合図をする保育士の方に注意を向けるよう号令をかけたり、1位になった子だけでなく全員の名前を放送で応援してもらうようにしました。ダンスについては、音楽と動きのタイミングを覚えてもらうために、保育士がお手本を踊った様子をビデオに撮っ

| 0歳児 | 1歳児 | 2歳児 | 3歳児 | **4歳児** | 5歳児 | 6歳児 |

てみんなで見たり、保育士がお手本を踊る場所や位置を工夫したりしました（正面からお手本を踊るのではなく、子どもたちの列の中に一緒に踊る保育士を入れるなど）。また、リクがとまどって座ってしまいがちだった踊りのパートは、友だち同士で手をつないで移動する動作に変更し、みんなが一体となってダンスを楽しめる構成になるよう工夫しました。

　保護者競技に関しては、リクの家族だけでなく、どの家庭でも練習に十分な時間は取りづらそうであることがわかったため、園で子どもが風呂敷を使う機会をつくり、日頃の活動のなかで布の扱いに慣れさせるとともに、それに物を入れて友だちと一緒に運ぶ遊びや練習をしていきました。

〈学んだこと／感想〉

〈今回のわたしの取り組み〉 振り返って、あてはまるものを○でかこみましょう

　　　とてもよくできた　　　　　よくできた　　　　　もう少しがんばれる

③ リクの保護者とのかかわり

　リクの保護者は仕事で毎日忙しく、保育参観や遠足への参加のほか、面談の機会もなかなかもつことができませんでした。そのため、保育士は毎日の送り迎えや連絡帳のやりとりなどを通じて、リクの園での様子を保護者に伝え、保護者との信頼関係構築に努めてきました。

　また、リクの保護者も家庭でのリクの言動などをこまめに報告してくれたため、保育士たちはリクがいかに運動会を楽しみにしているかを知ることができました。ただ、リクは運動会の練習が始まってからは家に帰ると疲れた様子でぐったりしていることがあるという相談があったため、頑張ったり無理し過ぎたりすることがないよう、園と家庭の両方で見守っていくことになりました。

シーン：運動会本番まで

　その後、リクは何度か練習を見学することはあったものの、クラスのみんなと一緒に順調に練習を重ねていきました。ただ、リクは去年の運動会当日、来客のざわめきやいつもと違う園庭の雰囲気にパニックを起こし、開会式直前まで大泣きして保護者のそばを離れられなくなった経験がありました。そこで今年は、事前に去年の運動会当日の様子を写真に撮ったものをリクに見せ、運動会の日の園庭はいつもの園庭とは違う見た目になること、しかしその後に片づけをして、運動会の後はいつもと同じ園庭に戻ることなどを説明していきました。去年は説明されてもわからないことがあったリクですが、今年は保育士の説明に一つひとつ「はい」と返事をしていました。

アクティブラーニング5　（難易度★☆☆）

運動会の前に、リクの保護者から以下のような質問がありました。これに対して、あなたであればどのように返事をするでしょうか。みんなで話しあいましょう。

〈ワークのねらい〉

・保育士として適切な応答の仕方を考える
・状況描写を読みとき、伝達すべき事項を選びだす
・他者と意見交換することで視野を広げる

〈ワークのすすめ方／所要時間の目安・計25分〉

手順	ワーク内容	所要時間
①説明・準備	「ワークのねらい」と「ワークのすすめ方」を確認する。ワーク内容を確認し、ペアをつくる	4分
②ワーク1 個人作業	まずは1人でリクの保護者に対する返答内容を考え、吹きだしの部分に書き込む	5分
③ワーク2 意見交換	ペアの相手と意見を交換する。意見を交換したら、相手の視点を評価してそれを「good!」欄に記入する。評価はよいところを探し、よくないところは指摘しない	6分
④感想・自己評価	やりとりをしてみて考えたこと、感じたことを「学んだこと／感想」欄に記入する。ワークをどのくらい積極的に行えたかを自分で評価し、あてはまるものに○をつける	5分
⑤まとめ	「ワークのねらい」を振り返り、自己評価する	5分

| 0歳児 | 1歳児 | 2歳児 | 3歳児 | **4歳児** | 5歳児 | 6歳児 |

〈ワーク〉

以下の保護者の質問に対し、保育士としては何と返答したらよいでしょうか。それぞれ考えて記入しましょう。

去年、リクは入場行進のときから大泣きしてしまったのですが、今年は大丈夫でしょうか？

_____
_____

運動会当日、私たちが何か気をつけておいた方がよいことはありますか？

_____
_____

good!
記入例：園での取り組みや工夫を具体的に伝えていたのがよいと思った。

_____
_____

☞ 考える際の手がかり

　保護者との会話のやりとりは日常的なコミュニケーションの場であるとともに、今

後の信頼関係を左右する重要な場でもあります。必要以上に身構えて硬くなる必要はありませんが、子どもの発達や成長に心配や不安を抱えている保護者からの質問に答える際には、特に不用意な発言をしないよう心がけておく必要があります。過剰な期待や不安を抱かせることなく、伝えるべきことをきちんと伝え、保護者にいざというときのための理解と協力を依頼しておくことが望ましいといえるでしょう。

リクの場合

　運動会の演目の内容などは、当日までできるだけ知りたくないという保護者もいましたが、保育士はリクの保護者と相談し、事前に当日の流れや園庭の様子、演目の詳しい内容やこれまでの練習中の出来事、およびそれに対する園の対応などを伝えておきました。「もしかしたら本番中、緊張して固まってしまうことがあるかもしれません。何かあったら私たちも全力でフォローしますので、ご家族の方もリクくんの様子をよく見ていてあげてください」。保育士は、保護者に当日思わぬハプニングがあるかもしれないことをきちんと伝え、それに対しては園としてどのように対処するつもりであるか、また、もし何かあった際には保護者にもサポートをお願いしたいということを伝えておきました。

〈学んだこと／感想〉

_____

_____

_____

〈今回のわたしの取り組み〉 振り返って、あてはまるものを○でかこみましょう

　　　とてもよくできた　　　　　よくできた　　　　　もう少しがんばれる

④ リクのその後

　運動会当日、やはりリクはいつもと違う園庭の様子に表情を硬くしていましたが、去年のようにパニックになったりすることなく、友だちと一緒に列に並んで入場行進することができました。開会式では終始身体がユラユラしていましたが、それは自分たちの家族が見に来てくれたことでソワソワしてしまうほかのクラスメイトたちも同じことでした。
　その後、リクはきっちりと準備運動を行い、年中組のかけっこに挑みました。友だち

| 0歳児 | 1歳児 | 2歳児 | 3歳児 | 4歳児 | 5歳児 | 6歳児 |

が応援するなか、スタートラインに並んだリクでしたが、頭上をはためく万国旗に気を取られていて保育士の合図が耳に入らず、スタートすることができませんでした。すると、すかさずリクといちばん仲のよいクラスメイトがサッと駆けよって、リクの手を取り、一緒に走りだしました。リクの保護者は一瞬「あっ！」という表情をしていましたが、リクが友だちと手をつなぎながら笑顔で走っていく姿を見てうれしかったと、後に保育士に語ってくれました。

　昼休み前の最後の演目である年中組のダンスにも、リクは練習していた通りに参加することができました。途中で身体の向きがみんなと逆になってしまいましたが、まわりの子どもの様子を見てすぐに向き直り、やや遅れつつも最後まで踊りきることができました。午後の種目は保護者とのボールはこびです。参加する保護者はみんな本番で初めて体験する競技でしたが、子どもたちにとってみれば、これまで毎日園で使ってきた風呂敷を使っての得意の競技です。リクも真剣な表情で、父親と一緒に難なくボールをゴールまで運ぶことができました。ただ、最後の閉会式のとき、朝から頑張っていた疲れが出たのか、リクは保護者席の保護者のところに行ったまま帰って来なくなってしまいました。膝を抱えて座り込んだまま黙って動かなくなってしまったリクに、保育士が参加賞を渡しながら「リクくん、今日は楽しかった？」と声をかけると、リクは「はい」と答えました。その後の保護者の話によると、それ以来、リクは家でもずっとことあるごとに壁に飾った参加賞を眺めては、運動会のときの出来事を話してくれるそうです。

　リクはその後、専門機関の診察により軽度発達障害の可能性が指摘されました。しかし、リクの保護者はコミュニケーションの成立しづらさやこだわり行動、自傷行動などが園生活を送るなかで改善されてきていることから、療育施設に通うのではなく、園でリクを見てもらうことを強く希望しました。ただ、園の集団のなかでできるサポートと療育施設のような専門機関で個別に対応できるサポートには違いがあるため、今後のリクの育ちを支えるためにはどのような環境やどのような経験、どのような働きかけが必要なのか、保護者と面談を重ねつつ、専門機関と連携しあいながら、今後の方針を検討していくことになりました。

⑤ リクのケースにおけるキーワード

〈ワーク全体を通しての感想／気づいたこと〉
この章の事例とワークを通して学んだこと、感じたことをメモしておきましょう。

第6章

5歳児

　5歳の子どもは、自分の思っていることをほかの人に伝え、質問にもしっかりと答え、友だちの気持ちを理解し、投げかけることばもわかってくるようになります。泣くことを我慢したり、自分の気持ちをコントロールできるようになります。ルールに沿った遊びを大人の仲立ちを必要とせずに思いきりして役割を決めた遊びも楽しめる子どもたちのなかで、発達障害が疑われる子どもは社会性やコミュニケーションにおいて問題行動が目立ち、気になる存在になることがあります。家庭のしつけや家庭環境、その子どもの性格に原因を探すのではなく、その子どもの困り感に寄り添って適切な支援をすることが保育者の役割です。どんなことに困難さを感じ、どんなことを苦手に思うのか、どんな対応が適切かを考えてみましょう。

基礎理論編

1 5歳児の発達

（1）運動の発達

①粗大運動

　5歳の子どもの身長は約108cmに達し、体重は約17kgになり、見た目も幼児期のふっくらした状態から足の長いほっそりとした体形に成長します。運動の特徴は、リズムや音楽に合わせて身体を動かすことが上手になり、スキップはほとんどの子どもができるようになります。また、雲梯や木登り、馬跳びができるようになり、5kmくらいなら持続して歩けるようになり、腕力と脚力がついてきます。目を開けての片足立ちも10秒間立つことができ、ジャングルジムの上まで登ることができ、バランス感覚や持久力といった高度な運動機能が備わってくる時期といえます[1]。

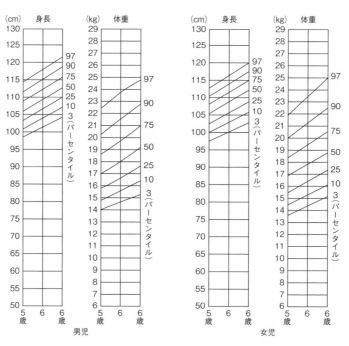

図6−1　5歳児の身体発育曲線
厚生労働省雇用均等・児童家庭局母子保健課（2011）．平成22年乳幼児身体発育調査より作成

| 0歳児 | 1歳児 | 2歳児 | 3歳児 | 4歳児 | 5歳児 | 6歳児 |

②微細運動

　ハサミの扱いが巧みになり、細かな部分まで切ったり、素材に合わせて力を調節できるようになります。折り紙では飛行機や鶴が折れるようになり、紐を結ぶことができるなど、手と目の協応動作が発達します。タオルやふきんをしぼることができるようになります[2]。

(2) 認知・社会性の発達

①認知

　5歳の子どもは13までの数が数えられ、今日の曜日がわかるようになります。80％近くの子どもが10までの数字を書くことができ、90％近くの子どもが10までの数字を使えるようになります。子どもの80％近くが自分の誕生日を聞かれると正しく答えることができます[3]。90％の子どもがジャンケンで勝敗を理解できます[4]。

　お絵描きは、前向きの人だけでなく、横向き、後ろ向きや、昔－今－将来の自分の成長過程を表現することもできます。鉛筆やクレヨンでひし形を描くことができるようになります[5]。

②社会性

　5歳の子どもは社会性の発達が目覚ましい時期です。友だちのおもちゃが欲しくても無理に取ったりしない、お腹をこわしたときは食べたい物を我慢することができるなど、自分の気持ちや行動をコントロールする自己統制力がついてきます。また、自分を律する力や、調整機能が発達してくる時期といえます[6]。

③ことば

　5歳児の語彙数は2,000〜2,500語程度で、4歳児ほどには飛躍的に増加しませんが、幼児音はほとんど消失し、はっきりとした発音で話せるようになってきます。言語表現力が身についてくるため、それ以前のように頭ではわかっているけれどうまく言えず、歯がゆい思いをする場面は減ってきます[7]。自分の思いや気持ちをことばで言い表せるようになり、園であった出来事や過去にあった出来事をほかの人に説明できるようになります。

　文字への興味・関心が強まり、ほとんどのひらがなを読むことができ、かるた遊びなどで、読みあげられることをよく聞き分けて早く取れるようになります。60〜70％の子どもがほとんどのひらがなを正しく書け、手紙を書くなどの伝達手段として文章らしきものを書きだします[8]。5歳児の約70％が、しりとり遊びができます[9]。

（3）基本的生活習慣の発達

①食事・更衣・排泄

　衣服は自分で脱いでたたむことができ、洋服のジッパーを上げる、下げるなども可能になってきます。生活習慣も整い、自分の身の回りのことはほとんど自分でできるようになります。排泄は、和式、洋式のどちらでも使用できるようになり、排便の際、紙を使って完全に後始末ができるようになります[10]。5歳の子どもの10％に夜尿が見られますが、多くは自然に改善します[11]。

②遊び

　自分の欲求を調整する力が育ち、遊びたくても危ないといわれた遊びをしなかったり、友だちのおもちゃが欲しくても無理に取ったりしなくなり、保育者が介入しなくても、子どもたちだけで集団遊びができるようになってきます[12]。ルールのある集団遊びでは、子どもたちだけで話しあって自分たちのオリジナルのルールを作りだし、その場の状況に合った遊びを繰り広げることもできるようになります。ボールを蹴ったり、投げたり受けたりすることが上手になり、サッカーやドッジボールなどのボール遊びでは、敵と味方の2つのチームに分かれて生き生きと取り組むことができるようになっていきます。

2 5歳児の発達に見られる遅れ・偏り

（1）運動の発達

①粗大運動

　縄跳びがうまく跳べない、ボールをうまく投げたり受けたりすることができない、駆け足が極端に遅い、走り方がぎこちないなど、同年齢の子どもと比べて著しくできない場合に、発達性協調運動障害が原因として考えられます[13]。

　できない運動を訓練したからできるようになるのではなく、かえってできないことで自尊心を低下させることもあります。簡単にできる風船、シャボン玉、ボールなどを追いかけてタッチする遊びなどでも協調運動の発達を促すことができます[14]。

②微細運動

　お絵描きで、人の絵を描いた際、胴体から手足が伸びず、顔から直接手足が出ている場合は発達の遅れを念頭においておきましょう[15]。お絵描きや物の製作に取り組もうとしない子どもには、手指の不器用さが原因の1つにあります。握りやすい太さの筆記用具を用意し、軽く手を添えて介助するなどの工夫をしましょう。

| 0歳児 | 1歳児 | 2歳児 | 3歳児 | 4歳児 | 5歳児 | 6歳児 |

（2）認知・社会性の発達

①認知

　園の名前、クラス、担任の先生の名前をたずねられても質問の内容が理解できない、覚えていない[16]、ジャンケンの勝ち負けがわからず、しりとりもできない場合は発達の遅れを念頭に置いておきましょう[17]。

　自閉症スペクトラム障害のある子どもに、しばしば時間の理解が難しく、時間軸の上で順を追って行動することが苦手な子どもがいます。そういった場合は、アナログ時計の理解が困難です。見やすいスケジュール表を作り、時間の見通しを示すとよいでしょう。

②社会性

　注意欠如・多動性障害の衝動性が強い子どもは、順番が待てない、質問が終わる前に答えてしまう、会話やゲームに割り込むなどの行動が見られることがあります[18]。自分勝手な行動が集団活動のなかで問題になることがあるため、望ましくない行動をしたときは不適切な行動であったことを説明して、よい行動ができたときに褒めるようにしましょう[19]。

　自閉症スペクトラム障害のある子どもは、相手の反応にお構いなしに要求を押しつける、社会的ルールを無視するようなマイペースな行動が見られることから、集団行動ができない、同級生とトラブルがあるなど、集団のなかでの問題を生じやすいといわれています[20]。自閉症スペクトラム障害のある子どもの対応には、場面ごとに何をすべきかをていねいに教え、できたら褒めることを中心にします[21]。

③ことば

　集団場面で子どもたちへの説明や指示がなされた際に、行動に乗り遅れてしまったり、何をしたらよいかとまどい立ちすくんだり、何もせずやり過ごしている子どもがいます。話や指示の理解が弱いといったことばの理解の困難や、聞いたことは理解できても自分の考えや思いをことばにして発することに困難があることが原因としてあります。全般的に知的能力の発達に遅れはありませんが、ある特定の分野での学習に困難がある限局性学習障害のある子どもにこうした特徴が見られることがあります。絵本の読み聞かせをしてもどんどんページをめくったり、自分の名前を書くのが苦手であったりといったことが見られます[22]。就学後に学習場面で気づかれることが多いですが、早期に子どもの特性に気づいて、支援の体制を整えていくことが必要になってきます。

（3）基本的生活習慣の発達

①遊び

　自閉症スペクトラム障害や注意欠如・多動性障害のある子どもは、行動上の問題が大きくなってくると、友だちをつくったり一緒に遊んだりすることが苦手になります。注意欠如・多動性障害の多動性が優位な子どもは、動き回ってしまうことが多いため、集団遊びがしばしば苦手です。自閉症スペクトラム障害のある子どもは、非言語的コミュニケーションやこだわりの問題から行動のスタートがうまくできないことがあったり、また、同年代の子どもとのかかわりはどのような反応を示すかの予測がしにくいことから、集団遊びに加われないことがあります。軽度の知的障害のある子どもは集団でのルールが理解できないために、園で１人ぼっちになっていることがあります[23]。発達障害のある子どもは、鬼ごっこなどの役割がある集団遊びが苦手です。絵やイラストを使って遊びのルールを説明することで、理解が促されます。

発展学習

障害受容と子育てレジリエンス

　保健センターでは乳幼児健診を通して、発達障害のある子どもたちの早期発見と早期療育体制を整えることを進めています。早期療育は子どもの発達を促す効果が認められ、その重要性は専門機関のみならず保育の現場でも知られてきています。療育の体制を整えることは、子育てに困惑や不安を抱え育児に負担感を抱く家族の子育て支援となります。

　しかし保護者が障害を受け入れがたく、早期療育になかなかつながらないことがあります。子どもに障害の診断がつくことは、保護者の精神的なショックが大きく、障害を受け入れていくことは容易ではありません。特に軽度の発達障害のある子どもの保護者は、わが子に障害があることを認めたくないという思いと同時に、「まだ幼いからこれから伸びていくだろう」という考えになることがあるでしょう。障害のある子どもをもつ保護者のこういった心を支えるためには、日々子どもとかかわっている保育者からの理解と支援が、子どもへの発達支援と並行して重要です。

　保護者がわが子の障害を受容するまでには葛藤があります。保護者が子どもの障害を受け入れていく過程を説明したものに障害受容の段階説があります。障害があることがわかったときの『ショック』の心理状態から、わが子の障害を受け入れるにいたるまでを段階で説明しています。ショックの段階から「自分の子どもが障害であるはずがない」という『否定』の段階を経て、「なぜ自分の子どもだ

| 0歳児 | 1歳児 | 2歳児 | 3歳児 | 4歳児 | **5歳児** | 6歳児 |

けが障害があるのか」という『怒りや悲しみ』の段階へ移行します。悲しみや怒りが少しずつ落ち着くと、障害に対して受け入れ始める『適応』の段階を経て、障害に対する知識や経験により、子どもの少し先を見通すことができ始めます。保護者は「頑張ろう」という気持ちになり、障害を受け入れる『受容』の段階にいたるという説です[24]。

人は困難で脅威的な状況に遭遇した際、いったんは落ち込んでもそこから立ち直っていく精神力をもっています。その回復力ともいえる精神力はレジリエンスといわれ、メンタルヘルスの領域のみならず、政治、経済、人材育成、教育などのさまざまな分野で注目されています。子育てにおけるレジリエンスには、「ペアレンタルスキル」「保護者としての肯定感情」「ソーシャルサポート」の3つの要素があります[25]。子育てレジリエンスの概念を理解して、障害のある子どもをもつ保護者の子育てがより適応的になるように、子育てレジリエンスを高めることに働きかける子育て支援を考えてみましょう。

「ペアレンタルスキル」とは、子育て場面のさまざまな状況に対して適応的に対処していく方法や、うまく子育てをやっていけるという確信を含む子育ての技量をさします。障害の告知を受けたときはショックで混乱の状態であるでしょう。その混乱のときでも保護者たちは実際に目の前にいる子どもをどう育てたらよいのか、子育ての方法や発達の情報を求めています。障害のある子どもの子育てのストレスは高いといわれています。子育てに悩む保護者に対して具体的なアドバイスは、子育てのストレスを軽くするのに役に立つでしょう。

「ソーシャルサポート」とは、周囲からの理解と支援をさします。周囲の人から障害に対する理解があると思っている保護者は、子育てのストレスが低いといわれています。保育者も障害に関する知識と理解をもって、保護者とともに子どもを育てようという姿勢で保育してくれていることは、保護者にとっては応援者を得た安心感につながるでしょう。そして「ソーシャルサポート」を多く得ながら子育てをすることで、「保護者としての肯定感情」も高まります。

このレジリエンスは誰もがもっており、また誰もが高めることができるといわれています。保育者は、保護者が障害受容のどの段階にいるのかを察しながら、より適応的に子育てをするのにレジリエンスを高める支援を求められています。

ケーススタディ編

プロフィール

ソウタ（5歳）

男児／4月6日生まれ／生活年齢5歳4か月

- ●家族　　　　4人暮らし／父親（30代前半・トラックの長距離ドライバー）／母親（20代半ば・スーパーマーケットのパートタイマー）／弟（2歳・今年の4月からソウタと同じ保育園に通園）
- ●住居　　　　都心部にあるアパートの1階。それまでは農村部の庭つき一軒家に父方祖父母と同居
- ●出生時　　　体重3,198g／完全母乳で育つ／妊娠38週目に通常分娩で出産
- ●出生後の発達　首すわり6か月ごろ／1人歩き12か月ごろ／初語（記録なし）
- ●その他　　　引っ越し前は3歳から地元の幼稚園に通っていたが半年ほどで退園／3歳児健診にて視線の合いづらさ、多動、コミュニケーションの取りづらさを指摘されるが、その後は専門機関の受診なし
- ●現在の発達　身長105cm／体重15kg

確認してみよう①　発達を3ページの図1-1の身体発育曲線や表1-1の運動機能通過率、および178ページの図6-1の身体発育曲線に当てはめ、解説を参考にしながら確認しましょう。

●生まれたときから現在までの様子

・出生時の体重：

・首すわりなどの時期：

| 0歳児 | 1歳児 | 2歳児 | 3歳児 | 4歳児 | 5歳児 | 6歳児 |

●現在の発達

・身長：

・体重：

👉 考える際の手がかり

　子どもの身長・体重には個人差がありますが、通常の発育曲線から大きくはずれていないかチェックしておくことは大切です。また、出産時の母親の様子や生まれたときの体重なども、今の発達を考えるうえでの参考にすることができるでしょう。

😊 ソウタの場合

　ソウタは首すわりの時期はやや遅めだったものの、歩行開始や発語の時期などは特に問題はなかったようです。出産時は母子ともに健康で、ソウタは健康体で生まれましたが、過敏で少しの刺激でよく泣き、また人工栄養は拒否したため、母親は母乳を飲ませるのに苦労したとのことです。ただ、歩き始めや発語開始の時期、発語の内容などについて、保護者は特に記録しておらず、記憶も曖昧だとのことでした。

確認してみよう②　　ソウタの成長を支えるうえで利用可能な資源を整理しましょう。

●人的資源

●環境資源

👉 考える際の手がかり

　引っ越しや転園に伴い、人的資源や環境資源に変化が生じていた場合は、可能な限りどの部分がどのように変化したか、またそれによって保護者がどのように感じているかを把握しておくとよいでしょう。例えば、今までは祖父母の手を借りられていたのが借りることができなくなった場合や、住環境が大きく変化した場合などは、親子

ともに環境に慣れるまでに時間を要することが考えられます。

ソウタの場合

ソウタはこれまで1日の大部分を、弟と共に祖父母のもとで過ごしていました。また、引っ越しする前までは祖父母が家事や育児のサポートをしてくれていましたが、引っ越しをしたことにより、身近に頼れる人がいない状況になってしまいました。住環境としては、これまでは庭つきの一軒家に住んでいたため、家の中で走り回ったり、庭の木によじ登ったりして自由に遊ぶことができていました。しかし、アパートに引っ越したことで、以前よりも家の中で動き回ることを制限されるようになったため、親子ともにストレスが高くなっていました。

1 ソウタの園生活

ソウタは以前、幼稚園に通っていたものの、諸事情から退園した経緯がありました。入園前面接ではソウタが3歳児健診において要観察の診断を受けていたことや、日頃から多動気味であることなど、入園にあたっての心配事が保護者から語られました。

シーン1：保護者からの伝達事項（入園前面接時）

ソウタは小さいころからすごく乱暴で口も悪くて、毎日本当に手を焼いています。家ではテレビを見ているときとゲームしているとき以外は、全然ジッとしていない状態で…。カッとなるとすぐに手が出るタイプで、前にいた幼稚園でもそれでずいぶんお友だちや先生とトラブルを起こして、それが原因で退園することになってしまったんです。前にいた園では入園説明会のときから教室を走り回っ

て、備品のブロックを勝手に取りだしては人に投げたりして…。人に暴力を振るったりしたときはもちろん怒るんですけど、全然こっちの言うことを聞いてくれなくて。怒られると『うるせー』とか『しね』とか、そういうことばっかり言うんです。そういうことを言うなと言っても、余計に暴言を吐いたり暴れたりして…。力づくで押さえようとすると、大怪我でもしたときみたいにものすごい大声で泣きわめいて、近所の人に虐待を疑われてしまったこともあります。3歳児健診で要観察と言われたので、本当はどこかでちゃんと診てもらった方がよかったのかもしれないんですが、その当時は私もすごく忙しくて余裕

| 0歳児 | 1歳児 | 2歳児 | 3歳児 | 4歳児 | **5歳児** | 6歳児 |

がなかったので、結局受診できませんでした。それに夫に相談しても、「俺も昔はあんな感じだった」とか「あのくらいワルの方が将来大物になる」とか言って聞いてくれなくて。夫は仕事で長期間家をあけることも多いですし、勤務形態も不規則なので、育児は私に任せっきりで、協力して子育てするとか、そういう考えは一切ないですね…。夫が仕事帰りで疲れているときにソウタが騒々しくすると、夫が眠れなくて不機嫌になるので、静かにさせようとして私がソウタに怒ると、余計に反発して大暴れするので大変です。前に夫の両親と一緒に暮らしていたときは、「うるさい！泣かせるんじゃない！」とか「お前のしつけが悪いせいだ」って夫の両親に怒鳴られたりしていてつらかったです。

　引っ越しして環境が変わったら、少しは落ち着くんじゃないかと期待したんですけど全然ダメで…。ソウタのせいで家の障子や壁はすでにボロボロです。保育園でも先生やお友だちにご迷惑をおかけするんじゃないかと思うんですが…下の子も生まれて、経済的に私も仕事しないといけなくて…先生方には申し訳ないんですけれども、あの子をどうぞよろしくお願いします。

アクティブラーニング1　（難易度★★☆）

プロフィールおよび保護者から伝えられたことをもとに、ソウタとかかわっていくうえで気をつけるべきポイントをまとめ、話しあいましょう。

〈ワークのねらい〉

・プロフィールや保護者の語りの内容から、保育士として気をつけるべきポイントを見つけだす
・他者と自分の気づきを比較することで視野を広げる
・注意すべき点に対する具体的な対応策を考える

〈ワークのすすめ方／所要時間の目安・計30分〉

手順	ワーク内容	所要時間
①説明・準備	「ワークのねらい」と「ワークのすすめ方」を確認する。ワーク内容を確認し、ペアをつくる	4分
②ワーク1 個人作業	まずは話しあわずに1人でシーンを黙読し、「ソウタの保育で気をつけるべきところ」「ソウタの保護者と接する際に気をつけるべきところ」それぞれを書きだす	8分
③ワーク2 意見交換／ペアワーク	ペアの相手とお互いの気づきを見比べる。お互いのワーク1の取り組みをもとに、保育士としてどのような対応ができるかを話しあい、その内容をまとめる	8分
④感想・自己評価	やりとりをしてみて考えたこと、感じたことを「学んだこと／感想」欄に記入する。ワークをどのくらい積極的に行えたかを自分で評価し、あてはまるものに○をつける	5分
⑤まとめ	「ワークのねらい」を振り返り、自己評価する	5分

〈ワーク〉

ソウタのプロフィールや保護者の語りから、あなたが考えたことを書きだしましょう。

●わたしが考えたソウタの保育で気をつけるべきところ

_____

_____

●わたしが考えたソウタの保護者と接する際に気をつけるべきところ

_____

_____

●クラスメイトと考えたソウタに対して保育士としてできること

_____

_____

●クラスメイトと考えたソウタの保護者に対して保育士としてできること

_____

_____

☞ 考える際の手がかり

　プロフィールや入園前面接の際の保護者の語りは、どの年齢においても子どもとかかわるうえでの重要な手がかりの1つになります。特に転園してきた場合などは、前の園での友だちとのかかわりや保育者とのかかわり、本人の様子などについてできるだけ情報を集めるようにするとよいでしょう。引っ越しや転園によって環境が変わり、友だちや保育者の顔ぶれが全て変わってしまうことは、保護者にとっても子どもにとってもストレスが大きい出来事であり、不安を生じるものです。特に子どもは環境の変化に敏感であるため、早く園生活に慣れてもらうためにも、前の園の環境や行事の内容、好きだった遊びや懐いていた保育者とのエピソードなどについて、保護者から聞き取りを行うようにするとよいでしょう。また、転園に関して保護者が心配や不安を抱いていた場合は、それを受け止め、ほかの職員とも共有したうえで、そのサポー

0歳児	1歳児	2歳児	3歳児	4歳児	5歳児	6歳児

トを今後の課題としていく必要があります。

👦 ソウタの場合

ソウタは幼少期から多動気味で、3歳児健診では要経過観察といわれていましたが、これまで特に診断やサポートを受けてきませんでした。以前通っていた幼稚園では、ソウタの落ち着きのなさに関して担任から再三指摘があったとのことですが、両親ともソウタに障害があるとは思っておらず、またソウタは口で言っても言うことを聞かないため、放置せざるをえなかったといいます。保護者は、特にソウタがほかの園児に暴力を振るわないか、保育士に迷惑をかけないかということを気にしていました。まずはソウタと保育士との信頼関係を築き、新しい園の生活リズムと環境に慣れてもらうこと、保護者が心配している暴力や暴言がどのような状況で生じるのかを細かく観察していくことが今後の課題になりました。また、ソウタの多動や粗暴さをコントロールするためのサポートをすると同時に、クラスメイトやほかの子どもたちに危険がないよう、職員同士で連携して細心の注意を払っていくことになりました。さらに、育児サポートに関しては、父方の実家との関係がやや複雑であった可能性が考えられたため、その話題に関しては母親から何か積極的な語りがあるまでは慎重に扱っていくようにしました。

　まとめ／事例のチェックポイント
　　・3歳児健診で要観察との判断を受けているが、その後は専門機関にかかっていない
　　・前に通っていた幼稚園でトラブルを起こし退園している
　　・カッとすると暴力を振るうことがある
　　・暴言が出やすい
　　・多動気味
　　・子育ての負担は母親に偏っている

〈学んだこと／感想〉

_____

_____

_____

〈今回のわたしの取り組み〉振り返って、あてはまるものを○でかこみましょう

　　　とてもよくできた　　　　よくできた　　　　もう少しがんばれる

シーン2：登園から朝礼まで

　朝、ソウタはいつも弟の乗ったベビーカーを押す母親の少し前を小走りしながら保育園へやって来ます。今にも道路にはみ出しそうなソウタを心配して手をつなごうとする母親の手を、悪態をつきながら振り払い、門の前で挨拶する保育士の前を無視して通り過ぎ、園庭に向かって一直線です。走りながらカバンを地面に適当に放り投げ、「ソウタくん、まずカバンをロッカーにしまいに行きましょう」という保育士の呼びかけを意に介さず、滑り台に上って滑る途中で立ち上がって飛び下りたり、鉄棒につかまってよじ上ろうとしたり、花壇の縁に上って勢いよく飛び下りたりします。

　上ったり下りたりを繰り返してひとしきり遊んだ後は、朝礼の時間まで、園庭の端の方を気ままに走り回ったりして時間を過ごしています。「ソウタくん、そろそろみんなでご挨拶するから、お部屋に行こうね」と保育士が声をかけに来ると、「うわー！オニババー！」などと言って逃げるように園舎に走って行き、玄関に靴を脱ぎ散らかしたまま走って行ってしまいます。ただ、ソウタ親子は遅刻して登園することも多く、そうした場合は母親に引きずられるようにして園にやって来ます。

　ソウタは、室内でも一時もジッとしていません。朝礼ではみんなが席に着いて保育士の話を聞いているなか、席につかずにウロウロしたり、「あーあーあー!!」など、いきなり飛び跳ねながら大声をあげて保育士の話を邪魔したり、座っている友だちの頭を叩いて回ったり、勝手に部屋の外に出て行こうとしたりします。保育士が声をかけて席に着くよう促しても、無視したり、「いやでぇーす!!」とおどけた調子で言ったりします。「ソウタくん、今はまだ外に行かないでね」と声をかけても気にせず出て行こうとして、ドアの上部に付けられた鍵をどうにかしてはずそうと、物を投げたりジャンプしたり、椅子を持ってきて鍵を開けようとしたりします。

　ただ、外に出してもらっても特に何をするでもなく、廊下を小走りで動き回ってほかのクラスをのぞいたり、遊具に触れて回ったりしています。保育士が後を追いかけると声をあげながら逃げ、捕まったときは身体をよじってのがれようとし、保育士を噛んだり蹴ったり叩いたりします。「ソウタくん、お部屋にもどりましょう」と声をかけても、「うるせーうるせー！ばーか！でーぶ！」などの暴言を吐いたり、「たすけてーーっ！ころされるーーー！」など悲鳴のような大声をあげるので、ほかのクラスの子どもたちが何ごとかと廊下をのぞきに集まって来てしまうこともあります。

| 0歳児 | 1歳児 | 2歳児 | 3歳児 | 4歳児 | 5歳児 | 6歳児 |

基礎理論編

ケーススタディ論

アクティブラーニング２ （難易度★★★）

シーン２のような場合、保育士としてはソウタに対してどのような働きかけをするのが
望ましいと思いますか。また、どのような働きかけは望ましくないでしょうか。みんな
で話しあいましょう。

〈ワークのねらい〉

・事例から子どもの状況を捉える

・子どもの状況と様子に合わせて、保育士として望ましいかかわりについて考える

・望ましいかかわりだけでなく、望ましくないかかわりについても考え、理解を深める

・他者の意見に触れる

・グループのなかで自分の意見を表現する

〈ワークのすすめ方／所要時間の目安・計40分〉

手順	ワーク内容	所要時間
①説明・準備	「ワークのねらい」と「ワークのすすめ方」を確認する。ワーク内容を確認し、３〜４人で１つのグループをつくる	4分
②ワーク１ 個人作業	シーンをよく読み、まずは１人で考え、「望ましい働きかけ」「望ましくない働きかけ」を記述する	8分
③ワーク２ グループ内発表	グループ内で、ワーク１でまとめた自分の意見を順に発表する。発表を聞いている人はほかの人の意見を聞きながら、クラスメイトのアイディアをメモする	10分
④ワーク３ フィードバック	ワーク２のメモを参考にしながら、それぞれのクラスメイトに対してよかったと思うところを１人ずつ順番にフィードバックする	8分
⑤感想・自己評価	ワークをしてみて考えたこと、感じたことを「学んだこと／感想」欄に記入する。ワークをどのくらい積極的に行えたかを自分で評価し、あてはまるものに○をつける	5分
⑥まとめ	「ワークのねらい」を振り返り、自己評価する	5分

〈ワーク〉

望ましい働きかけ、望ましくない働きかけについて自分の考えをまとめ、クラスメイト
の考えもメモしましょう。

●わたしが考えた望ましい働きかけ

_____

_____

●わたしが考えた望ましくない働きかけ

_____

_____

●クラスメイトが考えた望ましい働きかけ

_____

_____

●クラスメイトが考えた望ましくない働きかけ

_____

_____

☞ 考える際の手がかり

　登園時の様子は、その子どもが園に対して抱いている思いを知る手がかりになります。園のなかではなかなか落ちついて行動できない子の場合でも、嫌がっているのを無理やり連れて来られる場合と、自分から走って登園して来るのとでは、その後の対応も変わってきます。園自体に対する子どもの思いを理解するためにも、特に問題を起こしがちな子どもは登園時の様子に気を配るとよいでしょう。

　保育者に対して望ましくないことばを投げかけてくる子どももいますが、それにカチンときたり、ムッとしてしまっては、保育者として果たすべき仕事を遂行することができなくなってしまいます。どうしてその子どもはわざわざそんなことばを投げかけなくてはならなかったのかという理由を考える必要はあり、また「人に対してそういう言い方はしません」ということや「先生はそんなことを言われたら悲しい」ということは本人に伝える必要がありますが、不愉快さを表情や態度で表現したり、「そんなことを言うんじゃありません！」などとみんなの前で頭ごなしに叱ったりすると、そうした言動を抑制するどころかかえって助長してしまうこともあります。保育者も人間なので、嫌なことを言われて傷つかないでいることは難しいかもしれませんが、プロとして極力冷静であることを心がけてください。こういうときこそ、怒らず叱らず、けれども決して譲らないという毅然とした態度が求められます。

　子どもが暴言を吐く場合、相手を傷つけたくて言うというよりも、自分の言動で相手が大げさに反応するのが面白くてやってしまう、ということもあります。また、発

| 0歳児 | 1歳児 | 2歳児 | 3歳児 | 4歳児 | 5歳児 | 6歳児 |

達障害のある子どものなかには、これまで自分が人から投げかけられてきたことばを
おうむ返しに繰り返している場合もあります。その子どもの様子をよく見極め、根気
づよく望ましい行動を身につけられるようにサポートをしていきましょう。

😀 ソウタの場合

　ソウタの場合、園のなかではしばしば不適応を起こし、また途中で帰りたがること
もありましたが、登園時の様子から、園に来ること自体を嫌がっている訳ではなさそ
うでした。遅刻して来ることが多いのは、朝、ソウタの身支度がなかなか終わらず、
食事や着替え、排泄に時間がかかってしまうからとのことでした。以前通っていた幼
稚園では登園拒否を起こしていたそうですが、今のところ園に来ること自体には抵抗
がなく、むしろ園庭を自由に駆け回ることを楽しんでいる様子だったことから、集団
や生活のなかでストレスが溜まると、それに堪えきれなくなってしまうのではないか
と考えられました。そのため、園でどのような面でストレスを感じ、どのようなこと
であれば大丈夫なのかを見極め、徐々に園生活に慣れていってもらうことを初めの目
標として設定しました。

　遊び方に関しては、高いところによじ上ったり、そこから飛び下りたりするのを好
んでいる様子で、高所に対する恐怖心の薄さがうかがえたため、飛び下りることが可
能な遊具の危険性を再度チェックするとともに、本人やまわりの子どもが怪我をする
ことがないよう注意深く、そばで見守ることを徹底させました。

　コミュニケーションに関しては、人から話しかけられると短い単語で返すことが多
く、自分の気持ちを暴言以外の方法で的確に表現することができませんでした。他者
に対する自発的な発語もほとんどなく、円滑なコミュニケーションができにくいこと
から、園ではソウタの語彙力を高め、自分の気持ちを適切な形で表現するためのサポー
トを行っていくことになりました。暴言に対しては過剰な反応をせず、「どうしても
外に行きたいときは、先生に『そとにいきたいです』って言いましょうね」など、適
切な返答の仕方を根気づよく示していくことにしました。

　室内ではなかなかジッとしていることができず、保育士の話にもほとんど耳を傾け
ませんが、注意を受けたときの反発の様子から、保育士が話している内容やその意味
はおおむね理解していると考えられました。そこで、ソウタが興味をもって集中して
取り組めるものは何か、どういったかかわり方であれば落ち着いて話を聞くことがで
きるのかを、保護者の聞き取りも含めて、園のなかで注意しながら観察していくこと
になりました。

基礎理論論

ケーススタディ論

〈学んだこと／感想〉

_____

_____

_____

〈今回のわたしの取り組み〉振り返って、あてはまるものを〇でかこみましょう

　　　とてもよくできた　　　　　よくできた　　　　もう少しがんばれる

シーン3：給食

　給食の時間のソウタは、その日の機嫌によって様子が全くちがいます。配膳されると、いただきますの挨拶を待つことなく勝手に食べ始めてしまうこともあれば、全く食事に手をつけずに部屋から出て行ってしまうこともあります。保育士がどうにか席に着かせて食べるように促しても、全く箸をつけようとせず、大声で「うわ！まずそー！」「おえーー！」など、みんなが不愉快になるようなことばを

言ったりするので、まわりの友だちは嫌そうな顔をしています。「そんなこといっちゃいけないんだよ！」「いけないんだよね〜！」と、注意しようとする子たちもいます。しかし、ソウタはそうした友だちの声を気にする様子がなく、みんなが給食を食べている間、1人で鼻歌を歌いながら室内をウロウロしたり、窓の外をのぞき込んだりしています。

　しかし、みんなが食べ終わって園庭で遊びだしてから、保育士がソウタの分を片づけようとすると、急にそれを奪い取りに来て、ガツガツとすごい勢いで完食してしまうこともあります。また、食器や残飯を給食室まで運ぶのについてきて、給食室で「なんか（たべるもの）ねえの？」と食べ物を要求することもあります。給食の片づけが終わってしまった後、急に座りこんで「はらいたい…」「はらへった…」と元気がなくなることもあるため、保育士はどうしたらソウタにきちんと食事をとってもらえるか考えています。

アクティブラーニング3　（難易度★★☆）

シーン3のような状況に遭遇した場合、保育士としてはどのような働きかけをするのが

| 0歳児 | 1歳児 | 2歳児 | 3歳児 | 4歳児 | 5歳児 | 6歳児 |

望ましいでしょうか。また、どのような働きかけは望ましくないでしょうか。ペアになって話しあいましょう。

〈ワークのねらい〉

・事例から子どもが置かれている状況を想像する
・状況に合わせて、保育士として望ましいかかわりについて考える
・望ましいかかわりだけでなく、望ましくないかかわりについても考え、理解を深める

〈ワークのすすめ方／所要時間の目安・計30分〉

手順	ワーク内容	所要時間
①説明・準備	「ワークのねらい」と「ワークのすすめ方」を確認する。ワーク内容を確認し、ペアをつくる	4分
②ワーク1 個人作業	まずは1人でシーンをよく読み、思いついた「望ましい働きかけ」「望ましくない働きかけ」それぞれを箇条書きにする。それぞれ1つ以上は思いつけるように考える	8分
③ワーク2 意見交換	ペアの相手と意見を交換する。意見交換の方法は口頭でも、書いた文章を読んでもらうだけでもよい。意見を交換したら、相手の視点を評価してそれを「good!」欄に記入する。評価はよいところを探し、よくないところは指摘しない	8分
④感想・自己評価	やりとりをしてみて考えたこと、感じたことを「学んだこと／感想」欄に記入する。ワークをどのくらい積極的に行えたかを自分で評価し、あてはまるものに○をつける	5分
⑤まとめ	「ワークのねらい」を振り返り、自己評価する	5分

〈ワーク〉

シーン3を読み、望ましい働きかけと望ましくない働きかけについて考えましょう。
●わたしが思いついた望ましい働きかけ

_____

_____

_____

●わたしが思いついた望ましくない働きかけ

_____

_____

_____

good!

記入例：確かに、食事のマナーが悪いからといって食事を抜きにしたりすることはいけないと思った。

☞ 考える際の手がかり

　子どものやったことに関しては、「いけないことは注意するけれど、よいところはきちんと褒める」という態度が大切です。いけないことばかりしているから、少しほかの子どもと同じことができたとしても褒める気にならないという意見もたまに耳にしますが、それでは子どもや保護者との間の溝が深くなる一方です。困った行動ばかりを報告されると保護者はショックを受け、そのつらさが保育者に対する不信感や怒りとなって表れてしまうこともあります。手のかかる子どもがいた場合、その大変さを保護者に伝えたくなる気持ちは当然出てくると思いますが、まずは保育者のつらさを保護者にわかってもらうことを重視するのではなく、毎日子どものことをていねいに見ていますという保育者の態度を保護者に伝えることで信頼関係を築いていくことが、その後の関係づくりにおいてはとても大切です。

ソウタの場合

　保育士は、普段から子どもに対して毎日よいところを見つけて褒めるようにしていました。そこでソウタに対しても同じように、たとえ勝手に食べ始めてしまった場合でも、「たくさん食べられたね」「今日はみんなと一緒に食べられたね」など、褒められるところはたとえ無視されたとしても積極的に褒めていきました。また、そうした好ましい行動は保護者にも逐一伝えるようにしていました。ソウタの望ましくない発言に対しては、クラスの友だちの前で怒ったり否定したり批判したりすることは避け、どうしても注意しなくてはならないときは別の部屋に連れて行ってソウタと会話をするように心がけました。例えば、「まずそー！」などとソウタが言ったとしても、その発言自体は否定せず、「そう？先生はこれ好きだけどな」「嫌いな人もいるかもしれないけど、これはすっごくおいしいよ」など、無視せず、拒否せず、しかし積極的に肯定もしないような対応を心がけていきました。また、ソウタの言動によってクラスメイトがソウタに対して反感をもってしまったり、排除しようとしたりする雰囲気にならないよう、保育士はみんなの気持ちを上手に切り替えられるよう、ときには音楽を流したり別の話題を振ったりと、いろいろな工夫をしていきました。ソウタをはじめクラスみんなの気分も変わるように、座る場所や机の位置を変えてみたり、弁当持参の

| 0歳児 | 1歳児 | 2歳児 | 3歳児 | 4歳児 | 5歳児 | 6歳児 |

日に天気がよかったときは外で食事をしたりする取り組みもしました。また、園全体の取り組みの一環として縦割り保育を給食の時間に取り入れ、年下の子どもと一緒に食事をする機会をもたせてみたところ、ソウタの立ち歩きや暴言はいつもよりやや減り、逆に年下の子どもが落としたスプーンを拾ってあげるなど、隣に座った子どもの世話を焼くような行動も見られました。

〈学んだこと／感想〉

_____

_____

〈今回のわたしの取り組み〉振り返って、あてはまるものを○でかこみましょう

　　　とてもよくできた　　　　よくできた　　　もう少しがんばれる

シーン4：午後・園庭にて

　昼食の後の自由遊びの時間になると、クラスの子どもたちは仲のよい友だち同士で集まって遊び始めました。しかし、ソウタは遊んでいる子どもたちを横目で見つつ、園庭の端の方で低木の枝を折ったり、折った棒を振り回して花壇の花を散らしたり、校舎の壁を引っかいたり、フェンスや遊具を叩いて音を出したりしていました。
　その様子を見た用務員が、「きみ、そんなことしちゃダメだよ。危ないからその枝を渡しなさい」と声をかけると、ソウタは用務員の方を向かずに「きみ、そんなことしちゃだめだよ」と言われたセリフを同じ口調で繰り返し、そのまま木の枝で園舎の窓ガラスを叩こうとしました。「危ない！やめなさいっ！」大きな声で注意されたソウタは、いきなり「きゃあぁーー！！オニーー！たすけてーーーっ！」と大声をあげ、みんなが遊んでいる園庭の中央へと枝を持ったまま走って行ってしまいました。園庭ではたくさんの子どもたちが思い思いに遊んでいます。みんな夢中で遊んでいるため、ソウタが枝を振り回しながら突進して来ていることに気づきません。「ソウタくん！あぶない！」。先程のソウタの大声に気づいて駆けつけて来た保育士が、今にも友だちに衝突しそうだったソウタの身体を抱き止

めました。「はなせはなせっ!!あくまーー!ころされるーーー!!!」。ソウタは保育士の腕のなかで金切り声をあげてもがきます。「ソウタくん!大丈夫だから先生のお話を聞いて」。そう言って保育士がソウタの顔をのぞき込もうとしたとき、もがくソウタが握っていた木の枝が、保育士の左腕を引っ掻きました。「痛っ!」と思わず声をあげた保育士の腕には数cmの傷ができ、その傷から血がにじんでいます。「ソウタくん、大丈夫だから先生のお話を聞いて」と保育士がもう一度ソウタに言いましたが、ソウタは保育士の腕を振り払って園庭の隅に逃げて行きました。逃げて行ったソウタを園長が迎えに行きました。ソウタは園庭の隅の花や草を黙々とむしっていました。「ソウタくん、みんな待ってるからお部屋に入りましょう」。そう言いながら園長がソウタの肩に触れると、ソウタはブイッと園舎の中へと走って行ってしまいました。

　保育士は、保健室で怪我の手当をしてもらってから保育室に戻りました。出血はおさまったものの、怪我をした箇所をカバーするために腕に包帯を巻かなくてはなりませんでした。保育士の包帯を見て、子どもたちが集まって来ました。「せんせい、それ、どうしたの?」「それ、いたい?」「さっきのけが、だいじょうぶだった?」。心配そうにたずねてくる子どもたちを尻目に、ソウタは窓の外を眺めながら、窓際をウロウロと歩き回っていました。

アクティブラーニング4 （難易度★★☆）

シーン4の後、あなたが保育士だったら、心配して集まって来た子どもたちや、その場にいるソウタに対して、どのような対応（声かけ／態度）をしますか。みんなで意見を交換しましょう。

〈ワークのねらい〉

・事例から、子どもの様子とそのときの状況を想像する
・トラブルがあった際の具体的な声かけの内容を考える

〈ワークのすすめ方／所要時間の目安・計30分〉

手順	ワーク内容	所要時間
①説明・準備	「ワークのねらい」と「ワークのすすめ方」を確認する。ワーク内容を確認し、ペアをつくる	4分
②ワーク1 個人作業	まずは1人でシーンをよく読み、自分なりの「声かけ」「態度」を考えて記入する	8分
③ワーク2 意見交換	ペアの相手と意見を交換して話しあう。話しあいをもとにして相手の視点を評価し、その内容を「good!」欄に記入する。	8分
④感想・自己評価	やりとりをしてみて考えたこと、感じたことを「学んだこと／感想」欄に記入する。ワークをどのくらい積極的に行えたかを自分で評価し、あてはまるものに○をつける	5分
⑤まとめ	「ワークのねらい」を振り返り、自己評価する	5分

| 0歳児 | 1歳児 | 2歳児 | 3歳児 | 4歳児 | 5歳児 | 6歳児 |

〈ワーク〉

シーン4を読み、声かけと態度の内容をできるだけ具体的に考えましょう。

●わたしが考えた声かけ

・子どもたちに：

・ソウタに：

●わたしが考えた望ましい態度

・子どもたちに：

・ソウタに：

---

good!

記入例：「心配をかけないようにいつも通りの笑顔でいる」（△△さん）というのがよかった。

☞ **考える際の手がかり**

　保育者としては、園生活のなかで事故を未然に防ぐために最大限の努力をする必要がありますが、それでもやむをえず事故が起きてしまった場合、その後の対応の仕方には細心の注意を払わなくてはなりません。まずは事故が起きたことを園の責任者に伝え、その後の対応について、指示を仰ぐようにしましょう。子どもがショックを受けている場合は必ず保育者が付き添い、決してそのまま放置することがないようにします。

　保育者が負傷した場合、子どもたちはその事実に動揺し、ショックを受けることもあります。負傷した側としてはつらさを感じることもあると思いますが、不用意に子どもたちを心配させたり不安がらせたり、特定の誰かを悪者にしたりすることがないよう、言動には気をつけましょう。ただ、子どもたちを見守るには保育者自身が心身ともに万全の状態である必要があります。怪我の程度によっては無理をせず、ほかの保育者と相談して、業務を分担できる体制を整えておくことも大切です。

〈学んだこと／感想〉

_____

_____

_____

〈今回のわたしの取り組み〉振り返って、あてはまるものを○でかこみましょう

　　　とてもよくできた　　　　　　よくできた　　　　　もう少しがんばれる

アクティブラーニング5 　（難易度★★★）

以下は、ソウタの保護者がソウタを迎えに来た場面のある日のやりとりです。登場人物の気持ちを考えながら、みんなでロールプレイしましょう。

〈ワークのねらい〉

・登場人物の態度や表情、セリフを考えることで、想像する力と共感する力を養う
・人前で自分の考えを表現できるようにする
・自分の視点の長所に気づく
・他者の視点や物の考え方に触れる

〈ワークのすすめ方／所要時間の目安・計45分〉

手順	ワーク内容	所要時間
①説明・準備	「ワークのねらい」と「ワークのすすめ方」を確認する。ワーク内容を確認し、5人で1つのグループをつくる	4分
②ワーク1 個人作業	まずは話しあわずに、空欄の保育士のセリフを考え、記入する	5分
③ワーク2 ロールプレイ	グループごとに配役を決め、場面を演じる	5分
④ワーク3 フィードバック	グループ内で「セリフのよかった点」「演じ方のよかった点」をフィードバックしあう。クラスメイトからもらった感想は「good!」欄に記入する	5分
⑤ワーク4 意見交換	ワーク2での気づきをもとに、グループごとにセリフや演じ方の改善点を話しあい、まとめる。	10分
⑥ワーク5 ロールプレイ	意見交換をもとに、再度同じ場面のロールプレイを行う。ワーク2のロールプレイと異なる展開になるよう工夫する	6分
⑦感想・自己評価	ワークをしてみて考えたこと、感じたことを「学んだこと／感想」欄に記入する。ワークをどのくらい積極的に行えたかを自分で評価し、あてはまるものに○をつける	5分
⑧まとめ	「ワークのねらい」を振り返り、自己評価する	5分

〈ワーク〉
配役を決め、空欄箇所のセリフを考えて、場面を演じましょう。

（登場人物）
・ソウタ
・ソウタの母親
・ソウタの担当保育士（左腕に怪我をして、包帯を巻いている）
・ソウタのクラスメイト
・ソウタのクラスメイトの保護者

（保育園の玄関に、パートタイムの仕事を終えたソウタの母親がソウタを迎えにやって来る。担当保育士は玄関先でほかの子どもたちや保護者の対応をしている）

ソウタの母親	先生、今日も1日ありがとうございました。ほらソウタ、帰るよ。そんなことしてないで、早く靴はいて！
ソウタ	…………。（母親に背を向けたまま、玄関にかけてある絵の額に触れようとして何度もジャンプしている）
保育士	あ、ソウタくんのお母さん、お帰りなさい！
ソウタの母親	あれ？先生、その腕どうかしたんですか？朝はそんなの巻いてなかったですよね？（保育士の腕の包帯に気がつく）
保育士（わたし）	＿＿＿＿＿＿＿＿＿＿＿＿＿＿＿＿＿＿＿＿＿＿＿＿＿＿＿＿＿＿

ソウタのクラス メイト	あ！それね、ソウタがやったんだよ〜！（悪びれずに明るく、ソ ウタの母親に教える）
ソウタのクラス メイトの保護者	えっ…そうなの？それっていつ？今日？（ギョッとして）
ソウタのクラス メイト	うん。きょうのおひるやすみに。せんせいがダメっていったのに ねぇ、ソウタが…。
ソウタの母親	えっ!?（顔色が変わる）そうなんですか？ソウタが今日、先生に 何かしたんですか？ソウタ!!!どういうことなの！ちょっとこっ ちに来なさいっ！（声を荒げながら、ソウタの腕を引っぱる）
ソウタ	やだやだ！やめろ！はなせ!!いたいいたいーーーっ!!（母親に腕 をつかまれ、それを振りほどこうとして金切り声をあげて抵抗する）

（まわりにいた保護者や子どもだちも、その大声にギョッとしてこちらの方を一斉に見る。
ひそひそ話をしている保護者、ただならぬ様子に顔をこわばらせている子どももいる）

保育士（わたし）	_____ _____ _____
ソウタの母親 （わたし）	_____ _____

（その後、保育士と母親とが会話をしました。その様子を演じてみましょう。必要に応じて、
ソウタのクラスメイト、ソウタのクラスメイトの保護者も会話に参加してみましょう）

保育士	じゃあ、また明日ね、ソウタくん。先生、明日も待ってるから一 緒に遊ぼうね。（と、言いながらソウタの頭をなでる）

| 0歳児 | 1歳児 | 2歳児 | 3歳児 | 4歳児 | 5歳児 | 6歳児 |

ソウタ　　　　　　……………。(機嫌が悪いときは「うぜえ！」「うっせえんだよ！」など
　　　　　　　　　　と悪態をつくソウタだが、今日はやや不機嫌そうな顔をしてい
　　　　　　　　　　るだけで、黙って母親に手をつながれて帰っていった)

---

good!

記入例：ジェスチャーをまじえて演じていたのがとてもよかった。

_____

_____

☞ **考える際の手がかり**

　実際の保育場面では、すべてが完璧にマニュアル通りにいくということはありません。その場の雰囲気や状況に合わせて、臨機応変に考えて対応していくことが求められます。

　保育者ではなく子どもが園で怪我をした場合は、保護者に対して報告、謝罪、問題の明確化、再発防止をきちんと行うことが重要であり、またそのためには日頃からの関係づくりや緊急時の対応マニュアル作成のほか、ロールプレイなども必要です。保育者が園で怪我をした場合も同様に、保護者や子どもはこうした場合、何を心配し、何を不安に思うかを第一に考えてみましょう。嘘をついたり下手に言い訳をしたり隠そうとしたりすると、それが不信感につながってしまうこともあります。正直さや誠実さは必要ですが、伝えなくてはいけないことと伝えなくてもよいこと、伝えるべきではないことの見極めをする必要があります。

　特に、ほかの保護者や園児の目があるなかでのこうした対応には、細心の注意を払うようにしましょう。「子どもを第一に考える」という大原則を守りつつ、明日も子どもと保護者が笑顔で登園して来られるように、保育者としてどのような態度を取ったらいいのか、自分の個性も考慮に入れながら対応を考えておくことが必要です。

👦 **ソウタの場合**

　保育士の機転と、その場にいた別のクラスの担当保育士のフォロー、子どもたちのフォローにより、その場は丸くおさまりました。次の日、ソウタとソウタの保護者はいつものように登園してきました。用務員に笑顔で声をかけられたソウタは相変わらず無言でしたが、いつものように無視して通り過ぎるのではなく、用務員の方を横目でチラリと見ていました。連絡帳にはソウタの保護者からの謝罪のことばがあり、それに対して保育士はいつもより少し長めに返事を書きました。

203

〈学んだこと／感想〉

_____

_____

_____

〈今回のわたしの取り組み〉振り返って、あてはまるものを○でかこみましょう

とてもよくできた　　　　　よくできた　　　　　もう少しがんばれる

②ソウタの担当保育士の取り組み

　ソウタの様子から、おそらくソウタは園で時間を過ごすこと自体を嫌がっているのではなく、そこで自分の好きなように活動させてもらえなかったり、やりたくないことを我慢してやるような状況に慣れていないのではないかと保育士たちは考えました。具体的には、特にソウタは禁止や命令、制止や強制のことばがけに対して過剰に反応し、攻撃的な態度を取ったり、暴言を吐いたりする傾向があることがわかりました。そこで、まずは保護者からの聞き取りや園での様子から、ソウタが比較的受け入れやすい要求はどのようなものかを探り、それから徐々にソウタへのかかわり方を広げていくことにしました。観察の結果、ソウタは「ダメ」や「危ない」などの禁止や抑制のことばは無視したり、抵抗したりする傾向にありましたが、「あっちに行ってみよう」「走る競争をしよう」「上履きをはこう」など、行動を促すことばがけであれば、比較的保育士の言うことに耳を傾けられることが明らかになりました。ただ、要求を聞き入れ易いのは「走ろう」「登ろう」など身体を動かすものが中心で、「挨拶しよう」「席に着こう」「口を閉じてお話を聞こう」など、静かにしたり、ジッとしたり、他者とコミュニケーションを取ることに対する要求はまだなかなか聞き入れない様子でした。

　ソウタが園で見せるこうした傾向については、保護者とも相談し、家庭でもできるだけ禁止ではなく、提案やお願いのことばがけを行うことで、ソウタが今よりも少しでも落ち着いて生活できるよう、園と家庭でサポートをしていくことになりました。まずは、ソウタが聞き入れやすいものから徐々に「保育士の話を聞く」という態度を育て、話をきちんと聞くことができたら、そのつどソウタを褒めるというかかわりを根気づよく続けていきました。ソウタが不適切な行動をしたときも、叱らないけれど譲歩もしないという毅然とした態度を保ちつつ、できるだけ禁止や命令の表現は使わず、たとえ聞き入れてくれなかったとしても、要求や提案の声かけを行うよう心がけました。

| 0歳児 | 1歳児 | 2歳児 | 3歳児 | 4歳児 | 5歳児 | 6歳児 |

そして、暴言については、家庭でもできるだけそれを否定するのではなく、「そういうときは○○って言うんですよ」など、園での取り組みに合わせた対応をできる範囲内で取り入れてもらえるよう協力を依頼しました。また、ソウタが保育士とも信頼関係を築けるようにするために、園の職員全体でかかわり、その様子を見てソウタがどの保育士のことばがけであれば比較的落ち着いて聞き入れることができるのかという傾向も探ることにしました。特定の保育士との信頼関係が築けたら、その信頼関係をほかの保育士にも広げていけるのではないかと考えたためです。

③ ソウタの保護者とのかかわり

保育士から禁止や命令の声かけをされなくなるにつれ、ソウタが物に当たったり、かんしゃくを起こして大声をあげたりする頻度が減っていきました。ソウタの粗暴さに最初はとまどいを見せて、遠巻きに見ていた子どもたちも、次第にソウタに対して「ダメだよ」「やめろよ！」ではなく、「こっちにしたら？」「いっしょにやろうぜ」など、提案のことばがけを多く行うようになり、ソウタも徐々に友だちの輪に参加する機会が増えていきました。

入園したばかりのころは、気に入らないことがあると1人でさっさと靴をはいて帰ろうとしてしまい、それを止めにきた保育士に対して暴力を振るったり暴言を吐いたりすることもあったソウタでしたが、園での生活に慣れるとともに、勝手に帰ろうとするような行動はほとんど見られなくなりました。給食も次第に自分の部屋でほかの子どもたちと一緒に食べられるようになり、給食を拒否したり、後から空腹で腹痛を訴えたりすることもなくなりました。集団活動はまだ苦手で、朝礼のときなどは途中で席を立ってフラフラと歩き回ることがありますが、最初の挨拶のときは自分の椅子に座っていられるようになりました。また、しばらく歩き回って気が済むと、再び自分の席に戻って来るような行動も見受けられるようになりました。

1年の終わりごろ、ソウタの母親は新しい地での生活にようやく慣れてきたと保育士に語り、これまでの同居生活では多くの苦労があったこと、引っ越しをして夫の両親のサポートは受けられなくなったものの、精神的には楽になったことなどを話してくれるようになりました。精神的に余裕が生まれたことで、保護者はソウタの発達の様子がほかの子どもと違っているのではないかということが気になってきたと言い、今度ソウタの就学に向けた支援について保育士と面談の機会をもつことになりました。

アクティブラーニング6 （難易度★★★）

その後、諸事情により、ソウタの保護者との面談をする前に、ソウタの担当保育士は別の保育園に異動になることが決まりました。最後に、担当保育士として、どのようなメッセージをソウタとソウタの保護者に送ったらよいでしょうか。また、後任保育士への引きつぎとして、どのような情報を残しておくべきでしょうか。

〈ワークのねらい〉

・子どもや保護者に対して何を伝えるべきかを考える
・引きつぎ事項の内容を考える
・自分のアイディアのよいところに気づく
・他者のアイディアのよいところに気づき、それを適切にフィードバックする

〈ワークのすすめ方／所要時間の目安・計40分〉

手順	ワーク内容	所要時間
①説明・準備	「ワークのねらい」と「ワークのすすめ方」を確認する。ワーク内容を確認し、4～5人で1つのグループをつくる	4分
②ワーク1 個人作業	「ソウタくんへ」「ソウタくんのご家族へ」「後任の保育士へ」のメッセージをそれぞれ考え、記入する	10分
③ワーク2 意見交換	グループ内で全員のメッセージカードを回し読みする。クラスメイトの意見で、よかったと思うところはメモしておく	8分
④ワーク3 フィードバック	ワーク2のメモを参考に、メンバーに対してよかったと思うところを1人ずつ順番に発表する。自分に対するメンバーからのメッセージの内容は、「good!」欄にメモする	8分
⑤感想・自己評価	やりとりをしてみて考えたこと、感じたことを「学んだこと／感想」欄に記入する。ワークをどのくらい積極的に行えたかを自分で評価し、あてはまるものに○をつける	5分
⑥まとめ	「ワークのねらい」を振り返り、自己評価する	5分

〈ワーク〉

異動する保育士の気持ちになって、メッセージを書きましょう。

ソウタくんへ

＿＿＿＿＿＿＿＿＿＿＿＿＿＿＿＿

＿＿＿＿＿＿＿＿＿＿＿＿＿＿＿＿

＿＿＿＿＿＿＿＿＿＿＿＿＿＿＿＿

＿＿＿＿＿＿＿＿＿＿＿＿＿＿＿＿

| 0歳児 | 1歳児 | 2歳児 | 3歳児 | 4歳児 | 5歳児 | 6歳児 |

ソウタくんのご家族へ

_____

_____

_____

●後任の保育士へ伝えたい情報

_____

_____

_____

●クラスメイトのよかったところ

_____

_____

good!

記入例：メッセージにイラストが描かれていたのがよかった。

_____

_____

☞ 考える際の手がかり

　子どもにとっても保護者にとっても、担当保育士が変わるということは大きな不安材料の1つになりえるものです。そのため、特に配慮が必要な子どもの保育においては、その引きつぎが非常に重要です。自分が受けもったらうまくいったということももちろん大切なことですが、その子どもの成長のためにも、「自分以外の保育者が担当したらうまくいかなかった」という状況になることは望ましくありません。自分の次にその子どもを受けもつ保育者が、自分のとき以上にその子どもや保護者とよい関係を築けるよう、伝えるべきことをしっかり伝えられるようにしましょう。

ソウタの場合

　前任保育士から後任保育士に対し、ソウタはようやく園に慣れ、保育士との信頼関係が築けてきた段階であることや、卒園と就学に向けてたりない部分をどうサポートするかということが大きな課題であることが伝えられました。また、以前は多動や暴言、暴行が見られたものの、ことばがけを工夫したり、友だちとかかわりあう経験を積むなかで、そうした行動が最近減少してきていることも伝達されました。そのほか、不満を行動や態度で示しがちな一方、年少者に対する思いやりの気持ちがあることや、語彙力の不足から返答がぶっきらぼうになりがちであることなども、エピソードを交えて次の保育士へと引きつがれました。こうした引きつぎの資料を参考に、後任の保育士は基本的生活習慣の確立や、望ましい対人コミュニケーションスキルの獲得はもちろんのこと、特に集団内での立ち振るまいについて、もっとソウタ自身が経験と学習を積む必要があると考えました。

〈学んだこと／感想〉

_____

_____

_____

〈今回のわたしの取り組み〉振り返って、あてはまるものを○でかこみましょう

　　　とてもよくできた　　　　　　よくできた　　　　　　もう少しがんばれる

④ソウタのその後

　新しくソウタの担当を務めることになった保育士は、前任保育士からの引きつぎ事項を参考に、ソウタが集団生活に慣れるための取り組みを意識して取り入れていきました。前年度は、まだソウタにとって保育園が安心して過ごせる場になっていなかったため、行事にはあまり参加できませんでしたが、その分、最終年度は遠足や運動会、プールなどさまざまな行事を通して集団生活の楽しさを体験してもらおうと工夫をこらしました。遠足などで遠出をする場合は、危機管理の観点からソウタに保育士が1人ついている必要がありましたが、園内では各クラスの先生に目配りをしてもらいつつ様子を見守る体制を整えることで、誰かがずっとソウタにかかりきりにならなくても済むようになって

いきました。
　ソウタの暴言や粗暴さは園生活に慣れるにしたがって徐々に減っていきましたが、それでもすぐにトラブルがなくなった訳ではありませんでした。あるとき、クラスのみんなが協力して作っていた製作物をソウタがわざと破いてしまい、「ソウタ、いいかげんにして！」と泣きだす子やショックで悲しくなる子、「これ、どうするんだよ！」と怒りだす子も出てきて、クラスが騒然としたことがありました。そこで保育士は、これから先どうしたらよいかをみんなと相談しました。その話しあいの間、保育士の横に座らされていたソウタは、ずっとムッとした表情で身体をユラユラさせながら下を向いていました。「ソウタくんは、これからどうしたらいいと思う？」という問いかけに、ソウタは黙ったままでした。次に保育士が「みんなはこれからどうしたらいいと思う？」とたずねると、クラスメイトの１人が「みんながソウタにやさしくしてあげたらいいとおもう」と答えました。その提案に反対する子どもはおらず、それを聞いてもソウタは何も言いませんでしたが、その目には涙がたまっていました。その後の製作物の修理の際、友だちに混じって破れたところを修復するソウタの姿がありました。
　後任保育士は、就学に向けて保護者との面談の機会も多くもつようにしました。母親から育児に対する不安や不満が語られたときは、いつでも園を頼って連絡して欲しいということを伝え、保護者との信頼関係の構築にも努めていきました。しばらくしてソウタの保護者から、やはりもう一度ソウタの発達について専門家に意見を聞きたいと保育士に相談がありました。ソウタの多動や乱暴さは最近になってだいぶ落ち着いてきたものの、それが正常の範囲なのか、それとも何らかの問題があるのか、保護者も悩んでおり、今後の進学先をどうしたらいいかも含めて、一度診てもらいたいということでした。そこで、次回の発達相談員の巡回の際にソウタの様子を診てもらい、必要があれば、専門機関を紹介してもらうことになったそうです。

209

⑤ ソウタのケースにおけるキーワード

〈ワーク全体を通しての感想／気づいたこと〉
この章の事例とワークを通して学んだこと、感じたことをメモしておきましょう。

第7章

6歳児

　6歳の子どもは、朝起きてから寝るまでの生活面での自分のことをほとんどできるようになります。園生活での、最年長であることを自覚し下の学年の子どもたちの面倒を見たり手本を示したり、下の学年のことまで意識して活動する姿は、頼もしく思えます。小学生になる心の準備をしながら、あきらめずに頑張ろうとする姿勢や、わがままを抑えて我慢する姿も目にすることが多くなります。まわりからも年長児として期待され、それにしっかりと応えることができるようになるのです。就学時健診の案内が届くころになると、子どもの将来に対して不安を抱く保護者もいます。保護者の気持ちに寄り添いながら支援するために、保育者としての役割について考えてみましょう。

基礎理論編

1 6歳児の発達

(1) 運動の発達

①粗大運動

　6歳の子どもの平均身長は5歳から6cm伸びて約114cmに達し、体重は約20kgになり、体型は6頭身になります。運動は身体の各部分を協調させて、調和の取れたリズミカルな動きがスムーズになります。柔軟性、平衡感覚なども増して、6歳の子どもはほぼ大人と同じような動きができるようになり、基本的な運動能力を獲得します。補助なし自転車に乗れる、ボールをつきながら走る、ジグザグ走りなども巧みになります[1]。鉄棒を使っての逆上がりや前回りに挑戦し始め、静止したボールを蹴る、転がるボールを蹴る、落下してくるボール蹴りもでき始めます[2]。スキップやケンケンがうまくできない、連続タイヤ跳びや跳び箱、ボール蹴り、ボール受け、鉄棒などで、運動発達の目覚ましさが見られない場合は、どこに援助が必要なのかを検討します[3]。

②微細運動

　鉛筆、マジック、クレヨンなどを持つときはしっかりとした3点支持ができます。左右の手が協応して調整をし、道具の操作も確かなものになり、速くなります[4]。小豆、大豆などの小さい物を指先でつまめます[5]。手掌と手背で交互に膝を打つ交換運動を、利き手とほかの手で多少の違いはありますが、円滑に行うことができます[6]。

(2) 認知・社会性の発達

①認知

　20までの数を数えられ、目算や2個ずつの数え方ができ、10からの逆唱ができ、5以下であれば暗算ができるようになります。今日の曜日がわかるようになります。1時間単位で時間がわかり、今年、昨年などの時間帯も理解し、生死について、また父母の年齢に興味をもちます。身体の左右がわかり、向かいあった相手の左右や前後もわかります。自分の氏名、性、年齢などだけでなく、住所や所属、姿、性格や希望なども自己紹介に含めて言うことができます。

　前向きの人物画では頭髪、眉毛、眼球、首、指、服、靴など細部を描き、横向きでは眉毛、目、耳などの対のものは1つずつ、手足も工夫して描き、後ろ向きでは頭髪、首などを含んでほぼ正確に描けるようになります[7]。

| 0歳児 | 1歳児 | 2歳児 | 3歳児 | 4歳児 | 5歳児 | **6歳児** |

②社会性

　自己制御機能には、自分の考えを主張する自己主張と、それらを抑えて我慢するという自己抑制の2つの側面があります。いつも自分の主張を言い続けるとまわりの子どもたちと楽しく遊ぶことができませんが、自分のやりたいことを我慢し過ぎても楽しく遊ぶことはできません。バランスが大切になります。自己制御は6歳前半までは男女差がなく発達しますが、6歳の後半に女子が著しく発達します。これは、女子は従順であることを求められる社会の規範が反映していることも考えられます[8]。

　ルールに従って切符を買い、乗り物に乗ることもできます。交通信号がわかり右側通行も守ることができ、通園の道順も言えるようになります。

③ことば

　6歳児の語彙数は概念化が進みつつ3,000語になり、話しことばの文の長さは平均6語になり、基本文法が完成します。子ども同士の話はすべて理解でき、内緒話もします。なぞなぞ、しりとり、替え歌、だましっこ、うそっこなどと言って遊ぶことができます。

　6歳児のほとんどの子どもがひらがなを読むことができ、「教えよう、覚えよう」というはっきりとした意図のないうちに、日常生活や遊びのなかで覚えていきます。自分の名前を逆転せず鏡映文字にならずに書け、七夕の願いや手紙を書く、紙芝居や絵本を作ることができます。

　サ行やラ行に発音の難しさがあったり、幼児語が残っていたりする、文脈的な表現が乏しく、話し言葉による交流の発声が弱い場合は、これまでの言語の発達も踏まえながら、障害への対応を含む慎重な検討が必要になります[9]。

（3）基本的生活習慣の発達

①食事・更衣・排泄

　箸によって食事ができるようになるのは3歳6か月ごろですが、6歳児になると操作もこれまでより確かになります[10]。食事の後片づけを手伝うことができます。着衣も1人ででき、就寝時の付き添い寝も必要とせず1人で就寝することができ、日常生活の動作はほとんど自立でき[11]、就学へ向けての準備が整ってきます。

②遊び

　6歳の子どもの興味の中心は家庭生活から集団生活に移り、同世代の友だちが増えて、友だち同士で役割遊びやルールに基づく役割の交代をする遊びを繰り広げます。ドッジボールなどのルールがわかり、勝ち負けのあるチーム遊びを楽しむことができます。競争や口喧嘩が増えますが、互いの主張を聞き、ルールに基づく判断ができるようになります。

保育者の役割

　知的に遅れのない発達障害のある子どもは、ことばが話せることから障害に気づきにくいことがあります。しかし社会性やコミュニケーションに課題があることから、1人遊びが多く集団遊びに入ろうとしない、こだわりが強く急な変更に対応できない、会話が一方的でやりとりが成立しにくいなどの課題があります。障害の診断を受けていないものの保育をするうえで困難を感じる「気になる子」の数は、発達障害の診断を受けている障害のある子どもの数と比べて約3.5倍といわれ、多くの子どもが保育所に在籍しているという調査結果があります[12]。「気になる子」の多くには軽度の発達障害の特徴があり、保育者は診断を受けた障害のある子どもよりも、「気になる子」に指導上の難しさを感じています[13]。

　近年、児童期の子どもの問題として、不登校やいじめ、小1プロブレムなどがあります。自閉症スペクトラム障害、注意欠如・多動性障害、限局性学習障害の発達障害のある子どもたちは、こうした問題に直面しやすい傾向があることが指摘されています。そして心身症や学校不適応、社会不適応などの二次的な不適応へと進展していくケースが少なくありません。この二次的な不適応を予防するためには、子どもの発達障害を就学前に気づき、就学時には保護者にも指導する側にも子どもの発達特性に対する認識とその対処方法が備わった状態であることが望ましいです。そのためにも、幼児期のうちに保護者や保育者などが子どもの特性に気づき、適切な支援策を講じることが何よりも大切であると思われます[14]。保護者に気づきのない場合には、参観日などを利用して保護者に園の様子を見てもらい理解してもらうこともよいでしょう。ケースによっては、5歳を超えたころになって初めて障害に気づくことがあります。障害のある子どもの保育は園内外との連携が大切です。園内では、子どもの行動に関する情報を保育者間で共有します。園外では、療育施設のスタッフの訪問支援を利用して、子どもとの適切なかかわり方の助言を受けることが有効です。障害に気づいてから就学までの間にていねいな指導、療育機関での指導を受けることで、子どもの成長が見られることがあります。

　保育者は子どもの発達や保護者の育児を支援すると同時に、関連機関と連携して地域支援を促す役割があります。最年長クラスの子どもたちに小学校入学前の就学時健診が行われますが、必要に応じて教育委員会などの就学相談につながります。これは障害児を対象とした、就学先を決定するための相談です。市区町村の教育委員会などに設置されており、教育相談、学校見学、体験入学などを利用しながら、その子に合った教育の場を保護者と関係者とで検討していきます[15]。子どもによっては就学前から学校と連絡を取り合って、就学をスムーズに迎える体制ができることが望ましいです。この時期に支援を開始することで、特別支援学級への入級、通級などの適切な就学先を考えるようになる保護者もいます。就学後の学校生活を過ごしやすくするための支援として、放課後等デイサービスもこの時期に検討することが必要になる場合もあります。授業終了後や休業日に、障害児の児童発達支援センターなどの施設で、生活能力向上や社会的交流のために必要な支援が行われます。子どもによっては、小学校へ就学し環境が変わることで緊張や不安が高くなることから、放課後の過ごし方も早めに検討することで、子どもの負担が少なくなる場合もあります。

| 0歳児 | 1歳児 | 2歳児 | 3歳児 | 4歳児 | 5歳児 | 6歳児 |

ケーススタディ編

プロフィール

＊アクティブラーニング1でプロフィールを完成させましょう

スイ（6歳）

女児／　　月　　日生まれ／生活年齢6歳5か月

●家族

_____

_____

●住居

_____

_____

●出生時

_____

_____

●出生後の発達

_____

_____

●その他

_____

_____

_____

_____

●現在の発達

_____

_____

アクティブラーニング1　（難易度★★★）

新卒採用のときだけでなく、異動や退職、休職などにより、園で働く職員に変更が生じることがあります。新しい職場に赴任した際に大切なのは、新しくかかわることになる子どもたちの情報を集め、それを整理することです。ここではまず、保育士や保護者の発言をもとにスイに関する情報を集め、プロフィールを完成させましょう。

〈ワークのねらい〉

・子どもに関する情報を読み取り、要点に気づく
・複数人からの伝達事項を整理してまとめる
・子どもにかかわるさまざまな人の立場と背景を読み取り、共感する力を高める
・グループ内で作業を分担して情報を集め、それらをまとめる

〈ワークのすすめ方／所要時間の目安・計40分〉

手順	ワーク内容	所要時間
①説明・準備	「ワークのねらい」と「ワークのすすめ方」を確認する。ワーク内容を確認し、4〜5人で1つのグループをつくる。グループ内で、以下の発言のうち、誰がどの発言を担当するかを決める（1人につき2つ程度を担当するとよい）	4分
②ワーク1　個人作業	自分が担当する箇所の発言を黙読し、特に重要だと感じた部分にはアンダーラインを引く。情報をまとめてプロフィールの空欄に記入する	10分
③ワーク2　意見交換	グループ内で、それぞれが作成したプロフィールとアンダーラインを引いた箇所の情報を共有しながら、プロフィールを完成させる	16分
④感想・自己評価	やりとりをしてみて考えたこと、感じたことを「学んだこと／感想」欄に記入する。ワークをどのくらい積極的に行えたかを自分で評価し、あてはまるものに○をつける	5分
⑤まとめ	「ワークのねらい」を振り返り、自己評価する	5分

〈ワーク〉

以下の伝達の気になるところにアンダーラインを引きましょう。それらの情報をまとめて、スイのプロフィールを完成させましょう。

保育士からの伝達1：家庭環境

　スイちゃんは現在6歳5か月の女の子です。お父さんはスイちゃんが2歳のときに病気で亡くなったため、現在は会社員のお母さんと母方のおばあちゃんと3人で、お母さんの

| 0歳児 | 1歳児 | 2歳児 | 3歳児 | 4歳児 | 5歳児 | **6歳児** |

実家の一軒家で暮らしています。家族は、スイちゃんがほかの子どもと比べてのんびりしていることを理解していますが、お母さんは仕事が忙しいため、あまりスイちゃんの子育てに積極的にかかわることができず、おばあちゃんもスイちゃんの健康面には気を使っているものの、発達の遅れについては特に意識していません。

　いつもはお母さんが保育園への送り迎えをしていますが、仕事で迎えに来られないときは、おばあちゃんが迎えに来ます。また、保育参観のときにもおばあちゃんが来ることが多いですが、ほかの保護者とは挨拶を交わす程度であまり話しているところを見かけません。おばあちゃんは保育士ともあまり話をせず、こちらから何か話そうとしても、「そういうことは、母親の方に言ってやってください」「私に言われてもわからないので…」とやんわりと会話を中断されることがよくあるため、お母さんに何か伝えたいことがある場合は連絡帳に書くようにしています。お母さんは毎日仕事で疲れた様子で笑顔はめったに見られませんが、テキパキと動作が機敏で、保育士と話すときの声もはっきりとしていて比較的早口です。

保育士からの伝達２：基本的生活習慣

　スイちゃんは２歳のときからこの園に通っていますが、入園当時から動作がゆっくりしているおとなしい子でした。洋服の脱ぎ着や食事、排泄など、園に来る前は全ておばあちゃんに手伝ってもらっていたため、初めのうちは自分でやろうとせず、保育士の介助を待っている状態でした。でも、次第にまわりのお友だちに影響され、保育士の手助けもあって、ゆっくりなペースですが自分で脱ぎ着をしたり、脱いだ洋服をたたもうとする行動も見受けられるようになってきました。食事や排泄も同様にゆっくりなペースでしたが、家庭と連携しつつ自立できました。

　６歳になった今では基本的生活習慣はしっかり身についていて、身の回りのことは１人でできます。ただ、まだたまにたたんだ洋服をしまい忘れたり、靴の左右がわからなくなって逆にはいていたりすることがあります。好き嫌いはありませんが、食べるのに時間がかかるものはやや苦手です。

保育士からの伝達３：言語能力

　スイちゃんは入園したときから保育士によく懐き、クラスにもなじんでいましたが、自分から保育士やお友だちに話しかけていくことはあまりなく、人から話しかけられても黙ったまま首をかしげたり、首を振ったりと、同年齢の子どもと比べて、ことばが出にくい

ことが気になっていました。3歳児クラスにあがったころから次第に文章で会話ができる
ようになってきましたが、カ行、サ行、タ行、ハ行に幼児音が見られ、うまく発音できな
いことと、それをお友だちや大人に聞き返されることを本人は気にしているようでした(「お
たたな(おさかな)」「ちりん(キリン)」「てんてー(せんせい)」「おーく(フォーク)」など)。

　5歳になってからは、幼児音もだいぶ見られなくなってきました。お友だちもスイちゃ
んの幼児音を含むしゃべり方に慣れてきたため、「たちて(貸して)」と言われても、もう
聞き返したりすることはありません。それに伴い、最近はうれしいことや伝えたいことが
あると、保育士に一生懸命話してくれるようになりました。ただ、話している最中に話が
脱線したり、自分でも最初に何を話そうとして話し始めたのかを忘れてしまうことがあり
ます。最近、スイちゃんが楽しそうに話してくれたのは、今度のお休みにお母さんと買い
物に行って三輪車を買ってもらう予定だという話や、昨日の夜、お風呂に入った後にお母
さんと一緒にお絵描きをして、それがすごく楽しかったというような話です。

保育士からの伝達4：園生活、友だちとのかかわり

　スイちゃんは日々の園生活のなかで、気がつくとボヤッとしていることが多く、行動が
ワンテンポ遅れがちです。着替えの際に洋服を裏返しに着ていたり、水道の蛇口を閉め忘
れたりしては、まわりの子どもに指摘されたり手伝ってもらったりしている場面がよく見
られます。鬼ごっこなどの遊びの場面でも、遊んでいる最中にぼんやりしてしまうことが
あり、お友だちに「スイちゃん、こっち!」「スイちゃん、にげなきゃ!」など、サポート
してもらっていることが多いです。お友だちと一緒に遊びたい気持ちはあるものの、引っ
込み思案でなかなか自分から輪に入って行くことができません。保育士が促しても、本人
のなかに何をやってもうまくできないという思いがあるようで、少しでもできなそうだと
思うと、初めからやろうとしない傾向があります。

　ただ、最近はお友だちに誘われて一緒に積み木で遊んだり、鬼ごっこに参加している様
子が見受けられるようになりました。しかし、あまり運動は得意でなく、鬼ごっこをする
とすぐに捕まってしまったり、鬼になったとしてもほかの子を全く捕まえられなかったり
するため、外での集団遊びにはあまり積極的に参加しようとは思わないようです。どちら
かというと、お友だちと一緒に本を読んで話したり、おままごとをしたり、絵を描いたり
する遊びの方に興味があるようです。

　集中力は全体的に続きにくく、おままごとをしている最中にフラッとどこか別のところ
に行ってしまったり、本を棚に返しに行った後、お友だちと一緒に読むための次の本を取
って来るのではなく、そのまま別の遊びを始めてしまったりすることがあります。

保育士からの伝達5：理解力

　スイちゃんは、ことばで説明されたことを一度で理解するのはまだ難しいようです。絵や文字で説明されると理解することができ、カードやポスターを見ればその内容を思いだせるようです。そのことがわかってから、園ではできるだけ、ことばのみの説明ではなく、同時に図やイラストでやるべきことの手順を示すなどの工夫を行っています。しかし、その取り組みを始めたばかりのころは、手がかりとなるその絵を見ること自体を忘れてしまうこともありました。

　また、2つのことを一度に指示されると1つが抜けてしまうことが頻繁にあり、何かをしている途中でも何をしているのか忘れてしまうことがあります。忘れっぽさは本人も自覚していて、自分はほかの子が当たり前にできるようなことができないと悩んでいます。最近は、お友だちに「スイちゃん、またわすれてる！」と指摘されると、「わたちも、わつれたくないもん…でも、わつれたうんだもん（私も忘れたくないもん…でも忘れちゃうんだもん）」と言って涙を見せることもあります。

　ただ、泣きながら「わたち、もうでったい、わつれない（私もう絶対忘れない）！」と決意しても、またすぐに忘れてしまい、そのつど本人が落ち込んでしまうということが日々繰り返されるので、保育士もどのようにスイちゃんの記憶力をサポートしたらいいのかといろいろ思案しています。

保育士からの伝達6：得意なこと

　スイちゃんは絵を描くのがとても好きで、絵を描くことに関しては長時間集中を保っていることができます。よく描いているのは実際にあるものではなく、自分の頭の中でイメージしたものをクレヨンの色を混ぜながら自由に描いていくカラフルな抽象画です。ほかの子どもよりも絵を完成させるまでに時間はかかりますが、ほかの子の絵とは一線を画すような独創的な絵を描くことができます。ただ、本人は絵に対してもあまり自信をもっておらず、ほかの子の絵の方が優れていると思っているようです。クレヨンや筆で色を混ぜたり塗ったりするのは上手な一方、鉛筆で図形を描いたり、文字を書いたりするのは苦手で、なかなか見本通りに線を引くことができず、形が整いません。

219

スイの母親からの伝達1：スイのこと

　　スイは結婚10年めにしてやっとできた赤ちゃんでした。スイが生まれた年は特別な彗星が地球に近づいた年だったため、天体観測が好きだった夫と一緒に考えて「彗（スイ）」と名づけました。

　　スイは1月7日生まれで現在6歳5か月です。

　　スイの父親は、スイが2歳のときに病気で亡くなりました。今は私と私の母と一緒に、3人で私の実家で暮らしています。住んでいる家は集合住宅地の一角にあって、広くはないですが2階建ての一軒家です。1階にキッチンとリビング、お風呂と母の寝室があって、私とスイは2階の和室で寝ています。スイは私が帰って来るまでは、母と一緒にリビングでテレビを見たりしているようです。

　　スイは満期産で、生まれたときの体重は3,200ｇ、私の母乳の出が悪かったのと、すぐに職場復帰しなくてはならなかったため、人工栄養で育ちました。

　　乳児健診で身体がフニャフニャしていると指摘され、整形外科の受診と発達相談を勧められたのですが、その直後に夫の病状が悪化してそれどころではなくなり、病院の受診はしないままになってしまいました。その後、5か月で首がすわり、1歳2か月で歩き始めました。1歳6か月ごろから「ねー」「いや」「ぶーぶ」などのことばを話していた気がします。ただ、その時期は夫の手術などが重なって公私ともに忙しく、スイの様子をよく観察する心の余裕がありませんでした。その後、しばらくして夫は亡くなったのですが、葬儀などで人の出入りがあっても後追いをしたり泣いたりすることなく、1人で静かに部屋の隅に座っていたのをよく憶えています。スイを抱きながら「パパはもういないから、これからは2人で頑張っていこうね」と言ったら、泣いている私の顔を不思議そうに眺めて、「ないない」って言っていました。

スイの母親からの伝達2：自分自身のこと

　　私はいま41歳で、一緒に暮らしている母は66歳です。私の誕生日はスイの誕生日の1週間前で、スイの1歳の誕生日に夫と家族3人で撮った記念写真は私の宝物です。

　　夫とは職場で知り合い、25歳で結婚しました。夫が亡くなるまでは職場の近くのマンションで3人で暮らしていました。

　　私は2人姉妹の長女で、3つ違いの妹は結婚してアメリカで暮らしています。妹の夫は商社勤務で海外転勤が多く、妹はそのまま海外で男の子を出産しました。妹の方が結婚と出産が早かったので、その甥っ子はもう中学生です。私の父はスイが生まれる前に亡くなったので、孫の顔を見せてあげられなかったことが心残りですが、妹の出産は喜んでいました。

私は中高生のころから英語が好きで、大学は私立の国際コミュニケーション学部に進みました。将来は英語を使った仕事に就きたいと思っていましたが、地元のデパートで服飾品の販売や棚卸しなどをする仕事に就きました。英語を使う機会は全くなく、希望していた職業ではありませんでしたが、その職場で売り場の責任者だった夫と知り合ったので、その点は後悔していません…。

　今は忙しいので趣味という趣味はないのですが、小さいころから絵を描くのは好きです。小さいころはいくつかのコンクールで賞をもらったりしたこともあって、今でも家には画材道具がたくさん残っています。いつか時間ができたらスイの絵を描きたいなと思って、スケッチブックにたまにスケッチしたりもしているのですが、なかなか時間も心の余裕もなくて…。家には私が好きな画家の画集も揃っていて、それをスイと一緒に眺めたりするのが私にとっての癒しの時間です。スイも私の画材道具には興味をもってくれるので、休みの日などはたまに一緒にお絵描きをして遊んだりもしています。ほかには、スイが生まれる前は亡くなった夫の趣味に付きあって、週末に天体観測に出かけたりしていましたが、今ではもうそうして旅行することもなくなりました。

スイの母親からの伝達3：スイの祖母のこと

　私の母は父親のいないスイのことを気の毒がって、とても大事にしてくれています。とても有り難いのですが、スイが自分でできそうなことも全部先にやってしまいがちです。「そのくらい、スイにやらせた方がいいよ」と言っても、「やってあげられることをやってあげてるだけなんだから、いいじゃない」「そんなこと言ったら、スイちゃんがかわいそうでしょ」と聞いてくれなくて…。

　母はとてもテキパキした人なので、それでスイがお世話されるのに慣れてしまって、のんびりした性格になったのかなと思っていたこともありました。スイは最近、少しずつですが、自分でできることは自分でしたがるようになったのですが、それでもモタモタしている孫の様子を見るのがじれったいようで、母は手を貸してしまうことが多いです。

☞ **考える際の手がかり**

　情報収集をする際、あなたはどの箇所を「重要度高」とし、どの箇所を「重要度低」

と判断したでしょうか。保育をするうえでの優先順位としては、もちろん保育する子どもに関する情報や、抱えている困難に関する情報が上位に来ることは間違いありません。しかし、保護者の生育歴や趣味、学生時代のこと、子どもの名前の由来など、いっけん子どもを保育するうえでは特に必要ないように思われることも、大切な情報であることには変わりありません。子どもの名前のつけ方を知れば、その子がどれだけ大切に思われているか、望まれて生まれてきた存在かを知ることができるでしょう。また、保護者の生育歴や家族との関係は、子育てのやり方やものの考え方にも影響してきます。さらに、保護者の趣味などを知っておくと保護者と園の会話のきっかけにもなり、保護者の得意分野を知っていれば園での行事の際などに協力を依頼することもできるでしょう。相手のことをよく知れば、相手との心理的距離も近くなります。特に、配慮を必要とする子どもの保育においては、保護者と個別に相談したり依頼をしたり、ときには保護者にとってうれしくないニュースを伝えなくてはならないこともあるでしょう。そうしたいろいろなことを乗り越えていくためにも、その下地として保育者と保護者の間に温かい絆が必要であり、その絆を形成するためにも相手のことをよく知ること、知りたいと思う姿勢が大切です。

　不注意傾向のある子どもは、日常生活で達成感を得にくく、自尊感情が低下しがちであることが報告されています。6歳ぐらいになると、本人自身が自分の忘れっぽさを自覚して悩んでいることもあるため、注意を促す際には「○○をしましょうね」といった用件のみをシンプルに伝えるようにし、「またなの？」「何度も言ったでしょ」「これで何回め？」といったような小言を付け加えないよう、心がけましょう。また、5～6歳になると友だち同士の間でも悪口を言ったりからかったりすることが出てきます。保育者としてその子どもへのことばがけや態度に気をつけるだけでなく、その子を含めたクラスの子どもたち全体にも、友だちに対することばの使い方や態度について指導をしていくことが望ましいでしょう。クラスの子どもたちみんなの思いやりの心を育てるとともに、困っている子をからかったり、仲間はずれにしたりしない雰囲気づくりをしていくことが大切です。そのためには、保育者自身が心理的に健康であることが必要であるほか、保育者間でも思いやりのあるやりとりを心がけたり、仲間の大切さが教訓として含まれた絵本や紙芝居などを活用したり、そうした教材を手作りするのも子どもたちの社会性を育むうえでの手助けになります。

👧 スイの場合

　スイは知的な遅れはありませんが、集中力が続きにくく、何かしている途中でも自分が何をしようとしていたのか忘れてしまうことがあります。そのため園では、保育士がこまめに子どもたちにやるべきことの声かけを行うほか、子どもたち自身でスケジュールを確認し、友だち同士で助けあう習慣をつけるような工夫を行っていきまし

| 0歳児 | 1歳児 | 2歳児 | 3歳児 | 4歳児 | 5歳児 | **6歳児** |

た。具体的には、日々のスケジュールや取り組みの内容をわかりやすくする工夫として、その日の予定の内容や今やるべきことを保育室の壁の真ん中に貼った絵のパネルで示すようにしていました。ほかの友だちもそれを参考にしながら行動するため、1人ではパネルを見ること自体を忘れてしまうことがあるスイでも、友だちがパネルを眺めているのを見てそのつど思いだし、少しずつそれを習慣化できるようになっていきました。また、声かけの習慣としては、クラスのなかに配膳係や挨拶係のほかに確認係を設け、駅員さんごっこのような感覚で、確認すべきことをみんなで声を出しながら指さし、確認できるようにしていきました。

まとめ／事例のチェックポイント

・不注意傾向
・自信のなさ
・父親不在

〈学んだこと／感想〉

_____

_____

_____

〈今回のわたしの取り組み〉振り返って、あてはまるものを○でかこみましょう

　　　とてもよくできた　　　　　　よくできた　　　　　もう少しがんばれる

①　スイの園生活

シーン1：友だちとの自由遊び

　スイは外で遊ぶのは好きですが、みんなと一緒にやる遊びが苦手です。
　今、園では子どもたちの間で縄跳びがブームですが、スイは上手に縄を跳ぶことができません。いつも縄を引っかけてしまうため、みんなが縄跳びで遊んでいるときも一緒に遊べず、園庭の隅で縄跳びの紐をいじって遊んでいます。
　クラスの子どもたちはボール投げも大好きですが、スイはボール投げも苦手です。一生懸命に投げるのですが、ほかのみんなのように遠くにボールを投げることができず、いつ

も足元にボールが転がってしまいます。保育士が「スイちゃん、一緒に練習しようか」と声をかけると、たまに「うん」と言って一緒に練習を始めますが、途中ですぐ集中が途切れてどこかへ行こうとしたり、なかなかうまくできなくて「もうやめる」と言ったりするため、なかなか上達しません。

アクティブラーニング2　（難易度★☆☆）

運動が苦手で友だちの輪に自分から入っていけない子どもに対して、保育者としてはどのような働きかけができるでしょうか。かかわる際の注意点とともに考えましょう。

〈ワークのねらい〉
・ペアをつくって意見を出しあう
・場面描写を読み取り、そこから配慮しなくてはならない事項に気づく
・自分の意見のよいところに気づく
・他者の意見のよいところを見つけ、評価する

〈ワークのすすめ方／所要時間の目安・計25分〉

手順	ワーク内容	所要時間
①説明・準備	「ワークのねらい」と「ワークのすすめ方」を確認する。ワーク内容を確認し、ペアをつくる	4分
②ワーク1 個人作業	まずは1人で考え、思いついた「望ましい働きかけ」「その際の注意点」それぞれを記述する	4分
③ワーク2 意見交換	ペアの相手と意見を交換して、話しあう。意見を交換したら、相手の視点を評価して、それを「good!」欄に記入する。評価はよいところを探し、よくないところは指摘しない	7分
④感想・自己評価	やりとりをしてみて考えたこと、感じたことを「学んだこと／感想」欄に記入する。ワークをどのくらい積極的に行えたかを自分で評価し、あてはまるものに○をつける	5分
⑤まとめ	「ワークのねらい」を振り返り、自己評価する	5分

| 0歳児 | 1歳児 | 2歳児 | 3歳児 | 4歳児 | 5歳児 | **6歳児** |

〈ワーク〉

シーン1を読み、あなたが思いつく内容を以下に書きだしましょう。

●わたしが思いついた望ましい働きかけ

_____

_____

●わたしが思いついたその際の注意点

_____

_____

---

good!

記入例：確かに、「ほかの子はできているよ」などと比べる発言をするのはよくないと思った。

_____

_____

☞ 考える際の手がかり

社会性を身につけさせるためには、日頃の活動の全てを集団のなかでみんなと一緒にやらなくてはならないということはありません。また、集団のなかで一緒に行動することが難しい子どもは、完全に個別に活動しなくてはならないということもありません。集団のなかでも、個別の対応ができるものもたくさんあります。一人ひとりの能力と個性を見極め、みんなと一緒にできるもののなかにそれらの活動を混ぜていくことで、集団生活の楽しさを体験させていくことができるでしょう。

🧒 スイの場合

保育士はスイに個別に練習させようとしてもすぐに諦めてしまったり集中が途切れてしまったりするため、個別で直接かかわるのではなく、友だちの方に声をかけて、スイも入れて一緒に遊ばないかと提案しました。スイが上手に縄跳びを跳ぶことができない様子を見た子どもたちは、スイを誘って一緒にジャンプの練習を始めました。縄を回して跳ぶことがまだできなかった子どもたちも集まって来て、縄跳びが上手な子どもたちのアドバイスを受けながら、新しい遊びの方法を考えていきました。ある日の自由遊びでは、園庭にロープを2本平行に置いてそれを川に見立て、それを飛び

越える遊びをしていました。また別の日は、1本のロープをゆっくりユラユラ動かすのをまたいだり、跳び越えたりしながら遊んでいました。その遊びは低年齢の子どもでも一緒に遊べるものであったため、低年齢のクラスの子どもたちも「いれて」「やりかたおしえて」と言って寄ってきました。スイは年少の子どもと手をつなぎながら縄を跳び越え、楽しそうに遊んでいました。また別のある日、スイのクラスの友だちはスイと一緒にボールで遊ぶために、ボールを手で投げるのではなく、足で蹴ってもよいルールをみんなで考えだしました。さらに、地面に大きな円を描いて、どの円にボールが入るかで点数を競って遊んだりもしていたようです。

〈学んだこと／感想〉

_____

_____

_____

〈今回のわたしの取り組み〉 振り返って、あてはまるものを○でかこみましょう

とてもよくできた　　　　　よくできた　　　　　もう少しがんばれる

シーン2：給食とおやつ

　スイは食べ物の好き嫌いはありませんが、食事をとるスピードがゆっくりで、給食の時間内になかなか食べ終わることができません。口の中に入れた物をモグモグと長い時間噛みながら、フォークを手にしてぼんやり空中を見つめていたり、食事をしている友だちのことをじっと見ていることもあります。「スイちゃん、どうしたの？」と友だちが声をかけると、ハッとしたように再び食べ始めます。みんなが食べ終わって席を立ち始めると、自分も食べるのをやめて片づけようとします。保育士が「スイちゃん、たくさん残ってるけどもうお腹いっぱいなの？」と聞くと、「ううん…」と言います。「じゃあ、もう少し食べていて大丈夫よ」と声をかけても、「もういい」と言って食べようとしません。

　食べる量が少ないため、おやつの時間が近づいてくるとお腹がすいてしまい、元気がなくなってきます。おやつを食べるスピードも比較的ゆっくりではありますが、おやつであればみんなと一緒に完食できることが多いです。

| 0歳児 | 1歳児 | 2歳児 | 3歳児 | 4歳児 | 5歳児 | 6歳児 |

アクティブラーニング3 （難易度★★☆）

食事をとるスピードがゆっくりでなかなか完食できない子どもに対しては、保育者としてどのようなサポートができるでしょうか。グループで対応を話しあいましょう。

〈ワークのねらい〉

・グループ内で自分の意見を発表する

・自分の発表のよいところに気づく

・他者の発表のよいところを見つけ、評価する

・グループで話しあうことで視野を広げる

〈ワークのすすめ方／所要時間の目安・計35分〉

手順	ワーク内容	所要時間
①説明・準備	「ワークのねらい」と「ワークのすすめ方」を確認する。ワーク内容を確認し、3〜4人で1つのグループをつくる	4分
②ワーク1 個人作業	まずは話しあわずに1人で自分の考えをまとめる（複数あげられるのが望ましい）	6分
③ワーク2 グループ内発表	グループ内で、ワーク1でまとめた自分の案を発表しあう。発表を聞いている人はほかの人の意見を聞きながら、「クラスメイトのサポート案／よかったところ」欄に書き込みをする。	8分
④ワーク3 フィードバック	ワーク2のメモを参考にしながら、お互いのサポート案を評価してフィードバックする。もらったコメントは「good!」欄にメモしておく	7分
⑤感想・自己評価	やりとりをしてみて考えたこと、感じたことを「学んだこと／感想」欄に記入する。ワークをどのくらい積極的に行えたかを自分で評価し、あてはまるものに○をつける	5分
⑥まとめ	「ワークのねらい」を振り返り、自己評価する	5分

〈ワーク〉

シーン2を読み、サポート案について考え、話しあいましょう。

●わたしが考えたアイディア

227

●クラスメイトのサポート案／よかったところ

記入例：「ゆっくり食べることはよいことだ」と伝える。（○○さん）
　　　　「子どもに無理をさせない」という姿勢がよいと思う。（△△さん）

_____

_____

good!

_____

☞ 考える際の手がかり

　まずは、その子どもがすでに満腹になっているのか、そうでないのかを見極める必要があります。食事は楽しくとるのが大前提であるため、何かしらのサポートをする場合は保護者ともよく相談し、本人が困っているときに本人の了解を取って介入を行うことが望ましいでしょう。無理な押しつけによって、食事の時間が苦痛になるようなことは避けなくてはなりません。

　小食ゆえにいつも食事を食べきることができず、もしそれによって本人が完食できる子を羨ましいと感じているような場合は、給食室の職員と相談して食事の量を調整するなどの工夫をすることができます。また、食べるのがゆっくりで時間がなくなってしまい、本人がそれをつらく感じているようであれば、なぜ食べるのに時間がかかってしまうのか（途中で気が散ってしまうのか、咀嚼や嚥下に時間がかかるのか、食器の使い方が悪いのか、など）を見極め、それに応じたサポートを行うようにするとよいでしょう。

👧 スイの場合

　スイはまだ満腹になっていないにもかかわらず、まわりの友だちが食べ終わるとそれを見て片づけ始めようとしてしまう傾向がありました。スイの食事の様子を保育士が観察していると、最近のスイは食べ物を飲み込んだ後、次にどれを食べようかと延々迷っていたり、迷っている最中にほかのことに気を取られてボンヤリしてしまうことが多いとわかりました。そこで保育士はスイの隣や前の席に座り、「スイちゃん、次はこのお野菜はどうかな？」「ほら、次はこのスープを飲んでみない？」など声をかけて食事の順番を誘導するようにしてみました。あれこれ一度に指示されると混乱してしまうスイですが、一つひとつのことばがけであればきちんとそれを理解することがで

| 0歳児 | 1歳児 | 2歳児 | 3歳児 | 4歳児 | 5歳児 | 6歳児 |

きます。保育士のその声かけの様子を見て、ほかの子どもたちも、食事中に食事のメニュー内容についていろいろ楽しくおしゃべりしながら食べるようになりました。「このミートボール、めっちゃおいしい！」「このケチャップ、もっとたくさんほしかったな〜」。友だちの会話の内容を手がかりにして、スイは以前よりも次にフォークに刺す食べ物で迷う時間が減り、今は食事をしなくてはならない時間だということを意識していられる時間も以前より長くなりました。それに伴い、時間内にとれる食事の量も徐々に増えていき、週の３分の１くらいは少し時間をオーバーしつつも給食を完食できるようになりました。

〈学んだこと／感想〉

_____

_____

_____

〈今回のわたしの取り組み〉振り返って、あてはまるものを○でかこみましょう

　　　とてもよくできた　　　　よくできた　　　　もう少しがんばれる

シーン３：クリスマス会の練習

　スイのいるクラスでは、12月のクリスマス会で劇をすることになりました。保育士はスイに短いセリフを言う天使の役を勧めましたが、スイがそれをとても嫌がったため、セリフのないお花の妖精としてほかの妖精役の子どもと一緒に劇のなかでダンスをすることになりました。本番に向けて練習が始まりました。「みーぎ…みーぎ…もういっこ右で、くるっと回って両手をあげて！」と保育士が声をかけながら一緒に踊るときは、やや遅れ気味ながらも一緒に踊ることができますが、「スイちゃん、右よ！」などとことばで指示を出すと、途端に困った顔になって立ち尽くしてしまいます。

　最初は振りつけやセリフを覚えられなかった子どもたちも、練習を繰り返すうちにだんだん間違えずに自分の役をこなせるようになり、いよいよ舞台の上に立って練習する機会が多くなってきました。しかし、スイは舞台練習になるとそれを嫌がり、「ここでみてる」と言って座り込みます。スイは保育士の正面で見本を見なが

229

らであればダンスをすることができるのですが、保育士の見本なしに舞台に立って練習しようとすると、とまどった表情のまま棒立ちになってしまうのです。「おぼえられないの」「やってもわすれたう」「でちないたら、もうちたくない」。スイはそう言って悲しそうな表情を浮かべます。「間違えても大丈夫よ」「楽しく踊ればいいだけだから、みんなと一緒にやろう」と誘っても、スイは浮かない顔のまま首を横に振ります。

アクティブラーニング4　（難易度★★★）

シーン3のような場合、保育士としてスイにどのような働きかけをしたらよいでしょうか。グループで話しあい、案をまとめてみましょう。

〈ワークのねらい〉

・グループ内で自分の意見を発表する
・他者の意見を聞きながら要点を記録する
・いろいろな視点からアイディアを考える
・グループ全体で意見をまとめる

〈ワークのすすめ方／所要時間の目安・計40分〉

手順	ワーク内容	所要時間
①説明・準備	「ワークのねらい」と「ワークのすすめ方」を確認する。ワーク内容を確認し、3〜4人で1つのグループをつくる	4分
②ワーク1 個人作業	まずは話しあわずに1人で自分の考えをまとめる（複数あげられるのが望ましい）	5分
③ワーク2 グループ内発表	グループ内で、ワーク1でまとめた自分の案を発表しあう。発表を聞いている人はほかの人の意見を聞きながら、「クラスメイトのアイディア／よかったところ」欄に書き込みをする	6分
④ワーク3 フィードバック	ワーク2のメモを参考にしながら、お互いのサポート案を評価してフィードバックする。もらったコメントは「good!」欄にメモしておく	5分
⑤ワーク4 グループワーク	ワーク1〜3の内容を参考にしながら、どのような働きかけをしたらよいか、グループ内で話しあい、考えをまとめる	10分
⑥感想・自己評価	やりとりをしてみて考えたこと、感じたことを「学んだこと／感想」欄に記入する。ワークをどのくらい積極的に行えたかを自分で評価し、あてはまるものに○をつける	5分
⑦まとめ	「ワークのねらい」を振り返り、自己評価する	5分

| 0歳児 | 1歳児 | 2歳児 | 3歳児 | 4歳児 | 5歳児 | **6歳児** |

〈ワーク〉

シーン3を読み、サポート案について考え、話しあいましょう。

●わたしが考えたアイディア

_____

_____

●クラスメイトのアイディア／よかったところ

記入例：劇のストーリーの絵本を作ってみんなで読む。(○○さん)

_____

_____

good!

_____

☞ 考える際の手がかり

不注意傾向がある子どもは日常生活のなかで達成感を得にくく、また自尊心を低下させやすい傾向があります。ただし、1つのことに集中できる環境さえ整えれば、きちんと集中することができるでしょう。可能なときは時間や場所を区切って練習するのも効果的です。目標を達成できなかった場合は叱咤激励するのではなく、少しでも達成できた部分を取りあげて褒め、そのつどその子が挑戦することを楽しいと思えるように、自信をもてるようなかかわりを心がけていくことが大切です。

スイの場合

保育士が様子を観察したところ、スイはゆっくり考えれば左右の弁別ができるものの、とっさの判断ではまだ難しいことがわかりました。そこでダンスの小道具として、子どもたちは右手に赤いリボンを、左の上履きに緑色の飾りを付けることにしました。右手を上げるタイミングで赤い照明がつき、左に移動するタイミングで緑色の照明がつく舞台演出になるよう、保育士たちで相談をして調整をしました。スイはライトの色と手元のリボン、足元の飾りを参考にして、みんなと一緒にダンスを踊れるようになっていきました。取り組みの前は、「でちないたら、ちたくない」と出し物に消極的だったスイですが、自信をもって笑顔で踊れるようになっていきました。

231

〈学んだこと／感想〉

_____

_____

_____

〈今回のわたしの取り組み〉振り返って、あてはまるものを○でかこみましょう

　とてもよくできた　　　　　　よくできた　　　　　もう少しがんばれる

② スイの担当保育士の取り組みと保護者との連携

　保育士や園の職員は、就学に向けて、スイにどのような習慣をつけさせたらよいかを話しあいました。また、できるだけ母親との面談の機会をもち、力になりたいと思っていることを伝えました。小学校にあがると、プリントなどのお知らせを家族に渡したり、提出物があったり、毎日の授業で使う持ち物も自分で管理することが求められるようになります。忘れ物をすると学校での授業に差しさわりが出たり、学習が遅れてしまう原因にもなるため、特に不注意傾向がある子どもには忘れ物対策のサポートができるとよいのではないかということになりました。スイだけでなく、クラスメイト全員で、まずは簡単なところから、持ち物ややるべきことのチェックリストを自分で作成し、それをチェックしながら行動したり、持ち物を自分で揃えられるよう、園でも家庭でも行動を習慣化させるように依頼しました。予定通りの行動ができたらそれをよく褒め、本人に自信と達成感をもたせるように心がけてかかわりを続けていきました。保護者にはできなかったからといって怒ったり責めたりするのは逆効果であることや、「誰かに怒られるからやる」という行動形成の仕方では将来的にその子のためにならないということを園便りのコラムなどでさりげなく説明していくことにしました。自分がやりたいからやる、きちんとできるとうれしいし楽しいし、その方がよいことがあるからやるというふうに、本人にもその行動の意味を納得させられるようなかかわりを園全体で習慣づけるようにしていきました。

　また、スイはどんなに気をつけていても、とっさに始まる人の会話の出だしを聞き取ることができなかったり、2つのことを同時にできなかったりする傾向がありました。そのため、そうしたやむをえず生じてしまう不注意に関しては、まわりの理解を求めると同時に、無理せずそのつどきちんと人にたずねて対応する、うやむやのままにしない

という態度を身につけさせるように励ましました。確信がもてず、常に推論のなかにいるような状態では安心して学校生活を送ることができません。しっかりとした理解とともに学習をしていくためにも、周囲の理解のもと、人にたずねることに対する抵抗感を減らしていきました。そして、スイからの問いかけや確認に対して、たとえ忙しいときであってもそっけない態度を取らないよう、またそれができるように保育士同士での業務のサポートを心がけていくようにしました。

③ スイのその後

　スイはその後、地元の小学校に通うようになりました。スイは一度に2つのことをするのが苦手で、一度にやろうとすると慌ててしまったり、一生懸命やろうとし過ぎて頭が真っ白になってしまうことがあるため、「先生の話を聞きながらメモを取る」のように、2つのことを一度にやろうとして頭をいっぱいにしてしまうのではなく、まずは先生の話をきちんと聞く、その後にゆっくりメモを取る、そしてわからなくなったらそのつど先生にそれをたずねることを習慣化させ、学校側にもそうしたスイの特徴について、理解と対応を求めることが望ましいと考えられました。そこで、スイの家族は小学校の教諭にスイの不注意傾向について相談し、今後、学業面での遅れが目立つようであれば専門機関を受診して、その結果に応じたサポートを学校で受けられるように取り図ってもらえることになりました。

　スイは小学校にあがっても、忘れ物をしがちであったり、ぼんやりしてしまったり、まだ文字がうまく書けなかったりするとのことでしたが、忘れ物を減らすようにランドセルのフタの裏や家の机のまわりにメモをたくさん貼るなど、自分でいろいろな工夫をして頑張っているとのことでした。忘れ物を減らすための家庭での工夫については、スイの祖母も協力してくれているそうです。園では幼児音や動作の緩慢さから、一時期消極的になってしまっていたスイですが、小学校では同じく絵を描くのが好きな仲のよい友だちもでき、学校生活を楽しんでいるとのことでした。

④ スイのケースにおけるキーワード

〈ワーク全体を通しての感想／気づいたこと〉
この章の事例とワークを通して学んだこと、感じたことをメモしておきましょう。

文献

はじめに

1) 文部科学省初等中等教育局特別支援教育課（2012）．通常の学級に在籍する発達障害の可能性のある特別な教育的支援を必要とする児童生徒に関する調査結果について．文部科学省．

本書を活用するにあたって

1) 中央教育審議会（2012）．新たな未来を築くための大学教育の質的転換に向けて～生涯学び続け、主体的に考える力を育成する大学へ～（答申）．文部科学省．
2) 中山留美子（2013）．アクティブ・ラーナーを育てる能動的学修の推進におけるPBL教育の意義と導入の工夫．21世紀教育フォーラム（弘前大学21世紀教育センター），8，pp. 13-21.

障害に関する表記について

1) American Psychiatric Association（髙橋三郎・大野裕　監訳・染矢俊幸・神庭重信・尾崎紀夫・三村將・村井俊哉　訳）（2014）．DSM-5　精神疾患の診断・統計マニュアル．医学書院．（American Psychiatric Association（2013）. Diagnostic and statistical manual of mental disorders, Fifth Edition. Arlington, American Psychiatric Publishing.）

発達障害の概説

1) 尾野明美 編著（2017）．保育者のための障害児保育－理解と実践．萌文書林．

1章

1) 洲鎌盛一（2013）．乳幼児の発達障害診療マニュアル．医学書院，p. 53.
2) ジョージ・バターワース＆マーガレット・ハリス（村井潤一　監訳・小山正・神土陽子・松下淑　訳）（1997）発達心理学の基本を学ぶ．ミネルヴァ書房，p. 102.
3) 田中昌人・田中杉恵（1981）．子どもの発達と診断1　乳児期前半．大月書店，p. 69.
4) 田中昌人・田中杉恵（1981）．子どもの発達と診断1　乳児期前半．大月書店，p. 81.
5) 田中昌人・田中杉恵（1981）．子どもの発達と診断1　乳児期前半．大月書店，p. 146.
6) 洲鎌盛一（2013）．乳幼児の発達障害診療マニュアル．医学書院，p. 83.
7) 田中昌人・田中杉恵（1982）．子どもの発達と診断2　乳児期後半．大月書店，pp. 58-60, 76-78.
8) ジョージ・バターワース＆マーガレット・ハリス（村井潤一　監訳・小山正・神土陽子・松下淑　訳）（1997）発達心理学の基本を学ぶ．ミネルヴァ書房，pp. 124-127.
9) ジョージ・バターワース＆マーガレット・ハリス（村井潤一　監訳・小山正・神土陽子・松下淑　訳）（1997）発達心理学の基本を学ぶ．ミネルヴァ書房，p. 129.
10) 大神英裕（2002）．共同注意行動の発達的起源．九州大学心理学研究，3，pp. 29-39.
11) 若井邦夫・高橋道子・高橋義信・堀内ゆかり（2006）．グラフィック乳幼児心理学．サイエンス社，pp. 76-79.
12) 鴨下重彦 監修・桃井真里子・宮尾益知・水口雅 編（2009）．ベッドサイドの小児神経・発達の診かた　改訂3版．南山堂，p. 129.
13) 鴨下重彦 監修・桃井真里子・宮尾益知・水口雅 編（2009）．ベッドサイドの小児神経・発達の診かた　改訂3版．南山堂，p. 131.
14) 洲鎌盛一（2013）．乳幼児の発達障害診療マニュアル．医学書院，p. 81.
15) 洲鎌盛一（2013）．乳幼児の発達障害診療マニュアル．医学書院，p. 78.
16) 洲鎌盛一（2013）．乳幼児の発達障害診療マニュアル．医学書院，p. 52.

17) 鴨下重彦 監修・桃井真里子・宮尾益知・水口雅 編（2009）．ベッドサイドの小児神経・発達の診かた　改訂3版．南山堂，p. 134.
18) 洲鎌盛一（2013）．乳幼児の発達障害診療マニュアル．医学書院，p. 56.
19) 洲鎌盛一（2013）．乳幼児の発達障害診療マニュアル．医学書院，p. 60.
20) 洲鎌盛一（2013）．乳幼児の発達障害診療マニュアル．医学書院，p. 78.
21) 田中昌人・田中杉恵（1981）　子どもの発達と診断1　乳児期前半．大月書店，p. 156.
22) 洲鎌盛一（2013）．乳幼児の発達障害診療マニュアル．医学書院，p. 92.
23) カタルツィナ・ハヴァースカ，アミ・クリン，＆フレッド・R.フォークマー　編（竹内謙彰・荒木穂積　訳）（2010）．乳幼児期の自閉症スペクトラム障害．クリエイツかもがわ，p. 116.
24) 田中昌人・田中杉恵（1982）．子どもの発達と診断2　乳児期後半．大月書店，p. 75.
25) 洲鎌盛一（2013）．乳幼児の発達障害診療マニュアル．医学書院，p. 35.
26) 厚生労働省（2015）．標準的な乳幼児期の健康診査と保健指導に関する手引き〜「健やか親子21（第2次）」の達成に向けて〜　平成27年3月．

2章

1) 洲鎌盛一（2013）．乳幼児の発達障害診療マニュアル．医学書院，p. 63.
2) 田中昌人・田中杉恵（1982）．子どもの発達と診断2　乳児期後半．大月書店，pp. 129-130.
3) 平岩幹男（2015）．乳幼児健診ハンドブック　改訂第4版．診断と治療社，p. 95.
4) 田中昌人・田中杉恵（1982）．子どもの発達と診断2　乳児期後半．大月書店，pp. 147.
5) 鴨下重彦 監修・桃井真里子・宮尾益知・水口雅 編（2009）．ベッドサイドの小児神経・発達の診かた　改訂3版．南山堂，p. 68.
6) 谷田貝公昭・高橋弥生（2009）．データでみる幼児の基本的生活習慣：基本的生活習慣の発達基準に関する研究　第2版．一藝社，p. 54.
7) 田中昌人・田中杉恵（1982）．子どもの発達と診断2　乳児期後半．大月書店，p. 169.
8) 洲鎌盛一（2013）．乳幼児の発達障害診療マニュアル．医学書院，p. 65.
9) 鴨下重彦 監修・桃井真里子・宮尾益知・水口雅 編（2009）．ベッドサイドの小児神経・発達の診かた　改訂3版．南山堂，p. 134.
10) 洲鎌盛一（2013）．乳幼児の発達障害診療マニュアル．医学書院，p. 93.
11) カタルツィナ・ハヴァースカ，アミ・クリン，＆フレッド・R.フォークマー　編（竹内謙彰・荒木穂積　訳）（2010）．乳幼児期の自閉症スペクトラム障害．クリエイツかもがわ，pp. 124-131.
12) 鴨下重彦 監修・桃井真里子・宮尾益知・水口雅 編（2009）．ベッドサイドの小児神経・発達の診かた　改訂3版．南山堂，p. 37.
13) 鴨下重彦 監修・桃井真里子・宮尾益知・水口雅 編（2009）．ベッドサイドの小児神経・発達の診かた　改訂3版．南山堂，p. 68.
14) 洲鎌盛一（2013）．乳幼児の発達障害診療マニュアル．医学書院，p. 63.
15) 鴨下重彦 監修・桃井真里子・宮尾益知・水口雅 編（2009）．ベッドサイドの小児神経・発達の診かた　改訂3版．南山堂，p. 81.
16) カタルツィナ・ハヴァースカ，アミ・クリン，＆フレッド・R.フォークマー　編（竹内謙彰・荒木穂積　訳）（2010）．乳幼児期の自閉症スペクトラム障害．クリエイツかもがわ，p. 24.
17) 高橋実（2010）．発達障害児の地域生活支援の課題について　―地方の中核都市A市の保護者の意識調査から―．障害科学研究，34，pp. 189-204.

3章

1) 田中昌人・田中杉恵（1984）．子どもの発達と診断3　幼児期Ⅰ．大月書店，p. 161.
2) 岡本依子・菅野幸恵・塚田－城みちる（2004）．エピソードで学ぶ乳幼児の発達心理学．新曜社，p. 57.
3) Ellis, S., Rogoff, B., & Cromer, C., C.（1981）．Age segregation in children's social

interactions. Developmental Psychology, 17（4），pp. 399-407.

4）柏木恵子・古沢頼雄・宮下孝広（2005）．発達心理学への招待 －人間発達をひも解く30の扉．ミネルヴァ書房，p. 77.

5）鴨下重彦 監修・桃井真里子・宮尾益知・水口雅 編（2009）．ベッドサイドの小児神経・発達の診かた 改訂3版．南山堂，p. 68.

6）谷田貝公昭・高橋弥生（2009）．データでみる幼児の基本的生活習慣：基本的生活習慣の発達基準に関する研究 第2版．一藝社，p. 31.

7）田中昌人・田中杉恵（1984）．子どもの発達と診断3 幼児期Ⅰ．大月書店，p. 191.

8）谷田貝公昭・高橋弥生（2009）．データでみる幼児の基本的生活習慣：基本的生活習慣の発達基準に関する研究 第2版．一藝社，p. 36.

9）谷田貝公昭・高橋弥生（2009）．データでみる幼児の基本的生活習慣：基本的生活習慣の発達基準に関する研究 第2版．一藝社，p. 66.

10）谷田貝公昭・高橋弥生（2009）．データでみる幼児の基本的生活習慣：基本的生活習慣の発達基準に関する研究 第2版．一藝社，p. 63, 88.

11）内田伸子・臼井博・藤崎春代（1991）．ベーシック現代心理学2 乳幼児の心理学．有斐閣，pp. 100-101.

12）Parten, M. B.（1932）．Social participation among pre-school children. Journal of Abnormal and Social Psychology. 27（3），pp. 243-269.

13）内田伸子・臼井博・藤崎春代（1991）．ベーシック現代心理学2 乳幼児の心理学．有斐閣，p. 113.

14）鴨下重彦 監修・桃井真里子・宮尾益知・水口雅 編（2009）．ベッドサイドの小児神経・発達の診かた 改訂3版．南山堂，p. 136.

15）カタルツィナ・ハヴァースカ，アミ・クリン，&フレッド・R. フォークマー 編（竹内謙彰・荒木穂積 訳）（2010）.乳幼児期の自閉症スペクトラム障害.クリエイツかもがわ，p. 32.

16）カタルツィナ・ハヴァースカ，アミ・クリン，&フレッド・R. フォークマー 編（竹内謙彰・荒木穂積 訳）（2010）.乳幼児期の自閉症スペクトラム障害.クリエイツかもがわ，p. 131.

17）洲鎌盛一（2013）．乳幼児の発達障害診療マニュアル．医学書院，p. 67.

18）洲鎌盛一（2013）．乳幼児の発達障害診療マニュアル．医学書院，p. 94.

19）カタルツィナ・ハヴァースカ，アミ・クリン，&フレッド・R. フォークマー 編（竹内謙彰・荒木穂積 訳）（2010）.乳幼児期の自閉症スペクトラム障害.クリエイツかもがわ，p.50.

20）Eaves, L. C., & Ho, H. H.（2004）．The very early identification of autism: Outcome to age 4½-5. Journal of Autism and Developmental Disorders, 34（4），pp. 367-378.

4章

1）鴨下重彦 監修・桃井真里子・宮尾益知・水口雅 編（2009）．ベッドサイドの小児神経・発達の診かた 改訂3版．南山堂，p. 134.

2）中澤潤・中道圭人・榎本淳子（2011）．幼児・児童の発達心理学．ナカニシヤ出版，p. 94.

3）鴨下重彦 監修・桃井真里子・宮尾益知・水口雅 編（2009）．ベッドサイドの小児神経・発達の診かた 改訂3版．南山堂，p. 140.

4）青柳肇・中村淳子・山際勇一郎・周愛保・玄正煥（2013）．発達心理学者による3歳から就学前までの子育てアドバイス．田研出版，p. 38.

5）青柳肇・中村淳子・山際勇一郎・周愛保・玄正煥（2013）．発達心理学者による3歳から就学前までの子育てアドバイス．田研出版，p. 38.

6）田中昌人・田中杉恵（1986）．子どもの発達と診断4 幼児期Ⅱ．大月書店，p. 81.

7）田中昌人・田中杉恵（1986）．子どもの発達と診断4 幼児期Ⅱ．大月書店，p. 73.

8）鴨下重彦 監修・桃井真里子・宮尾益知・水口雅 編（2009）．ベッドサイドの小児神経・発達の診かた 改訂3版．南山堂，p. 69.

9) 青柳肇・中村淳子・山際勇一郎・周愛保・玄正煥（2013）．発達心理学者による3歳から就学前までの子育てアドバイス．田研出版，p. 42.

10) 内田伸子・臼井博・藤崎春代（1991）．ベーシック現代心理学2　乳幼児の心理学．有斐閣，p. 122.

11) 鴨下重彦 監修・桃井真里子・宮尾益知・水口雅 編（2009）．ベッドサイドの小児神経・発達の診かた　改訂3版．南山堂，p. 70.

12) 青柳肇・中村淳子・山際勇一郎・周愛保・玄正煥（2013）．発達心理学者による3歳から就学前までの子育てアドバイス．田研出版，p. 40.

13) 谷田貝公昭・高橋弥生（2009）．データでみる幼児の基本的生活習慣：基本的生活習慣の発達基準に関する研究　第2版．一藝社，p. 34.

14) 谷田貝公昭・高橋弥生（2009）．データでみる幼児の基本的生活習慣：基本的生活習慣の発達基準に関する研究　第2版．一藝社，pp. 73-74.

15) 谷田貝公昭・高橋弥生（2009）．データでみる幼児の基本的生活習慣：基本的生活習慣の発達基準に関する研究　第2版．一藝社，p. 63.

16) 青柳肇・中村淳子・山際勇一郎・周愛保・玄正煥（2013）．発達心理学者による3歳から就学前までの子育てアドバイス．田研出版，p. 42.

17) 内田伸子・臼井博・藤崎春代（1991）．ベーシック現代心理学2　乳幼児の心理学．有斐閣，p. 102.

18) 平岩幹男（2015）．乳幼児健診ハンドブック　改訂第4版．診断と治療社，pp. 105-106.

19) 田中昌人・田中杉恵（1986）．子どもの発達と診断4　幼児期Ⅱ．大月書店，p. 90.

20) 田中昌人・田中杉恵（1986）．子どもの発達と診断4　幼児期Ⅱ．大月書店，p. 86, 95.

21) 鴨下重彦 監修・桃井真里子・宮尾益知・水口雅 編（2009）ベッドサイドの小児神経・発達の診かた　改訂3版．南山堂，p. 71.

22) 洲鎌盛一（2013）．乳幼児の発達障害診療マニュアル．医学書院，p. 6.

23) 東山紘久 編（2002）．子どものこころ百科．創元社，p. 70.

24) 宇野彰 編（2007）．ことばとこころの発達と障害．永井書店，p. 147.

25) 洲鎌盛一（2013）．乳幼児の発達障害診療マニュアル．医学書院，p. 90.

26) 厚生労働省（2018）．平成29年度　児童相談所での児童虐待相談対応件数（速報値）．

27) 中根成寿（2007）．障害は虐待のリスクか？　〜児童虐待と発達障害の関係について〜．福祉社会研究（京都府立大学），8，pp. 39-49.

5章

1) 鴨下重彦 監修・桃井真里子・宮尾益知・水口雅 編（2009）．ベッドサイドの小児神経・発達の診かた　改訂3版．南山堂，p. 134.

2) 鴨下重彦 監修・桃井真里子・宮尾益知・水口雅 編（2009）．ベッドサイドの小児神経・発達の診かた　改訂3版．南山堂，p. 69, 75.

3) 青柳肇・中村淳子・山際雄一郎・周愛保・玄正煥（2013）．発達心理学者による3歳から就学前までの子育てアドバイス．田研出版，p. 50.

4) 田中昌人・田中杉恵（1986）．子どもの発達と診断4　幼児期Ⅱ．大月書店，p. 165.

5) 青柳肇・中村淳子・山際雄一郎・周愛保・玄正煥（2013）．発達心理学者による3歳から就学前までの子育てアドバイス．田研出版，pp. 54-55.

6) 青柳肇・中村淳子・山際雄一郎・周愛保・玄正煥（2013）．発達心理学者による3歳から就学前までの子育てアドバイス．田研出版，pp. 51-52.

7) 谷田貝公昭・高橋弥生（2009）．データでみる幼児の基本的生活習慣：基本的生活習慣の発達基準に関する研究　第2版．一藝社，p. 33.

8) 谷田貝公昭・高橋弥生（2009）．データでみる幼児の基本的生活習慣：基本的生活習慣の発達基準に関する研究　第2版．一藝社，p. 64.

9) 谷田貝公昭・高橋弥生（2009）．データでみる幼児の基本的生活習慣：基本的生活習慣の発達基準に関する研究　第2版．一藝社，p. 88.

10) 青柳肇・中村淳子・山際雄一郎・周愛保・玄正煥（2013）．発達心理学者による3歳から就学前までの子育てアドバイス．田研出版，p. 55.

11）鴨下重彦 監修・桃井真里子・宮尾益知・水口雅 編（2009）．ベッドサイドの小児神経・発達の診かた　改訂 3 版．南山堂，p. 134.

12）鴨下重彦 監修・桃井真里子・宮尾益知・水口雅 編（2009）．ベッドサイドの小児神経・発達の診かた　改訂 3 版．南山堂，pp. 91-92.

13）鴨下重彦 監修・桃井真里子・宮尾益知・水口雅 編（2009）．ベッドサイドの小児神経・発達の診かた　改訂 3 版．南山堂，p. 72.

14）鴨下賢一・立石加奈子・中島そのみ（2013）．苦手が「できる」にかわる！　発達が気になる子への生活動作の教え方．中央法規出版，p. 27.

15）鴨下重彦 監修・桃井真里子・宮尾益知・水口雅 編（2009）．ベッドサイドの小児神経・発達の診かた　改訂 3 版．南山堂，p. 67.

6章

1）青柳肇・中村淳子・山際勇一郎・周愛保・玄正煥（2013）．発達心理学者による 3 歳から就学前までの子育てアドバイス．田研出版，pp. 61-62.

2）青柳肇・中村淳子・山際勇一郎・周愛保・玄正煥（2013）．発達心理学者による 3 歳から就学前までの子育てアドバイス．田研出版，pp. 61-62.

3）青柳肇・中村淳子・山際勇一郎・周愛保・玄正煥（2013）．発達心理学者による 3 歳から就学前までの子育てアドバイス．田研出版，pp. 64-65.

4）洲鎌盛一（2013）．乳幼児の発達障害診療マニュアル．医学書院，p. 76.

5）青柳肇・中村淳子・山際勇一郎・周愛保・玄正煥（2013）．発達心理学者による 3 歳から就学前までの子育てアドバイス．田研出版，pp. 61-62.

6）青柳肇・中村淳子・山際勇一郎・周愛保・玄正煥（2013）．発達心理学者による 3 歳から就学前までの子育てアドバイス．田研出版，pp. 69-70.

7）青柳肇・中村淳子・山際勇一郎・周愛保・玄正煥（2013）．発達心理学者による 3 歳から就学前までの子育てアドバイス．田研出版，p. 63, 66.

8）青柳肇・中村淳子・山際勇一郎・周愛保・玄正煥（2013）．発達心理学者による 3 歳から就学前までの子育てアドバイス．田研出版，p. 64.

9）洲鎌盛一（2013）．乳幼児の発達障害診療マニュアル．医学書院，p. 76.

10）谷田貝公昭・高橋弥生（2009）．データでみる幼児の基本的生活習慣：基本的生活習慣の発達基準に関する研究　第 2 版．一藝社，p. 60.

11）鴨下重彦 監修・桃井真里子・宮尾益知・水口雅 編（2009）．ベッドサイドの小児神経・発達の診かた　改訂 3 版．南山堂，p. 77.

12）青柳肇・中村淳子・山際勇一郎・周愛保・玄正煥（2013）．発達心理学者による 3 歳から就学前までの子育てアドバイス．田研出版，p. 66.

13）鴨下重彦 監修・桃井真里子・宮尾益知・水口雅 編（2009）．ベッドサイドの小児神経・発達の診かた　改訂 3 版．南山堂，pp. 91-92.

14）洲鎌盛一（2013）．乳幼児の発達障害診療マニュアル．医学書院，p. 97.

15）洲鎌盛一（2013）．乳幼児の発達障害診療マニュアル．医学書院，p. 96.

16）平岩幹男（2015）．乳幼児健診ハンドブック　改訂第 4 版．診断と治療社，p. 119.

17）洲鎌盛一（2013）．乳幼児の発達障害診療マニュアル．医学書院，p. 76.

18）鴨下重彦 監修・桃井真里子・宮尾益知・水口雅 編（2009）．ベッドサイドの小児神経・発達の診かた　改訂 3 版．南山堂，p. 89.

19）洲鎌盛一（2013）．乳幼児の発達障害診療マニュアル．医学書院，p. 95.

20）鴨下重彦 監修・桃井真里子・宮尾益知・水口雅 編（2009）．ベッドサイドの小児神経・発達の診かた　改訂 3 版．南山堂，pp. 85-87.

21）鴨下重彦 監修・桃井真里子・宮尾益知・水口雅 編（2009）．ベッドサイドの小児神経・発達の診かた　改訂 3 版．南山堂，p. 88.

22）鴨下重彦 監修・桃井真里子・宮尾益知・水口雅 編（2009）．ベッドサイドの小児神経・発達の診かた　改訂 3 版．南山堂，p. 91.

23）平岩幹男（2010）．乳幼児健診ハンドブック　改訂第 2 版．診断と治療社，pp. 102-103.

24）Drotar D., Baskiewicz A., Irvin N., Kennell J. & Klaus M. (1975). The adaptation of parents to the birth of an infant with a congenital malformation: A hypothetical model. Pediatrics 56. pp. 710-717.

25) 尾野明未 (2013). 母親の子育てレジリエンスに関する研究. 桜美林大学国際学研究科 博士論文.

7章

1) 小池庸生・藤野信行 編著 (2012). 幼児教育と保育のための発達心理学. 建帛社, p. 42.
2) 田中昌人・田中杉恵 (1988). 子どもの発達と診断5 幼児期Ⅲ. 大月書店, p. 173.
3) 前川喜平・小枝達也 (2007). 写真でみる乳幼児健診の神経学的チェック法. 南山堂, p. 203.
4) 田中昌人・田中杉恵 (1988). 子どもの発達と診断5 幼児期Ⅲ. 大月書店, p. 173.
5) 前川喜平・小枝達也 (2007). 写真でみる乳幼児健診の神経学的チェック法. 南山堂, p. 203.
6) 前川喜平・小枝達也 (2007). 写真でみる乳幼児健診の神経学的チェック法. 南山堂, p. 207.
7) 田中昌人・田中杉恵 (1988). 子どもの発達と診断5 幼児期Ⅲ. 大月書店, p. 152.
8) 柏木恵子 (1988). 幼児期における自己の発達：行動の自己制御機能を中心に. 東京大学出版会, p. 23.
9) 田中昌人・田中杉恵 (1988). 子どもの発達と診断5 幼児期Ⅲ. 大月書店, p. 213, 227.
10) 谷田貝公昭・高橋弥生 (2009). データでみる幼児の基本的生活習慣：基本的生活習慣の発達基準に関する研究 第2版. 一藝社, p. 33.
11) 谷田貝公昭・高橋弥生 (2009). データでみる幼児の基本的生活習慣：基本的生活習慣の発達基準に関する研究 第2版. 一藝社, p. 43.
12) 郷間英世・郷間安美子・川越奈津子 (2007). 保育園に在籍している診断のついている障害児および診断はついていないが保育上困難を有する「気になる子ども」についての調査研究, 発達・療育研究 (京都国際社会福祉センター), 23, pp. 19-29.
13) 郷間英世・圓尾奈津美・宮地知美・池田友美・郷間安美子 (2008). 幼稚園・保育園における「気になる子」に対する保育上の困難さについての調査研究, 京都教育大学紀要, 113, pp. 81-90.
14) 厚労省 (2006). 軽度発達障害児に対する気づきと支援のマニュアル, http://www.mhlw.go.jp/bunya/kodomo/boshi-hoken07/h7_03a.html
15) 尾野明美 編著 (2017). 保育者のための障害児保育−理解と実践. 萌文書林, pp. 131-132.

著者紹介

〈基礎理論編〉

尾野明美（おのあけみ）

〔現職〕帝京科学大学人間科学部こども学科 教授、小田原短期大学非常勤講師、横浜市福祉保健センター発達相談員

〔経歴〕桜美林大学文学部健康心理学科卒、桜美林大学大学院国際人文社会科学専攻博士後期課程満期退学。千葉経済大学 非常勤講師、近畿大学九州短期大学 非常勤講師、小田原短期大学保育学科 教授などを経て、現職。博士（学術）公認心理師

〔主著〕『初めて学ぶ心理学 心の形成・心の理解』（共著、大学図書出版）、『障害百科事典』（一部翻訳、丸善出版）、『保育者のための障害児保育－理解と実践』（編著、萌文書林）、『アクティブラーニング対応 乳児保育Ⅱ』（編著、萌文書林)、『特別支援教育・保育概論』（編著・萌文書林）

〈ケーススタディ編〉

小湊真衣（こみなとまい）

〔現職〕亜細亜大学経営学部 講師、一般財団法人田中教育研究所 非常勤研究員ほか

〔経歴〕早稲田大学人間科学部人間健康科学科卒、早稲田大学大学院人間科学研究科博士後期課程人間科学専攻満期退学。帝京科学大学教育人間科学部こども学科 講師を経て、現職。保育士、公認心理師、博士（人間科学）

〔主著〕『TK式こどもの社会性発達スケールSTAR』（共著、田研出版）、『発達心理学者による3歳から就学前までの子育てアドバイス－東アジアこども発達スケールつき－』（共著、田研出版）、『保育者のための障害児保育－理解と実践』（分担執筆、萌文書林）、『アクティブラーニング対応 乳児保育Ⅱ』（編著、萌文書林)、『特別支援教育・保育概論』（編著・萌文書林）

編 集 協 力	保育士の会「いろは組」

デザイン・DTP	株式会社RUHIA
イ ラ ス ト	西田ヒロコ

アクティブラーニング対応
エピソードから読み解く障害児保育

2017年3月25日　初版第1刷発行
2018年3月20日　初版第2刷
2019年2月21日　第2版第1刷
2019年3月28日　第2版第3刷
2020年3月26日　第3版第1刷
2024年4月1日　第3版第7刷

著　　　者	尾野明美・小湊真衣
発 行 者	服部直人
発 行 所	株式会社 萌文書林
	〒113-0021　東京都文京区本駒込6-15-11
	TEL 03-3943-0576　FAX 03-3943-0567
	https://www.houbun.com
	info@houbun.com
印刷・製本	中央精版印刷株式会社

©Akemi Ono, Mai Kominato 2017, Printed in Japan
ISBN978-4-89347-245-8 C3037

定価は表紙に表示されています。
落丁・乱丁本は送料弊社負担でお取替えいたします。
本書の内容の一部または全部を無断で複写・複製・転記・転載することは、著作権法上での
例外を除き、著作者および出版社の権利の侵害となります。本書からの複写・複製・転記・
転載をご希望の場合は、あらかじめ弊社宛に許諾をお求めください。